我国优秀运动员素质教育研究

杨 洋◎著

人民体育出版社

图书在版编目（CIP）数据

我国优秀运动员素质教育研究 / 杨洋著. -- 北京：人民体育出版社，2021（2023.5 重印）
ISBN 978-7-5009-6030-0

Ⅰ.①我… Ⅱ.①杨… Ⅲ.①优秀运动员－素质教育－研究－中国 Ⅳ.①G803

中国版本图书馆 CIP 数据核字（2021）第 185018 号

＊

人 民 体 育 出 版 社 出 版 发 行
北京中献拓方科技发展有限公司印刷
新 华 书 店 经 销

＊

710×1000　16 开本　16 印张　282 千字
2021 年 10 月第 1 版　2023 年 5 月第 2 次印刷

＊

ISBN 978-7-5009-6030-0
定价：80.00 元

社址：北京市东城区体育馆路 8 号（天坛公园东门）
电话：67151482（发行部）　　邮编：100061
传真：67151483　　　　　　　邮购：67118491
网址：www.psphpress.com

（购买本社图书，如遇有缺损页可与邮购部联系）

前 言
Foreword

优秀运动员是竞技体育发展的主体，也是我国体育事业发展的主力军。加强优秀运动员素质教育对促进我国竞技体育人才可持续发展、推动体育事业整体进步、实现从体育大国向体育强国转变具有重要意义[1]。党和政府历来关注运动员素质教育问题，出台了《关于进一步加强运动员文化教育和运动员保障工作的指导意见》等一系列文件进行指导，先后提出体教结合、教体结合等改革主张，通过文化教育的提前介入、高校组建高水平运动队等措施促进对运动员的培养。然而，一方面既有格局的历史惯性与制度障碍依旧存在，通过体育部门内部消化、缓解优秀运动员学训矛盾愈发乏力[2]；另一方面，素质教育培养目标和内容要素模糊不清，导致优秀运动员自身素质"能力缺位"，无法为其融入社会、实现职业转型提供能力支撑[3]。体教融合背景下，竞技体育回归教育逐渐成为社会共识，相关政策的出台与社会主流意识形态的变化，为开展优秀运动员素质教育工作提供了良好条件，优秀运动员素质教育成为践行体教融合，推进体育强国建设的现实路径。基于此，对优秀运动员素质教育培养的发展历程、现状和问题、理论体系、课程体系、管理体制与运行机制以及发展策略进行研究，旨在为促进优秀运动员在役阶段的竞技能力提升，以及退役后融入社会和职业转型提供重要参考。

研究立足我国优秀运动员素质教育实践，采用实证研究的方法，以教育学、管理学以及体育学的相关理论作为支撑，在充分考虑这一群体素质教育工作的特殊性基础上，研究制订优秀运动员群体的素质教育理论体系、课程内容、教学方

---

[1] 田雨普. 努力实现由体育大国向体育强国的迈进[J]. 体育科学, 2009, 29（3）：3-8.
[2] 郝东方, 刘昕. 新时代体教融合的教育逻辑[J]. 北京体育大学学报, 2021, 44（1）：35-42.
[3] 刘波, 郭振, 王松, 等. 体教融合：新时代中国特色竞技体育后备人才培养的诉求、困境与探索[J]. 体育学刊, 2020, 27（6）：12-19.

法、教材编写、评价方式等相关内容，以及采用何种特殊方式来实施课程教学；并在充分厘清优秀运动员群体管理主体权责划分的基础上研究建立素质教育的运行机制。通过以上研究，以有效保障优秀运动员素质教育工作的顺利开展，满足国家、社会以及运动员等不同层面的特殊需求。

本研究的主要内容包括：

一、绪论：从现实背景与问题出发介绍了研究目的、研究内容，重点对优秀运动员素质教育中的核心概念进行了界定，同时阐述了研究创新之处，为进一步开展研究工作奠定了理论基础。

二、研究背景与理论借鉴：从起步期、恢复发展期、改革探索时期、奥运争光时期、迈向体育强国时期五个阶段，对于优秀运动员素质教育发展历程进行了梳理，总结出优秀运动员教育的导向规律。通过对相关研究的梳理和分析，从议题研究、现状研究、方法研究和研究跨界四个方面对优秀运动员素质教育的前期研究文献进行了二次分析，阐释前期研究与本研究的相关意义。

三、我国优秀运动员素质教育现状调研：本部分主要就优秀运动员素质教育实施现状与问题进行阐释和分析。从课程体系、教材体系、师资队伍、管理体制等方面具体介绍了我国优秀运动员素质教育实施过程中的基本情况，总结在实施过程中出现的各种问题。为后续的研究尤其是指标体系的建立提供全方位的参考。

四、我国优秀运动员素质教育理论体系构建：根据优秀运动员素质教育概念的界定，从一般素质和特殊素质出发，运用德尔菲法和层次分析法，确定了优秀运动员素质教育理论指标体系及权重，为后续课程体系提供了支撑。

五、我国优秀运动员素质教育课程体系的构建：以基本理论指标体系为基础，从课程名称确立开始，围绕课程体系目标、课程内容、课程实施、课程评价五个基本环节，研究了优秀运动员队伍素质教育的目标、内容、授课方式、师资队伍以及教材体系建设等核心问题。重点解决了素质教育课程内容的筛选；授课方式、学时安排、教师队伍建设等相关问题；明确了素质教育教材编写的相关原则以及具体的参考教材，为优秀运动员素质教育的开展提供切实可行的依据。

六、我国优秀运动员素质教育管理体制和运行机制研究：在国家队和地方队（省队）两个层面，厘清优秀运动员素质教育管理主体之间权责划分的基础上，研究制订了优秀运动员素质教育的运行机制和考评机制，从体制与机制上来保障优秀运动员素质教育工作开展途径的畅通。重点解决了优秀运动员素质教育工作中的权责划分问题以及素质教育工作的执行路径问题。

七、我国优秀运动员素质教育实施方案和发展规划：在前期研究基础上，以突出实用性和可操作性为原则，以简化操作为主要目标，结合优秀运动员素质教育工作的实际进展，从国家队和地方队（省队）两个层面完善优秀运动员素质教育实施方案，并按照解决现实问题、追求短期效益、兼顾长远发展的思路编制发展规划。

研究从理论层面构建了优秀运动员素质教育较为完整的体系，该体系由素质教育的基本理论体系、素质教育课程体系、素质教育教材体系、素质教育管理体制和运行机制组成，较为系统地梳理了优秀运动员素质教育的整个流程，对于解决素质教育概念、明确优秀运动员素质教育的课程性质与地位、确定课程实施的过程与方法、素质教育课程评价的方式与流程、教材编写的原则与方法、管理部门职责、管理体制和运行机制的构建都进行了较为深入的研究，为有关部门制定相应政策和办法提供了理论依据。从实践层面而言，本研究立足于对一线运动员、教练员、领队和管理人员的调查研究，系统分析了运动员素质教育所存在的现实问题，并且将提升比赛成绩、服务运动员作为素质教育的出发点之一，将研究与奥运攻关计划和备战奥运计划相结合，从而保证了研究结果能够较好地运用到现实层面中，从而形成训教并重的新局面。

研究尚需深入的问题主要集中在以下几个方面：一是素质教育和竞赛成绩提升的深入融合方面。二是如何形成素质教育长效机制。三是如何完成研究成果的转换，使有关部门所采纳，是需要进一步加强的方面。

目录
CONTENTS

第一章　绪　论 ··· 001
 第一节　研究目的 ··· 001
 第二节　概念厘定 ··· 002
  一、优秀运动员 ··· 002
  二、优秀运动员素质教育 ·· 003
 第三节　研究内容与创新之处 ·· 006
  一、研究内容 ·· 006
  二、创新之处 ·· 007
 第四节　研究思路与方法 ·· 008
  一、研究思路 ·· 008
  二、研究方法 ·· 008

第二章　研究背景与理论借鉴 ·· 010
 第一节　我国优秀运动员素质教育历程回顾——历史背景 ············· 010
  一、起步期 ··· 010
  二、恢复发展期 ··· 011
  三、改革探索时期 ·· 013
  四、奥运争光时期 ·· 015
  五、迈向体育强国时期 ·· 016
  六、我国运动员教育发展历程评述 ··· 018

第二节　我国优秀运动员素质教育文献综述——理论借鉴 …………… 021
　　一、议题研究 ………………………………………………………… 021
　　二、现状研究 ………………………………………………………… 027
　　三、方法研究 ………………………………………………………… 031
　　四、跨界研究 ………………………………………………………… 034

第三章　我国优秀运动员素质教育现状调研 ……………………………… 038
第一节　调研范围与对象 …………………………………………………… 038
　　一、调研范围 ………………………………………………………… 038
　　二、调研对象 ………………………………………………………… 042
第二节　调研内容与问卷设计 ……………………………………………… 042
　　一、调研内容 ………………………………………………………… 042
　　二、问卷设计 ………………………………………………………… 042
　　三、问卷效度与信度检验 …………………………………………… 043
　　四、问卷收发情况 …………………………………………………… 043
第三节　调研方法与步骤 …………………………………………………… 043
　　一、调研方法 ………………………………………………………… 043
　　二、调研步骤 ………………………………………………………… 043
第四节　调研结果与分析 …………………………………………………… 044
　　一、我国优秀运动员素质教育课程体系调研 ……………………… 044
　　二、我国优秀运动员素质教育师资队伍 …………………………… 053
　　三、我国优秀运动员素质教育教材 ………………………………… 056
　　四、我国优秀运动员素质教育课程评价 …………………………… 058
　　五、我国优秀运动员素质教育管理体制调研 ……………………… 060
　　六、调研结论总结 …………………………………………………… 066

第四章　我国优秀运动员素质教育理论体系构建 ………………………… 068
第一节　研究方法 …………………………………………………………… 068

一、专家访谈法 068
　　二、德尔菲法 069
　　三、层次分析法 070
　　四、统计分析法 071
第二节　指标体系的初步构建与经验性预选 071
　　一、一级指标 071
　　二、二级指标 071
　　三、三级指标 073
第三节　我国优秀运动员素质教育理论指标专家筛选与确立 076
　　一、第一轮专家调查结果与分析 076
　　二、第二轮专家调查结果与分析 082
第四节　指标体系权重的确立 088
　　一、指标体系权重确定方法 088
　　二、指标权重的确立 089
　　三、计算各层次元素对目标层的合成权重 092

第五章　我国优秀运动员素质教育课程体系的构建 094

第一节　我国优秀运动员素质教育课程体系概述 094
　　一、课程的性质与地位 094
　　二、课程设计的基本理念 095
　　三、课程设计的方法和思路 095
　　四、课程体系的确立 096
第二节　我国优秀运动员素质教育课程目标体系构建 098
　　一、总体目标 098
　　二、分层目标 098
第三节　我国优秀运动员素质教育课程内容体系的确立 103
　　一、一般素质教育课程内容筛选 103
　　二、专业素质教育课程内容筛选 117

第四节 我国优秀运动员素质教育课程实施体系的确立 ……………… 127
　一、课程学时设置 ………………………………………………… 128
　二、教学方法设定 ………………………………………………… 137
　三、教师队伍建设 ………………………………………………… 147
　四、教材体系构建 ………………………………………………… 154

第五节 我国优秀运动员素质教育课程评价体系的确立 ……………… 166
　一、素质教育课程初步诊断性评价 ……………………………… 166
　二、素质教育课程期中形成性评价 ……………………………… 167
　三、素质教育课程期末总结性评价 ……………………………… 167
　四、素质教育课程实施主体 ……………………………………… 168
　五、素质教育课程实施对象 ……………………………………… 170

第六章　我国优秀运动员素质教育管理体制和运行机制研究 …… 172

第一节 国家队运动员素质教育管理体制与运行机制 ………………… 172
　一、国家队运动员素质教育权责划分 …………………………… 172
　二、国家队运动员素质教育管理体制 …………………………… 174
　三、国家队运动员素质教育运行机制 …………………………… 178

第二节 地方队（省队）运动员素质教育权责划分 …………………… 183
　一、地方队（省队）运动员素质教育管理体制 ………………… 185
　二、地方队（省队）运动员素质教育管理运行机制 …………… 187

第七章　我国优秀运动员素质教育实施方案和发展规划 ………… 192

第一节 国家队运动员素质教育具体实施方案 ………………………… 192
　一、构建国家队运动员素质教育基本理论体系 ………………… 192
　二、构建国家队运动员素质教育课程体系 ……………………… 195
　三、构建国家队运动员素质教育管理体制与运行机制 ………… 200
　四、奥运备战期国家队运动员素质教育方案 …………………… 206
　五、保障措施 ……………………………………………………… 211

第二节 地方队（省队）运动员素质教育具体实施方案 ············ 212
一、构建地方队（省队）运动员素质教育基本理论体系 ············ 212
二、构建地方队（省队）运动员素质教育课程体系 ················ 213
三、构建地方队运动员素质教育管理体制与运行机制 ·············· 218
四、全运会备战期地方队（省队）运动员素质教育方案 ············ 219

第三节 我国优秀运动员素质教育发展规划 ························ 223
一、指导思想 ·· 223
二、目标任务 ·· 223
三、工作措施 ·· 226
四、保障措施 ·· 231

参考文献 ·· 232

附件1 访谈与调研记录 ·· 237
调研1：与素质教育专家王珍的访谈调研记录 ···················· 238
调研2：与时任花样游泳中心教练员何娅的访谈调研记录 ············ 238
调研3：与时任国家举重队教练员王国兴的访谈调研记录 ············ 238
调研4：与时任国家体育总局运动员文化教育中心吴晓华的访谈调研记录 ··· 238
调研5：与时任国家男子乒乓球队教练员刘国正的访谈调研记录 ········ 238
调研6：与时任安徽省田径队教练员吕晓冰的访谈调研记录 ············ 238
调研7：与时任人民体育出版社主任李凡的访谈调研记录 ············ 238
调研8：与人民体育出版社副总编辑吴永芳的访谈调研记录 ············ 238
调研9：与时任成都体育学院院长舒为平的访谈调研记录 ············ 239
调研10：与时任国家蹦床队领队李舸的访谈调研记录 ··············· 239
调研11：与时任国家花样游泳队教练员蒋婷婷和蒋雯雯的访谈调研记录 ··· 239
调研12：与时任国家女子排球队领队胡进的访谈调研记录 ············ 239
调研13：与时任中国运动员基金会赵伟文总干事的访谈调研记录 ······· 239
调研14：与时任国家女子体操队总教练陆善真的访谈调研记录 ········ 239

附件2　《我国优秀运动员素质教育研究》访谈提纲及问卷 ········ 240
　　管理专家访谈提纲 ································· 241
　　管理专家问卷 ··································· 241
　　教育专家访谈提纲 ································· 241
　　教育专家问卷 ··································· 241
　　教练员问卷 ···································· 241
　　领队问卷 ····································· 241
　　运动员问卷 ···································· 241
　　访谈专家图片资料 ································· 241

第一章 绪 论

第一节 研究目的

当前我国正处于体育强国建设的重要时期,如何从体育大国向体育强国转变,是迫切需要关注的问题。优秀运动员是竞技体育发展的主体,是我国体育事业发展的重要力量,由于长期受到竞技体育"金牌至上"思想的影响,人们过于重视与提高优秀运动员体能、技能、成绩等相关的竞技运动训练,而忽视了同步加强与提高优秀运动员整体素质的基本教育[1]。同时,由于受训练时间长、人员流动性大、学习内容没有针对性、缺少必要的现代化教学手段以及固有观念影响等因素的困扰,当前优秀运动员的素质教育未能得到充分的开展,客观上造成了优秀运动员群体的素质教育缺失,社会适应能力较差,尤其在退役后很难适应社会的现象。做好优秀运动员的素质教育工作,不仅能提高优秀运动员的专业素养和水平,还能全面提升运动员的综合素质,进而促进运动员的健康成长和全面发展,增强其社会适应能力。目前,国家体育总局已将国家队运动员素质教育作为突破口以切实促进国家队运动员群体综合素质的提高。国家体育总局科教司对运动员素质教育问题做了全面的部署,训练局也受国家体育总局委托在驻局各国家队运动员中开展了素质教育试点工作,并于2010年4月12日由国家体育总局正式批准在训练局挂牌成立国家队运动员文化教育中心,通过相关职能部门和专家艰辛的探索性工作,素质教育试点工作取得了一系列的成绩和实效。2017年12月5日,全国运动员文化教育工作研讨会在北京召开,通过体教联盟与竞赛联盟的成立,推动整合了全国高等院校和社会资源,搭建了运动训练交流互动

---

[1]李倩.我国优秀运动员文化教育发展探究[J].体育文化导刊,2015(7):5-9.

平台，进行教学、训练和竞赛改革，制定规范的教学标准和模式，打造适应新时代体育发展的教学和竞赛模式。

本研究以素质教育理论为理论基础，以提升竞技体育成绩和增强整体素质以适应退役后社会、生活两个基本着眼点，从基本理论、课程体系、管理体制和运行机制以及实施策略与发展规划四个方面进行研究，以期进一步发挥国家队运动员素质教育工作的引领作用，构建国家队、地方队素质教育体系，形成国家队、地方队全面推进素质教育的新局面。

第二节 概念厘定

一、优秀运动员

优秀运动员概念的厘定，主要涉及的问题来自两个方面，其一是优秀的标准是什么，其二是优秀的外延有多大。本研究以以上两个问题为切入点，分析了诸多学者们对"优秀运动员"的定义，其中具有代表性的如下。张宇霆在其《体育院校优秀运动员人才培养模式的研究》一文中指出：优秀运动员即拥有较高的竞技水平的运动员。其优秀的标准为国家一级运动员，优秀运动员涉及的范围主要是体育院校运动员[1]，该定义将优秀运动员限定在体育院校运动员范围。吴双双在《我国优秀男子跳高运动员专项身体素质与专项成绩相关分析》一文中，依据国家体育总局田径运动管理中心的运动员等级划分标准，将达到一级运动员及以上标准的运动员称之为优秀运动员[2]。虽然对优秀运动员内涵的标准提出了定义，但却未明确其外延的范围。郭俊安在《山西省体校高校培养优势项目优秀运动员的现状分析》中指出：在参加全国性及国家级以上赛事取得名次，或者为国家队、省体工队、全国各大高校输送的运动员才能称为优秀运动员[3]。该定义将优秀运动员的范围限定较为明确，但全国性及国家级以上比赛名次界定却较为含糊。王帅在《我国优秀运动员的社会责任问题研究》一文中将优秀运动员定义为在所有运动员中，成绩卓越，表现较为突出，成为公众瞩目的杰出体育

---

[1] 张宇霆. 体育院校优秀运动员人才培养模式的研究 [D]. 沈阳：沈阳体育学院, 2011.
[2] 吴双双. 我国优秀男子跳高运动员专项身体素质与专项成绩相关分析 [D]. 北京：北京体育大学, 2012.
[3] 郭俊安. 山西省体校高校培养优势项目优秀运动员的现状分析 [D]. 太原：太原理工大学, 2013.

界人士[1]。该定义对成绩卓越，表现突出以及杰出等名词都缺乏明确的限定。史瑞应在《山东省优秀运动员就业意向及就业影响因素分析》一文中指出：优秀运动员是指根据国家有关规定正式进入国家或者各省区市级优秀运动队参加运动训练和比赛，并且享有国家体育津贴、奖金制度的在役运动员，即国家队和各省区市体工队（或者运动技术学校）正式的在编运动员[2]。该定义将优秀运动员外延范围进行了明确限定，但却没有对优秀的标准作明确规定。

综合分析以上定义，其一是优秀的标准为何。大多数学者将优秀运动员定义为国家一级及以上运动员，本研究也沿用此标准。其二是优秀运动员外延包括哪些范围。一般认为指国家队、地方队（省队）以及高校高水平运动员，本研究认为高校高水平运动员一般都隶属国家队、地方队（省队）单独列出有重复统计之嫌，且本研究主要针对长期脱离素质教育环境集训的专业运动员，故将本研究中的优秀运动员外延范围确定为国家队、地方队（省队）专业运动员。综上所述，本研究将优秀运动员定义为：从事体育专项训练，根据国家运动等级划分达到国家一级运动员、国家健将或者国际健将的专门从事体育工作的国家队、地方队（省队）的运动员。

二、优秀运动员素质教育

对于优秀运动员素质教育的概念进行厘定。主要思路有以下几个方面：一是从词源的角度对素质进行梳理和分析，了解素质的内涵及外延，进而分析优秀运动员的素质及外延，得出优秀运动员素质的定义；二是由于素质教育是一个专用概念，还要进一步分析梳理素质教育发展脉络及主要特征、理念，看其是否能够与优秀运动员教育相契合。

首先回到第一个问题，本研究的核心概念"优秀运动员素质教育"的界定。在明确了优秀运动员概念的基础上，要从"素质"概念分析入手。根据《辞海》的解释，"素"最开始是指白色的生绢，同时也指代白色或单纯的颜色，后引申为组成事物的基本成分；"质"原本是质地、材质，后引申为事物的根本特点。因此，"素质"原意是指"白色的质地"，后引申为人或事物在某些方面本来的特点和原有的基础。"素质"一词现在广泛应用于多学科、多领域，学者们对于

---

[1] 王帅. 我国优秀运动员的社会责任问题研究 [D]. 上海：上海体育学院，2016.
[2] 史瑞应. 山东省优秀运动员就业意向及就业影响因素分析 [D]. 北京：北京体育大学，2016.

"素质"的定义也暂无统一表述。在《心理学大词典》中定义为"素质是能力发展的自然前提和基础，是有机体天生具有的某些解剖和生理的特性，强调素质的遗传性、先天性与个体性"。《教育大辞典》将素质定义为"公民或某种专业人才的基本品质，是个体在后天环境教育影响下形成的"。

纵观以上定义，本研究将"素质"作广义和狭义之分。狭义的"素质"即"遗传素质"，指人生来就具有的先天的解剖生理特点。狭义的"素质"在教育学和心理学著作中都被视为一个认同的规范概念，其内涵是指人的先天性、遗传性的自然素质或生理素质[1]。狭义的"素质"是人心理活动形成和发展的前提，离开这个自然前提，就谈不上人的自然发展。同时，大多数人在解剖生理上差异不大，且先天素质只是人的心理发展的生理条件，不能决定人的心理内容与发展水平[2]。因而，本研究认为狭义的"素质"缺乏更广泛的教育上的适应性，不能完全适应素质教育实践的需要。广义的"素质"即教育学意义上的素质概念，其内涵已经超越了遗传特征的局限，而且包括后天心理素质和社会素质，是先天和后天共同作用下形成的人的身心发展总水平。在外延上，它既可以指个体素质，也可以指群体的质量和素质[3]。顾明远主编的《教育大辞典》中认为，广义的"素质"是指公民或某种专门人才的基本品质。如国民素质、民族素质、干部素质、作家素质等[4]。因此，广义的"素质"的概念可以界定为：人在先天生理基础上，受后天环境和教育的影响，通过个体自身的认识与实践而养成的比较稳定的、长期发挥作用的身心发展的基本品质。它是人的智力、体质、品德、才能的综合表现，是体现人的身心发展水平质量和功能的基本因素。

本研究中的优秀运动员素质首先是广义的，且在遗传的基础上和后天的共同作用下形成的基本品质，只有以此为定义才能使素质教育成为可能。其次，优秀运动员作为一种特殊人才，其形成的基本品质应分为两个层面：一是作为社会成员生存所具备的基本素质，此素质为适应普通人生活学习所必须的素质；二是为区别与其他人才的特殊素质，此素质紧扣优秀运动员的特殊性而形成并进一步发展。因此，优秀运动员素质教育从直接解释的角度来讲，是针对优秀运动员以先

---

[1] "素质教育的概念、内涵及相关理论"课题组. 素质教育的概念、内涵及相关理论[J]. 教育研究，2006（2）：3-10.
[2] 张恒忠，林碧英. 浅论素质教育[J]. 福建师大福清分校学报，1996（3）：70-77.
[3] 杨银付. 素质教育若干理论问题的探讨[J]. 教育研究，1995（12）：35-39.
[4] 顾明远，主编. 教育大辞典[M]. 乌鲁木齐：新疆人民出版社，2002：11.

天素质为基础，在后天共同的作用下形成的基本素质的一种教育，包括一般素质教育和专业素质教育。

"素质教育"作为一个专有名词，绝非只是针对相应素质而进行教育那么简单。本研究通过对"素质教育"的发展脉络进行梳理，为优秀运动员素质教育概念的提出提供了理论依据。一般认为，最早明确论述"素质教育"的文章，是署名为"言实"的作者于 1988 年为《上海教育》撰写的一篇题为《素质教育是初中教育的新目标》的短评。其提出背景为 1977 年恢复了高考制度后由于种种原因，各级各类学校以"应试"为主要教育手段，追求升学率的问题，对当时及之后的教育理念造成了极其消极的影响。因此，部分有识之士对此提出了批评并积极采取了应对措施，力图使教育回归本意。1987 年，国家教委副主任柳斌在其文章《努力提高基础教育的质量》中写到"义务教育是适龄儿童必须接受的，国家、社会、学校、家庭必须予以保证的国民教育。尽管基础教育比九年制义务教育的外延要广，它包括了高中教育，但就其性质而言，仍为国民教育，即社会主义公民的素质教育。"这是"素质教育"首次作为国民教育被提出，并迅速得到各界的认可，此后，"素质教育"作为一个新生名词出现在各大报刊及杂志中；1993 年，教育部出台《中国教育改革和发展纲要》，其中明确指出："中小学要由'应试教育'转向全面提高国民素质的轨道。"自此，政府高度关注，各界人士大力宣传，将"素质教育"的探讨推向高潮，掀起了一场教育改革运动；1996 年 3 月 17 日通过的《中华人民共和国国民经济和社会发展"九五"计划和 2010 年远景目标纲要》再次提出"改变人才培养模式，由'应试教育'向全面素质教育转变"。1996 年 2 月原国家教委在湖南汨罗举行全国素质教育现场会。1996 年 9 月、1997 年 3 月、1998 年 7 月和 10 月，教育部委托国家高级教育行政学院先后举办了以素质教育为主题的四期全国地市教委主任研究班。自此，"素质教育"成为一种政府行为和法律行为。2010 年《教育计划纲要》的出台将"素质教育"提升到改革发展的战略地位。

如今，"素质教育"已于各级各类教育中展开，但关于"素质教育"概念的内涵与外延却一直存在较大争议。王捷[1]、张志勇[2]及石中英[3]等学者都对

---

[1] 王捷, Katz L, 岳经纶. 素质教育政策、新自由主义与影子教育在中国的兴起 [J]. 中国青年研究, 2021 (7)：110-119.

[2] 张志勇. 素质教育的提出、内涵、发展及其实施环境 [J]. 人民教育, 2021 (11)：48-56.

[3] 石中英. 发展素质教育的根本任务、时代内涵和实践建议 [J]. 人民教育, 2021 (10)：15-19.

"素质教育"进行了相应的定义。本研究认真梳理这些定义和素质教育的发展历程，发现了其中的共性：一是"素质教育"是相对应试教育提出来的；二是既然"素质教育"与应试教育相对立，由此可说明"素质教育"主要针对应试教育的弊病，从重视知识向重视能力转变，从片面发展向全面发展转变，从重视共性向重视个性转变，从针对一部分人向针对所有人转变，并重视创新精神和实践能力培养等。而这些理念直到现在仍旧具有一定的指导意义并被理论界重视和被政府所倡导。

综合以上两个方面的分析，回到本研究对"优秀运动员素质教育"核心概念的界定这个问题。目前国内对于优秀运动员教育的研究，主要集中在优秀运动员文化教育方面。本研究认为，首先优秀运动员文化教育或文化素质教育，其内涵比素质教育小，不足以代表素质教育；其次文化教育或文化素质教育的提法有将此类教育与运动员训练对立之嫌。以素质教育为统称，可以明确运动员教育的两个基本任务，提升运动素质从而提高其竞赛成绩，提升基本素质从而提升其社会适应力，保证其拥有作为普通社会成员融入社会的能力；再次将素质教育理念及提出缘由与优秀运动员现状相契合。素质教育面向全体学生、促进学生全面发展、促进学生创新能力和实践精神培养，对于解决优秀运动员重训轻教的局面，促进其全面发展具有十分重要的现实意义；最后需要说明的是在后期设计中，优秀运动员的素质教育过程中也会出现应试的方式，此并非是对素质教育精神的背离。因为应试本是中性词，是一种检验手段，应试教育则是贬义，代表一种分数至上的价值取向的教育模式，素质教育反对的是这种价值取向而非应试的模式。且对优秀运动员这一特殊群体而言，最大的应试来自各种高级别比赛而非课程考试。

综合以上分析，本研究将优秀运动员素质教育界定为：以改变学训矛盾为主要目标，将提升竞技能力与促进全面发展相结合，加强优秀运动员的专业素质和一般素质的教育。

第三节 研究内容与创新之处

一、研究内容

本研究立足于我国优秀运动员素质教育实践，采用实证研究的方法，以教育学、管理学以及体育学的相关理论作为支撑，在充分考虑这一群体素质教育工作的特殊性基础上，来研究素质教育相关内容。具体如下：

1. 优秀运动员素质教育基本理论体系研究

通过对我国目前优秀运动员素质教育的相关理论以及发展历程进行梳理，明确我国优秀运动员素质教育的概念，并以此概念为研究起点，通过德尔菲法确定我国优秀运动员素质教育理论指标体系。

2. 优秀运动员素质教育课程体系研究

以基本理论指标体系为基础，从课程名称确立开始，围绕课程目标、课程内容、课程实施、课程评价四个课程基本环节，梳理完善了优秀运动员队伍素质教育的目标、内容、授课方式、师资队伍以及教材体系建设等核心问题，重点解决了优秀运动员素质内容的筛选；授课方式、学时安排、教师队伍建设等相关问题，明确了素质教育教材编写的相关原则以及具体的参考教材，为优秀运动员素质教育的开展提供切实可行的依据。

3. 优秀运动员素质教育管理体制与运行机制研究

从国家队和地方队（省队）两个层面，基于厘清优秀运动员素质教育管理主体之间权责划分的基础上，研究制定了优秀运动员素质教育的运行机制和考评机制，从体制与机制上来保障优秀运动员素质教育工作开展途径的畅通。重点解决了优秀运动员素质教育工作中的权责划分问题、素质教育工作的执行问题。

4. 优秀运动员素质教育实施方案与发展规划研究

在前期研究基础上，以突出实用性和可操作性为原则，以简化操作为主要目标，结合优秀运动员素质教育工作的实际进展，从国家队和地方队（省队）两个层面完善优秀运动员素质教育的实施方案，按照解决现实问题、追求短期效益、兼顾长远发展的思路编制发展规划。

二、创新之处

本研究是以运动员素质教育的理论体系架构和解决现实问题、追求短期效益和兼顾长远发展的总体思路进行的研究，力求将理论和实践相结合。本研究从理论体系、课程体系、管理体制和考核机制等方面进行了立体化调研，是对优秀运动员素质教育的全方位、立体化的研究，重新定义了优秀运动员素质教育的内涵与外延，改变了以往将训练与教育相对立的局面，将提升运动员竞技成绩作为素质教育的目标之一。

第四节 研究思路与方法

一、研究思路

以素质教育的相关理论和研究成果为依据，结合我国优秀运动员群体的实际情况，采用文献法、统计法等多种方法，审视素质教育在促进优秀运动员全面发展中的重要作用和社会意义，并对我国目前开展的优秀运动员素质教育工作发展历程和已有研究进行梳理、反思与再规划。

在充分认识优秀运动员群体特殊性的基础上，深入研究开展优秀运动员素质教育工作的特殊性及其特殊规律。通过问卷调查法、访谈法等多种方式，从国家、社会和运动员自身等不同层面，调查研究优秀运动员素质教育开展现状，了解优秀运动员应该具备的素质。在此基础上，分析优秀运动员素质教育的相关内容，研究制订课程内容、授课方式、学时安排、师资选拔、教材编写以及相应的考核标准，以切实服务于提高科学训练和竞赛水平，并促进运动员综合素质全面发展。

在厘清优秀运动员素质教育管理主体之间权责划分的基础上，研究制定优秀运动员素质教育的运行机制和考评机制，为优秀运动员素质教育工作的开展建立制度保证。

在已有研究的基础上，按照强化可操作性的原则，从国家队和地方队（省队）两个层面制定我国优秀运动员素质教育的实施方案和发展规划，为实践工作提供参考。

二、研究方法

（一）文献法

通过对优秀运动员素质教育相关文献的收集、分析和整理，梳理优秀运动员素质教育基本理论、课程体系、管理体制和运行机制等方面的前期研究成果，明确优秀运动员和素质教育核心概念的内涵外延，为后续研究奠定基础。

(二) 问卷调查法及访谈法

本研究在前期调研的基础上，对国家队、国家集训队、地方队（省队）进行了调研。在国家队层面，选取了国家体育总局训练局驻局男女排、男女篮、体操、乒乓球、游泳、艺术体操、花样游泳、跆拳道、蹦床、羽毛球等奥运项目国家队、国家集训队运动员 99 名，相关领队和教练员 30 名，以及相关教育专家和管理专家 11 名作为调研对象。在地方层面，选取了四川省、重庆市、湖南省、上海市、北京市、安徽省、广东省、福建省、黑龙江省、青海省、山西省、河南省、澳门特别行政区等地区的排球、体操、乒乓球、游泳、艺术体操、花样游泳、羽毛球等项目的运动队进行了研究，涉及运动员 882 名，教练员及相关管理人员 86 名，相关专家 45 名。根据调研需要，课题组发放了运动员问卷、领队（教练员）问卷、专家（教育、管理）问卷共计 1153 份，收回有效问卷 1086 份，并对相关 36 名教练员、领队、运动员及专家进行了访谈。具体实施方案将主要在第三章说明。

(三) 统计法

运用 SPSS 等相关统计软件对数据进行了处理、统计及分析，并运用相关的方法对我国优秀运动员素质教育的课程内容、学时等相关内容进行了统计。

(四) 德尔菲法

运用德尔菲法确立优秀运动员素质教育理论指标体系，并采用层次分析法确定优秀运动员素质教育指标体系，明确各要素的权重。

第二章
研究背景与理论借鉴

第一节　我国优秀运动员素质教育历程回顾——历史背景

本章以历史之维度，从起步期、恢复发展期、改革探索时期、奥运争光时期和迈向体育强国时期几个阶段，梳理我国优秀运动员教育的发展历程，探索其规律与共性，解析竞技体育政策、运动员选材和运动员文化素质教育，为解决优秀运动员素质教育问题提供参考。

一、起步期

我国于1952年成立中央人民政府体育运动委员会，贺龙被任命为主任。贺龙在工作报告中指出："为了保证体育运动的顺利开展，必须迅速建立和健全各级体委。"此后我国各级机关单位开始筹建体育管理机构，形成了国家、军队、社会三大体育行政管理部门。国家体育管理部门是全国主要的管理系统，负责全国的体育事业，主要管理各个单位和各个地方政府的体育工作，在工作中指导、协调、配合地方，负责对各个地方的政策文件和存在的问题进行审批和管理；组织群众体育活动的开展，制定体育的发展战略，组织全国性的体育赛事，进行体育的国际交流等。当时的运动员选拔，主要是沿袭民国时期的选拔方式，在学校、部队、工厂等地方选拔，运动员专业性不强、竞技水平较低。在建立国家体委和地方体育管理组织后，开始逐渐建立国家优秀运动员队伍，其主要任务以训练为主。到了五十年代后期，相关管理部门开始在北京和上海等地招募青少年运动员，开始试点开办青少年业余体育学校，利用学生们的课余时间进行训练，培养具有良好运动技术和良好身体素质的青少年。至1957年，我国业余体校的总数量为159所，拥有学生17000多名。1959年，中华人民共和国体育运动委员会又对业余体校作出调整，通过分划重点体校和一般体校的方式促进竞技体育更好地发展，当时以上海为首创办了集中学习、集中食宿、集中训练的"三集中"培养模式，学校配备专业文化课教师。1963 年制定试行了《运动队伍工作条例》（草案），对运动员的文化教育工作作出明确指示：各地区应该切实加强运动员的文化教育，各地区要逐渐为优秀运动员配备专业文化教育老师，成立专门的文化教育管理机构。到 1965 年，我国体校已有 1800 多所，在校学生达 14 余万人。实施集中食宿、学习、训练的"三集中"教育模式和为优秀运动员配备专业的文化教育教师是运动队发展的必然途径，也是我国运动员全面发展的必经途径。"三集中"的学习方式可以进一步解决运动员学习和训练之间的矛盾，在集中学习期间不仅方便学校进行统一管理，也腾出了大量时间为运动员安排文化课程。从训练成绩的提高手段来看，运动成绩的提高必须通过训练时间的累积和科学训练手段加以获得，中华人民共和国成立初期我国运动队训练方法有限，只能通过训练积累经验，占用了运动员大量的文化学习时间造成运动员学习与训练相矛盾。

总体上讲，中华人民共和国成立初期的体育事业正逐步发展，国家也在努力探索体育事业的发展路径，但受客观条件制约，发展成果并不突出。

二、恢复发展期

随着"文革"的结束，我国的竞技体育发展迎来了春天，国家体委开始大量颁布相关政策恢复竞技体育。1980 年 3 月发布《仲裁委员会暂行条例（草案）》；1981 年全年首先是完善以前的制度，其次发布了教练员和运动员的守则以及全国纪录审批制度；1982 年发出《关于开展全国"田径之乡"评选的通知》；1983 年发布《全国体育竞赛赛区试行工作条例（草案）》，经国务院批转了《关于进一步开创体育新局面的请示的通知》，国家体育政策的颁布大幅促进了我国体育事业的发展。至 1984 年，我国打破世界纪录的次数达到了 103 次，获得 127 个世界冠军。1984 年，中共中央发出的《关于进一步发展体育运动的通知》中指出，我国的体育事业已经初步取得成效，迎来了新的发展时期。体育工作要明确未来发展的工作任务，在任务和目标的引领下，建立优秀的运动员和教练员队伍，在体育设施和人才培养上，要把体育事业与国家的经济联系起来，加强宣传两个文明建设，做好运动员的思想政治教育和党的领导工作。这些政策的颁布和实施为接下来的体育工作指明了方向，这是竞技体育在改革开放时期走向更好发展的开始。

改革开放初期,国家政策上越来越重视比赛成绩,我国的管理体制逐渐转变为举国体制,在世界竞技体育舞台上取得了较好的成绩。随着竞技水平的提高以及经济、文化的不断发展,我国国民教育素质整体提高,但是优秀运动员的素质教育却由于训练时间的加长而越显薄弱,文化素质教育与运动训练成绩的矛盾逐渐凸显,原有的国家退役安置政策因此受到很大影响,运动员因为单位较差而不愿意接受安置,而单位也因运动员的文化素质较差而不愿意接收。为了解决这一矛盾,我国于1977年提出了优秀运动员向院校化过渡的文化素质教育方法。鉴于此,我国开始建设大量的体育运动学校,国家体委又在1978年的全国体育工作会议中提出,竞技体育的工作要采取思想一盘棋、训练一贯制、组织一条龙的发展方式,人才从基层、运动队、高水平三个层面逐级选拔。当时的6所直属院校由于有着强大的科研资源和物质条件,承担国家体育人才培养的大部分工作,因此在1979年,我国在6所直属院校设立了附属的竞技体育学校,为我国1984年备战洛杉矶奥运会做准备。1979年3月,为了解决体育人才文化水平过低的问题,国家体委和教育部联合发布了《少年儿童业余体育学校章程》,规定业余体校除了音乐、美术、体育课程可以不开设之外,其他文化课程必须开设,而且在考试期间训练必须停止。对于文化课较差的学生还应该停止训练以补习文化课,章程主要针对的是初中学生,并且规定了学生学习文化课程的时间和次数。随着我国在奥会为合法地位的恢复,我国的竞技体育压力也越来越大,文化素质教育实施更加不顺利。1981年,国家体委颁布政策提出运动员文化素质教育的重要性,使运动队向学校化过渡,但是由于竞技体育成绩的压力,多数体育学校的文化素质教育课程形同虚设。另外,由于经济基础的提高和教育事业的发展以及管理部门分工不明确,使优秀运动员的素质教育更是没有得到教育系统的有效管理。

1981年2月,国务院批转了国家体委《关于省、自治区、直辖市体委主任会议的几个问题的报告》,要求加强运动员的文化素质教育,配备专职的文化教育教师,确定好运动员的学习年限和学时,考试合格达到高中水平后才发给文凭和分配工作,如果未达到高中文化水平,则延长学习年限,直到考试合格后才准许毕业。并且在这些运动员中要选一批人到体育院校培养为教练员和教师。虽然当时的教育政策督促运动员进入学校学习,但是并没有制定详细具体的实施措施,这就难以切实提高运动员自身的文化素质。而后几年虽然国家也日益重视运动员的素质教育,但是方式并无多大革新,一般主要是从分配工作和毕业条件上设置要求，但是在实际中对于解决优秀运动员的文化素质教育问题效果并不明显。为了方便统一管理优秀运动员的文化教育课程，1982年我国专门设置了"优秀运动队文化教育处"。1982年又对专业学校办学进行规范，规定学校的办学任务是为国家培养人才和师资，学制四年。

该时期高等教育学校较少，多数人被高校拒之门外，而优秀运动员文化成绩又普遍偏差，很难考上大学，这导致优秀运动员较难就业。北京、上海等省市先后成立了职工体育运动技术学院，让部分运动员进入了职工技术学校学习，而后我国更提倡运动队向学校化转变，把原有的运动队松散式的文化教育方式转变为有条理、规范化的学校教育。

1984年，我国首次召开了"全国优秀运动员文化教育工作会议"，这次会议把优秀运动员的文化素质教育重要性提升到了更高的位置。1986年又发布了运动学校的办校办法和管理办法，对文化素质课程进行了详细规定；同年4月，我国的《义务教育法》颁布实施，更加凸显出运动员文化水平偏低的现实状况，此法的立法背景一方面是用人单位不愿意接收退役运动员，另一方面是运动员高不成、低不就的现况；为保证运动员素质教育的顺利实施，11月和12月相继出台了《国家体委优秀运动队工作条例试行》对优秀运动员文化素质教育最低支出经费、师资、学时等做出了严格规定，要求相关部门及领导必须定期讨论运动员的文化素质教育问题，并且探寻解决问题的方案，在干部选拔上也要优先选用能解决此问题的干部，要把运动员文化教育工作做好。

三、改革探索时期

1986年，国家开始总结以往经验，并有针对性地进行改革，出台了《关于体育体制改革的决定（草案）》（以下简称《决定》），总共制定出10个方面的改革措施，以社会文化为突破点，改革训练和竞赛体制突出社会化和科学化，成为了这一时期竞技体育的重要指导思想。《决定》强调各部门协同发展，共同办好体育活动赛事，积极调动各方面体育活动积极性。该《决定》在一定程度上调动了各方面举办体育活动的积极性。

该时期竞技体育相关政策较多，这是我国经济实力提升和对外改革开放的必然结果，为我国运动员教育工作的开展创造了良好条件。该阶段运动员教育主要解决文化素质教育和竞技运动水平不匹配的问题，探索运动员教育如何与基础教育、高等教育相结合，为运动员教育开辟新途径。1986年我国高水平运动队开始在各大高校建立，同年印发了《关于加速培养高水平运动后备人才的指示》，提出加强青少年儿童教育，在运动员选材上来源要多渠道，促进三级训练网培养体系完善。为应对社会人员学历普遍升高，社会对人才的学历要求也越来越高，国家体委和教育部开始改革，优秀运动员可以免试进入大学学习，运动训练专业进行单独招生考试等，另外还开始建设函授教育，通过多种方式提高优秀运动员的文化水平。1987年颁发了《关于著名优秀运动员上大学有关事宜的通知》，在奥运会、世锦赛、世界杯获得单项赛前三名的人和团体赛前三的主力队员，可以进入大学学习，通过高校自主考核，可以延长学习时间。虽然这一文件开辟了运动员进入大学的新道路，但是因为名额有限，而全国体育后备人才较多，所以这办法也难以从根本上解决运动员的文化素质教育问题。1989年又实施新规，运动训练专业单独招生，笔试由国家体委统一命题，但是笔试题目难度较小，录取办法由招生学校自己制订。1991年国家教育部和国家体委在原来《体育运动学校办学方案》和《体育运动学校学生学籍管理试行办法》的基础之上，发布了《体育运动学校办校暂行规定》和《体育运动学校学籍管理办法》，新规定比原来的更加详细，更有利于各方资源的综合利用。在管理层上，由体育行政部门为主，在录取方面上，运动员文化课达到中专才可以录取，并在训练时间、课程安排时间、师生比例等方面做出严格规定。为了检验政策实施效果，国家体委在1991年再次调查优秀运动员的文化素质教育工作，对教练员、场地设施、经费投入、师资队伍等进行了调查，调查人数达到14420名，其中大专文化水平1999人，占到总人数的13.86%，高中文化水平5487人，初中及以下有6309人。文化教育效果较1986年有很大提升，但调查指出，有1/3的单位没有完成2~3个半天（总共10学时）的教学任务。优秀运动队有13所大专和11所中专，一些难以开设独立学校的通过与当地的院校联合办学、借读形式或者函授形式来完成学业。教师层面，优秀专职文化教育教师有727人，与运动员比例为1:20；在教育经费利用上，文化素质教育的支出远远低于1986年颁布规定2%的标准，文化素质教育没有专项拨款，也没有固定的经费来源，这也是限制优秀运动员接受文化素质教育的主要原因。学习时间与训练时间相冲突，也是导致优秀运动员文化素质教育实施困难的主要原因之一。由于运动员的训练时间、负荷加大，运动员没有充分的时间完成教学规定内容，成绩低下的运动员很难完成大学学习。根据这个情况，1993年，国家体委反复探讨，研究了原来的文化教育方式，探析运动员教育中存在的问题，提出要将应试教育的传统模式转变到素质教育中来，一切工作要坚持从各地区实际出发，采取丰富多样的各种办学方式。其后发布了《国家体委关于优秀运动队文化教育工作深化改革的意见》（以下简称《意见》），会前也制定了主要针对优秀运动员和运动队的教学计划和课程安排表，虽然此次《意见》旨为解决优秀运动员的文化素质教育薄弱问题，但是在详细实施措施上并没有相关的方案。因此，此次《意见》最后也是收效甚微。1993 年 5 月，国家体委在深化体育改革的意见中，对于优秀运动员的文化素质教育提出进一步的改革要求，提出运动员不仅是要完成九年义务教育，而且要在原来的基础上进一步进入高中、中专、技术学校等地方学习文化知识，另外还可以接受高等学校教育，但是主要是以体育专业为主，为社会培养出优秀的体育专业教师或教练员。虽然对我国的优秀运动员素质教育有促进作用，但是问题本质尚未解决，优秀运动员素质教育薄弱问题仍然存在。

四、奥运争光时期

1995 年 7 月 6 日，国家体委发布《奥运争光计划纲要（1994 年—2000 年）》，使这一时期的竞技体育政策主要围绕奥运会制定。在此阶段，运动员教育的主要特征呈现为以运动员就业问题为导向。1995 年国家体委发布了《关于加强和发展优秀运动队职业教育的意见》，希望在运动员退役后能够通过前期的职业文化教育去得到一份好的工作，让退役运动员有所保障，也为社会培养出所需要的人才[1]。在开展职业教育专业时，还应该密切结合当地实际情况，做好前期的调查工作，保障开设的职业教育专业符合当地的真正需要。为了让素质教育这一目标得以实现，国家体委又于 1997 年编制了《优秀运动队九年义务教育初中语文、数学教学指导纲要》，对当时运动队的文化课程进行了详细的规定，并且在全国的体育运动队学校实行。但由于需要配合奥运争光计划，把原来的硬性要求予以废止，比如，学校的教师配比，投入经费最低标准，学时规定等。进入 21 世纪，我国扩大了高水平运动队的招生学校数量，此外，还有部分高水平运动员可以通过推荐免试攻读硕士研究生学位，让更多的优秀运动员有机会进一步学习，拓展职业和人生道路。在优秀运动员的职业技术教育方面，我国开始建设大专学历的体育职业技术学院，在成人教育上为优秀运动员开设方便之门，同时也出台相关政策对运动员进行就业指导。另外，运动员的学习方式也开始向多样化转变，如在学习中延长学习年限、补课等。2002 年，体育总局对先进体育

---

[1] 郑文强. 我国竞技体育政策及其变迁研究[D]. 广西：广西师范大学，2018.

工作者进行了表彰，文化素质教师多于体育教师，但是这对优秀运动员的文化素质教育改善不大，因为备战奥运占用了大量文化学习时间，学训矛盾较为严重。为此，当时的教育体系开始由体育系统自办转变为依靠教育系统一起办学，依靠教育系统的教育资源去解决运动员的素质教育问题。

五、迈向体育强国时期

针对运动员等级评定乱象，2009年，施行了《运动员技术等级管理办法》，规范了运动员的等级评定，2014年又对其进行修订，有效解决长期以来的不规范问题。2011年印发的《全国体育人才发展规划（2010—2020年）》，旨在解决培养什么样的运动员的问题，这也是为了适应经济、社会发展而提出的新举措。在培养的总体方针上，不仅要提升我国在体育上的国际竞争力，还要注重运动员的文化素质和职业道德教育，要把体育队伍的综合素质提到新的高度，并利用好国家相关政策，从运动员选材到培养再到保障制度，都要尽量完善，特别是每五年对全国教练员进行专项训练，通过有计划监督的方式使我国的体育人才培养体系更加完善。2011年，国家体育总局在原来的基础上对体育学校管理标准进行革新，印发了《中等体育运动学校设置标准》《少年儿童体育学校管理办法》和《中等体育运动学校管理办法》。在加强学校管理的情况下提出要发挥体育学校的服务功能，体育学校来自社会，也要服务于社会，要为社会培养有用的人。这也说明竞技体育不只是少数人的体育，也应该是社会的、大家的体育。同年，颁布了《2011—2020年奥运争光计划纲要》，为下一个十年的竞技体育指明方向。2015年，国务院办公厅又印发了《中国足球改革发展总体方案》，对中国足球的发展作出新的指示。值得一提的是，新的《奥运争光计划》没有对我国必须获得的金牌总数进行硬性规定，这是唯金牌论向人才全面发展的积极转变，也是我国体育由大到强迈出的一大步，具有里程碑意义。2016年5月5日，国家体育总局发布了《体育发展"十三五"规划》（以下简称《规划》)[1]，转变竞技体育发展方式在《规划》中首次提出，强调充分认识竞技体育多元功能和综合社会价值的表现，并且将其作为"十三五"时期体育发展的主要目标之一。2017年12月，国家体育总局和教育部共同印发《关于加强竞技体育后备人才培

---

[1] 朱亚成. 关于《体育发展"十三五"规划》的若干探讨 [J]. 南京体育学院学报（社会科学版），2016, 30 (3): 85-92.

养工作的指导意见》[1]，提出推进体教融合的发展思想，指出要建立健全运动员文化教育联席会议制度和督导制度，建立以体育行政部门为主的体育和教育行政部门各负其责的竞技体育后备人才管理体制和运行机制，促进青少年运动员竞技水平的养成和文化素质的提升。2019年9月，《体育强国建设纲要》正式印发[2]，体育已然从竞技运动的狭义概念中脱离出来，体育强国的内涵有了质的改变，体育强国必须要牢固扎稳"以人为本"之根，强调了体育强国建设必须将以促进竞技体育、学校体育和全民体育和谐均衡发展。

虽然在奥运会上取得喜人的成绩，但是运动员在全身心投入训练时，文化素质教育缺乏问题更为突出。为了让我国优秀人才和国际接轨，培养全面发展的新世纪优秀体育人才，我国于2002年颁布了让优秀运动员免试进入高校学习的管理办法，但是由于优秀运动员数量较多，此管理办法只针对排名靠前的运动员，而其他运动员却还是难以进入高校学习。国务院于2010年再次转发了《关于进一步加强运动员文化教育和运动员保障工作指导意见》[3]，该意见指出，必须加大对优秀运动员教育的支持力度，把公办体校的发展纳入地方教育发展计划，加大运动员素质教育的经费投入力度，教育部门合理向公办体育学校选派优秀教师，提升公办体育学校教师待遇，使体育学校教师和教育部门教师待遇按照规定执行，杜绝厚此薄彼现象的发生。2014年国家体育总局发布《关于进一步做好退役运动员就业安置工作有关问题的通知》[4]，指出改进退役运动员安置方式、拓宽就业安置渠道、整合资源助力退役运动员就业工作等具体措施，为运动员退役转型指明方向。

体教结合一直以来取得的效果都不尽如人意，虽然国家体育总局和教育部多次一起发布相关的管理办法和意见，但是在实际操作层面却困难重重。2020年9月，国家体育总局和教育部联合印发了《关于深化体教融合 促进青少年健康发展的意见》，指出要深化具有中国特色体教融合发展，让竞技体育与教育深度融合、互相促进，形成良性循环。

---

[1] 毛振明，夏青，钱娅艳. 论体教融合的问题缘起与目标指向 [J]. 体育学研究，2020，34（5）：7-12.
[2] 国务院办公厅印发《体育强国建设纲要》[J]. 中国民族，2019（9）：29.
[3] 国家体育总局召开全国体育系统贯彻落实《关于进一步加强运动员文化教育和运动员保障工作的指导意见》座谈会 [J]. 中国体育教练员，2010（3）：65.
[4] 倪京帅，徐士韦，王家宏. 中国运动员文化教育政策（1949—2019）：演进特征及优化策略 [J]. 成都体育学院学报，2021（1）：71-78.

六、我国运动员教育发展历程评述

通过以上对我国运动员教育发展历程的梳理可以发现，运动员教育是特定历史时期适应社会需求而诞生的产物，而对各个时期运动员教育发展的不同表现综合分析，可以得出建国后我国运动员教育呈现以下三个导向：

（一）举国体制导向

我国从改革开放70年代末到90年代末这一段时间是体育系统中自办运动员文化教育的盛行阶段。三中全会以后，由于我国体育竞技体制发生了翻天覆地的变化，社会整体发展逐渐由计划经济向市场经济慢慢转型，使得人民收入水平逐渐提高，同时也意味着竞技体育的全面复苏和发展。为了促进竞技体育的快速发展，"举国体制"应时而生。"举国体制"的重要目标就是大力发展我国竞技体育，使得我国竞技体育在全世界取得持续突破。具体实施是根据"三级训练网"的机制进行运动员的选拔，然后集中力量进行全面训练。"基础大则塔尖高"的思想观念导致我国运动员的数量不断增加，在奥运会、亚运会、全运会等各级各类比赛中取得成绩的多少与政府对竞技体育投资的多少挂钩，对教练员、体育系统领导的晋升及奖励环环相扣。体校为了追求更好的成绩大范围扩招运动员，在这样的背景下，运动队伍的文化素质不高，因此我国优秀运动员的文化素质教育问题也成为社会关注的重点。重体轻文的现象在运动员中普遍存在。对优秀运动员按国家干部对待进行退役后安置也引起了社会不满，一方面运动员因为待遇问题对安置的工作单位不满，另一方面工作单位因运动员文化素质水平有限不愿接受，造成运动员退役压力大。学习文化知识的最佳时期就是青少年时期，但是由于很多运动员在文化教育的最佳时期进行技能训练，加之业余体校的文化素质教育师资差，导致运动员缺乏文化素质教育的机会。再者，当技能训练与文化教育发生冲突时，尤其面临全国比赛、亚运会、奥运会等大型赛事期间，技能训练必然要占用文化学习时间，这进一步加大了优秀运动员的学训矛盾，使得运动员文化素质教育问题显得更为棘手[1]。

---

[1]虞重干，刘炜，匡淑平，等. 我国优秀运动员文化教育现状调查报告[J]. 体育科学，2008（7）：26-36.

（二）体教融合导向

为了提高优秀运动员的文化素质教育，国家体委经过调查研究，颁布了相关文件，选择优秀运动队院校化，从此我国普通高校开始培养高水平运动员，发展"体教结合"的教育模式。这种模式不仅减轻了优秀运动员的就业压力，同时也可以让普通高校通过派出优秀运动员代表参加高水平的各类比赛以获得荣誉。

随着2020年《关于深化体教融合 促进青少年健康发展的意见》的印发[1]，运动员素质教育的发展进入"体教融合"阶段，理应摒弃体教分离时期，优秀运动员培养"异化""畸形"的价值取向，集中体现科学性原则与人文性原则。

第一，优秀运动员并不是完全按照客观规律运行、发展的"冰冷"客体，而是拥有自我价值、感知体验的"鲜活"生命，新时代体教融合要求将科学培养与人文关怀结合，在优秀运动员素质教育中，也应考虑包含体育情感、历史修养、审美水平的培养，贯穿以人为本的价值观念，为优秀运动员实现自我潜能、理性、情感、创造力全面发展提供条件。

第二，要将社会技能的基础性与职业技能的专业性相结合，把优秀运动员培养成一个合格的社会成员，即通过文明礼仪、社会交际能力、外语、计算机等基础性素质教育内容提升其社会适应力，保证其拥有作为普通社会成员融入社会的能力；其次是通过技术原理、运动康复、运动营养等专业素质教育内容，为优秀运动员退役后的职业转型打造技能基础，引导其将原本服务于竞技体育赛场的专业理论知识和技能，应用在市场所需的教练员、康复师、营养师等岗位需求上，将素质教育培养效果体现到具体技能上。

第三，要考虑优秀运动员素质教育综合能力培养的全面性和优秀运动员群体的内在差异性。素质教育是一种新型的育人观念，其核心价值在于促进受教育者文化、道德、意志、审美等素质的全面发展，因而指标内容的设置应基于整体客观的"共性"出发，保证素质内容的全面性；优秀运动员在文化水平、道德修养、思想观念以及就业意向等方面存在"个性"差异，因此，在建立优秀运动员素质教育指标体系时，应与主客观因素相结合，兼顾素质教育内容的全面性与差异性。

---

[1] 杨国庆，刘宇佳. 论新时代体教融合的内涵理念与实施路径 [J]. 天津体育学院学报，2020（6）：621-625.

(三) 职业教育导向

体育职业教育的发展是实现竞技体育可持续发展的必要手段。竞技体育是体育强国不可或缺的一部分。1985年颁布的《中共中央关于教育体制改革的决定》指出："在各级各类学校教育中，要主动适应社会经济的发展，要通过教育培养数以亿计的高素质劳动者"。在20世纪80年代，社会对于人才的需求是追求数量，人才越多越好，而进入90年代，社会对于人才的需求就已经从量转变为质，人才的质量才是教育的重点，也是教育的终点。不过，体育的职业教育虽然是朝阳事业，但依旧处于探索发展阶段。近年来，我国教育事业的规模逐渐扩大，体育职业教育因起步较晚，生源特殊，其模式仍然存在计划经济的陋习。体育职业教育目标模糊，功能不健全，课程设置不合理等弊端日益显现，使体育职业教育的质量问题受到了质疑。为了加快推进我国职业教育的发展，1996年第八届全国人民代表大会常务委员会颁布了《职业教育法》，为更好地开展职业教育起到了很大的推进作用。为了借力于国家队职业教育发展的良好时机，进一步加强职业教育的发展，原国家体委又召开了全国优秀运动员职业教育的研究讨论会，会上提出要把握机遇，对优秀运动员的职业教育进一步扩大，根据他们的特殊性调整课程，增加有关内容，依靠全社会的帮助，联合办学，从而提高运动员的社会适应能力。为了顺应发展，进入21世纪后，一些体育职业学院升格为具有大专学历的院校，或者直接成立体育职业技术学院，这些学院更多地接管了本省市的高水平运动队的训练任务，在教学中通过增设体育职业课程，为运动员的退役和就业提供了有利渠道。截止到2011年，全国共有体育职业院校12所，我国希望借助职业院校加强对体育教育的发展，建立健全优秀运动员的体育职业教育体系，提升职业竞技水平，为此后优秀运动员的就业打下坚实的基础。

我国优秀运动员的教育自建国后就受到国家的高度重视，在实践中不断创新、完善各类管理办法和意见。到目前为止，我国优秀运动员教育已经取得许多成果，体育学校从无到有，优秀运动员从基础教育到高等教育等方面衔接工作逐步完善，管理部门的职能划分也逐渐清晰。但是，对我国广大运动员来说，素质教育实施程度还不够，虽然顶尖水平运动员的文化素质教育已经在一定程度上有所改善，但是后面数量更为巨大的普通运动员文化素质教育问题还未得到有效处理，如何解决此问题还需相关学者和政府部门继续探索。例如，在实施措施上可以采取先试点后推广，试点取消体育学校，将运动员送入当地优秀学校进行学习；在选材上，不再沿袭原有选材方式，采用在基础学校直接选材，就地训练；教练员上，除第一梯队的国家队教练员外，把第二梯队的教练员就近安排到普通学校任教等。当然，优秀运动员素质教育问题解决办法也非一日可得，需要各方共同努力方可见成效。

第二节　我国优秀运动员素质教育文献综述——理论借鉴

本部分内容对优秀运动员素质教育的相关文献进行了梳理与分析，旨在从相关议题研究、现状研究、方法研究、跨界研究四个部分总结理论与实践经验，为课题研究提供帮助。

一、议题研究

对优秀运动员素质教育的开展途径、课程体系、管理体制、发展趋势、目标等方面的相关文献进行二次研究，指出当前议题研究存在的不足，并为课题调查问卷的编写与访谈信息的设计提供思路，为课题后续工作的开展提供思路。

(一) 议题研究概况

近年来，我国优秀运动员素质教育研究议题仍然主要聚焦在以下几个方面：

1. 优秀运动员素质教育的开展途径

杨洋（2017）对MOOC运用于优秀运动员素质教育的可行性与重要性进行了研究，阐述了MOOC教学能够突破传统封闭教学模式与突出学生互动性的特点，并指出这些特点与开展优秀运动员素质教育的要求具有较高的契合度[1]。该研究只停留于理论层面的探讨，缺乏可操作性。崔亚芹（2020）指出"为了更好地顺应竞技体育的发展趋势，竞技体育人才的培养模式应更符合人的全面发展的总体要求，而不应仅仅培养其生理素质，更要加强其思想道德素质的培养。"[2] 对竞技体育中思想道德教育的价值与意义进行了充分阐释，但对具体的实施路径没能进一步研究。2020年8月，体育总局与教育部联合印发《关于深

---

[1] 杨洋. MOOC背景下我国优秀运动员素质教育改革研究 [J]. 成都体育学院学报，2017，43 (5)：122-126.

[2] 崔亚芹. 竞技体育主体思想道德素质教育的价值 [J]. 现代交际，2020 (8)：130-131.

化体教融合 促进青少年健康发展的意见》的文件,从目标导向、制度设计等方面对我国各领域深化体教融合、促进体育教育改革提出了新要求。潘立成等(2021)指出"在新的政策背景下,我国要打造新型的竞技人才培养体系和学校体育工作体系,通过'体教融合'人才培养机制培养出发展更全面的竞技型人才,为我国从体育大国向体育强国迈进注入新的力量。"[1]"体教融合"的人才培养模式作为我国体育事业发展的新转折点,在未来工作中,需汇聚各方力量,不断探索与实践。

2. 优秀运动员素质教育课程体系

周政权(2015)以湖南省高水平排球运动员为个案,将文化教育程度、成长环境、专项技术水平等作为参考要素,设置了由文化、政治、审美、环保、道德、法律六个模块组成的横纵兼顾的课程体系。横向上施行6个课程模块;纵向上施行核心素质课程;总体上满足优秀运动员发展的基础性和强化性需求,构建一个种类多、质量高的课程体系[2]。该研究从高水平排球运动员的视角提出了素质课程的构建思路,但同时对排球这一单项目视角也进行了限制,未能通过个案研究与其他项目运动员进行分析比较,未得出具有普适性的发展经验。高航(2017)提出应该坚持以人为本的核心思想,根据优秀运动员训练时间长、压力大的实际情况制订了新的运动员课程方案,初步构建出由公共基础课程、专业基础课程、发展基础课程组成的契合新时代素质教育要求的课程体系[3]。何月冬(2018)对国家体育总局出台的"国家队优秀运动员素质教育4+X模式"进行解读。这一模式能够有效地提高素质教育课程内容与运动员需求的契合程度,在开展训练基础知识、体能训练、损伤预防和伤病康复以及励志、文明礼仪和就业指导四部分内容的基础上,根据运动员自身具体情况与需求开展相应的课程,建构改善现行优秀运动员素质教育的课程体系[4]。该研究只是对4+X模式涵盖的课程内容进行解读,缺少不同课程对优秀运动员素质发展作用的重要性的思考,若能结合优秀运动员及相关专家意见对不同课程所起到的实际效果进行排序,会大

---

[1] 潘立成,杨青,李木子. 体教融合视角下苏州市乒乓球队人才培养现状及制约因素研究[J]. 当代体育科技,2021,11(14):70-76.

[2] 周政权. 湖南省高校高水平排球运动员人文素质教育体系构建研究[J]. 攀枝花学院学报,2015,32(2):83-85.

[3] 高航. 我国优秀运动员教学模式的构建[J]. 吉林体育学院学报,2017,33(6):49-51.

[4] 何月冬. 我国运动员素质教育研究[J]. 当代体育科技,2018,8(4):211,213.

幅促进课程体系优化。张凯（2019）在其研究指出，当前我国优秀运动员素养教育课程体系的目标包括四大类，即"认知类、技能类、情感类以及应用类"，主要采用"领域—模块—主题—专题"课程结构模式，具体分为4个领域，9个模块，28个主题，每个主题下以专题形式进行教学[1]。通过建立多元评价机制，达到教育教学效果不断提升，此研究能为本课题后续的研究提供一定参考。翁伟启（2020）通过对福建省高校运动员学习管理情况研究，指出目前福建省六所高校高水平运动员的课程以专业必修课程、公共课、选修课和实践课程等为主[2]，但只有一所大学的高水平运动员不受限制，可自主选择专业。此将阻碍高水平运动员素质教育的发展。

3. 优秀运动员素质教育管理体制

目前，我国优秀运动员文化素质教育的管理构架整体上可分为两种：

（1）体育系统管理。如国家体育总局直接管理的各项目国家运动队、体育总局运动训练学校以及省、市地区体育局管理为主的高水平运动队及运动技术学院。刘青（2004）以四川省运动技术学院为研究对象，创新性的重新定位"学、训分离"管理模式，并对其具体步骤进行阐述[3]。荣霁（2016）指出当前运动员素质教育相关部门之间职能划分不明确，导致在管理、监督、考核上缺少相应的职责部门，并建议总局科教司等相关部门将国家队运动员素质教育工作开展的各项职责进一步研究划分[4]。该研究直指当前国家队管理体制的主要弊病，但却未能在具体的职责划分上提供理论构架。李越超（2016）指出，优秀运动员的文化教育问题已经不再局限于体育部门与行政部门，而是要通过多个部门间的协调合作，让运动员在职业生涯内能够享受制度上的保障[5]。陈宇（2019）对我国青少年运动员教育管理体制进行探究，指出当前是以党政组织为核心，以自上而下指令性执行为方式的体制模式，我国青少年运动员教育管理体制间存在着较

---

[1] 张凯. 我国优秀运动员素养教育课程体系的构建［A］. 中国体育科学学会. 第十一届全国体育科学大会论文摘要汇编［C］. 中国体育科学学会：中国体育科学学会，2019：2.

[2] 翁伟启. 福建省高校高水平运动员学习管理研究［D］. 泉州：华侨大学，2020.

[3] 刘青，刘践，沙英，等. 四川省优秀运动员文化教育现状及发展对策研究［J］. 成都体育学院学报，2004（2）：19-22.

[4] 荣霁，杨兆山. 我国运动员文化教育的协同治理研究［J］. 沈阳体育学院学报，2016（1）：67-72.

[5] 李越超. 制约运动员文化教育体系构建的因素研究——以辽宁省为例［J］. 赤峰学院学报（自然科学版），2016，32（24）：126-127.

为明显和严重的摩擦与错位[1]。

（2）高校系统管理。包含了普通高校招收的优秀运动员，普通高校与省市体育局联合组建的高水平运动队和体育运动技术学院等。但该研究是依托沈阳体育学院基本情况实施，其管理模式上的优缺点未能在对比其他院校的基础上总结出普适性经验，是否能在全国其他院校成功推广未尽可知。贾慧芬（2010）以陕西省高校高水平运动队为个案，探讨高水平运动员素质教育管理体制的现状与完善途径[2]。赵金花（2010）提出对高校优秀运动员的管理上采取学分制的模式[3]，但未就这一观点进行可行性的探析，仅从理论上提出可能。于珊（2018）提到当前我国优秀运动员文化教育管理体制的问题主要包括以下三方面：一是文化教育与训练之间的矛盾问题；二是就业转换机制问题；三是管理体系发展速度较慢[4]。因此需要针对优秀运动员教育制度管理体制进行系统、全面的研究，使其朝着正确的轨道发展，以推进我国体育事业的可持续发展。

通过整理相关议题文献发现，当前关于优秀运动员素质教育管理体制的文献较少，尤其以体育系统管理为主的相关研究，与国家队素质教育管理体制直接相关的文献几乎空白，说明该研究方向是当前优秀运动员素质教育的空白领域，课题组针对这一问题以国家队13支不同项目运动队进行了实证调查，并与相关管理专家进行访谈，为这一研究方向的空白提供参考。

4. 优秀运动员素质教育目标

近年来，关于优秀运动员素质教育的发展目标的议题研究主要集中于这一目标具体为何的探讨。如李晨峰（2011）从解决优秀运动员素质教育中的实际问题出发，提出促进运动员个人发展、促进体育文化发展、促进竞技体育发展、促进群众体育发展四个方面的发展目标[5]。夏宇（2013）认为素质教育即是把教育过程中的人培养成现实的人、人性的人、智慧的人和具有创新能力的人的教育。加强运动员的素质教育是社会需要，最终运动员素质教育的价值提升必然要回归

---

[1] 陈宇，王庆然. 我国青少年运动员教育管理体制面临的困境与应对策略 [J]. 长春师范大学学报，2019（4）：124-126.

[2] 贾慧芬. 陕西省普通高校高水平运动员文化素质教育研究 [D]. 西安：陕西师范大学，2010.

[3] 赵金花. 浅谈高校高水平运动员的文化素质教育 [J]. 赤峰学院学报（自然科学版），2010，26（5）：163-164.

[4] 于珊. 我国优秀运动员文化教育管理体制改革研究 [J]. 现代农业研究，2018（12）：108-109.

[5] 李晨峰. 我国优秀运动员文化教育政策与实践研究 [D]. 北京：北京体育大学，2011.

于服务社会[1]。刘术华（2013）从成才学的视角对高水平运动员素质教育目标作出说明，从理论意义上指出开展优秀运动员素质教育是期望促使其成为丰富文化知识储备与高超竞技体艺共存的复合型人才，更好地为我国建设社会主义现代化和体育事业的可持续发展服务[2]。该研究从存在问题、培养方案、管理体制等多方面结合发展目标，较好地阐述了当前优秀运动员素质教育发展目标，但素质教育目标并不是一成不变的，优秀运动员素质教育在不同历史阶段的目标及其变化原因对当前开展素质教育工作具有重要的指导作用，该研究缺少对素质教育发展过程中发展目标变迁原因的梳理与分析和对未来发展目标及趋势的预测。

综上所述，素质教育的目标是根据我国现阶段的基本国情和各方面发展需要所形成的已统一的教育理念而制定的。不同于应试教育，素质教育所培养出的人才应能适应当代社会发展需求，以全面提高受教育者的整体素质为目标。整理学界观点，优秀运动员素质教育的最终目标是将社会发展与优秀运动员在社会中的发展联系起来，全面提高其综合素质，促进其身心发展，最终实现社会发展与优秀运动员需求的和谐统一。

（二）议题研究存在的不足

整理文献资料发现当前我国优秀运动员的议题研究存在以下4个问题：

1. 议题研究与运动员素质教育课程内容相脱轨

关于优秀运动员素质教育的研究已经初具规模，涵盖了课程体系、管理体制、发展趋势、发展目标等多个层面，然而就当前优秀运动员素质教育的开展目标来说，最为迫切的现实需求是通过提升优秀运动员的综合素质实现两个目标，即增强训练与康复知识储备从而提高运动成绩和培养职业技能以增加退役后再就业机会，当前的议题研究整体上仍未突出这一重点。对于急需提供理论参考与支撑的议题方向，如对运动员专业理论知识与技能的学习、职业和生存技能培养的研究极少，理论研究与现实需求的脱节往往导致研究成果应用效果大打折扣。

2. 素质教育管理体制类议题缺少相关研究

从当前优秀运动员素质教育的研究议题容量来看，学者们倾向于从宏观层面

---

[1] 夏宇，张园. 对发展运动员文化素质教育有效途径的探析 [J]. 长春师范学院学报，2013，32（12）：104-105，95.
[2] 刘术华. 成才学视域下高校高水平运动员文化素质教育研究 [D]. 南京：南京师范大学，2013.

开展研究，少有研究的立足点是对当前问题进行深入探析，在一定程度上忽略了某些实际存在空白议题的方向，但正是这些被忽视的问题能够在思考重大问题时提供重要的现实意义和学术价值，这种蜻蜓点水式的探讨往往导致议题研究与现实需求相脱离。当前素质教育管理体制的相关议题存在总量少，层次不均，研究对象单一的现象。对于国家体育总局、地方体育局管理为研究对象的议题几乎空白，导致研究方向出现断层。从现有的优秀运动员素质教育管理体制的研究来看，除了与学者自身的理论知识储备、实践与操作能力有关外，略显浮躁的外部环境也干扰了研究效果，学者们急于寻找解决整个中国优秀运动员素质教育的发展策略，研究目标总是试图迎合这一诉求，而忽视了对全局性问题中细致方向的深入思考。

3. 忽视了对优秀运动员素质教育相关人群的议题研究

大多数议题研究都将优秀运动员作为研究对象，而往往忽略了优秀运动素质教育中会涉及的相关人群，这类人群在优秀运动员的素质教育中也通过直接或间接形式参与其中，对优秀运动员的素质教育效果起着重要影响。如对于优秀运动员的教练员、素质教育课教师、家人等仍旧没有给予足够的重视，导致研究结果不够全面。

4. 缺乏对优秀运动员群体自身的议题研究

梳理相关文献发现当前学者们对优秀运动员素质教育的外延方向研究较多，如对课程体系、发展目标、管理体制与运行机制等，而对于优秀运动员群体自身的研究非常缺乏，对优秀运动员群体的认识不足，往往致使议题研究与主体实际需求不能相互作用。

（三）议题研究对本研究的帮助

实践出真知，但当实践发展到一定程度，就迫切需要一个较为成熟的理论方向来指导实践的进一步发展。随着课题组素质教育工作的深入开展，实践中即遇到重要问题——优秀运动员素质教育实践应当围绕哪些方向重点突破。例如：优秀运动员素质教育的基本理论问题、课程体系与课程标准问题、运行机制与考核机制问题等。对此，课题组整体梳理了当前议题研究的概况与不足，并试拟出当前亟须解决的问题，为后续实践研究提供了方向。

二、现状研究

对优秀运动员素质教育开展现状的相关文献进行二次研究，总结当前素质教育工作中出现的问题，指出当前议题研究存在的不足，并为课题组编写优秀运动员素质教育改造实施方案提供现实依据。

(一) 现状研究概况

关于我国优秀运动员素质教育现状，通过一些学者的文献描述可以看出，我国优秀运动员素质教育工作开展并不理想，存在学训矛盾、素质教育的经费匮乏、课程体系单一、运动员缺乏学习积极性等难以解决的严重问题。

其一，学训矛盾未能及时处理解决。殷学锋（2006）在其研究中指出造成学训矛盾产生的主要原因有："领导的重视程度、体育教师对运动员的要求程度、家庭对运动员的重视程度、运动员的自我要求程度、运动员的文化基础现状、体育教师的训练水平、运动员的学习环境等"[1]。张思宇（2015）通过查阅相关资料发现，国家体育总局曾对737名国家队运动员进行了文化学习方面的调研，结果显示被调查的46%运动员缺乏学习时间，甚至有一大部分运动员因为忙于完成训练任务，接受文化课程度不高[2]。该研究通过实证深入分析了学训矛盾的根源所在，并指出当前运动员上课出勤率低，外出训练比赛后落课等现象形成恶性循环，急需解决这一现状。戴鹏（2021）通过对学训矛盾和影响因素之间的相关性检验结果的分析中得出，"学校制度和体制越不足，教练员水平越低，文化教师素质越低及优秀运动员自身问题越不足，学训矛盾则会更为显著。"[3]

综上所述，运动员想要在赛场上取得好成绩，除了要有先天优秀的身体素质外，不可缺少的是后天的技术技巧。而高强度、高难度的技术技巧就需要他们付出大量的时间来进行训练。因此，学训矛盾是我国体育人才培养中存在的严重问题。

其二，物质投入失衡。刘佳（2015）认为"教育经费是运动员的后盾，是

---

[1] 殷学锋，穆国华，孙岩. 我国高等院校优秀运动员"学训矛盾"情况的现状调查[J]. 辽宁体育科技, 2006 (5): 87-88.
[2] 张思宇. 运动员文化教育政策研究[D]. 淮北：淮北师范大学, 2015.
[3] 戴鹏，何敬堂. 基于新时代体教结合模式的学训矛盾问题研究[J]. 湖北经济学院学报（人文社会科学版）, 2021 (5): 155-158.

其训练和学习的保障与根本",在对河北省保定市业余体校运动员文化教育经费进行调查后发现,有一半的教师认为运动员的教育经费不充足,29.6%的教师认为运动员的教育经费远远不够。说明其教育经费处于不充足的水平,亟待解决[1]。就经费保障机制而言,郑隆霞(2017)指出据《我国优秀运动员文化教育现状调查报告》统计,虽然运动队教育经费逐年增长,平均增长率远远超过我国经济增长幅度,但运动队教育经费仅占总经费的5.37%,而且各省优秀运动队之间的投入差异非常大,大部分学校的教育经费远远达不到教育经费占总经费2%的要求[2]。

综上所述,经费是运动员文化素质教育得以实施的重要保障,经费的多少直接关系到运动员文化素质教育工作的实施质量。

其三,课程体系单一且缺乏针对性。贾玲(2013)通过调查发现,优秀运动员的课程体系不健全,优秀运动员的专业选择明显倾斜文科类:"高校优秀运动员学习的专业文科类占60.1%,理工类占20.5%,财经类占17.0%,其他占2.4%。"[3]如此极不利于优秀运动员全面发展。张运华(2014)在其研究中指出,体校的体育训练与文化课教育结合的落实情况较好,学校主管领导对学生心理也十分关注,但存在心理教育形式单一、内容零散、对青少年运动员关注较少、不同群项发展不平衡等问题[4]。赫金鸣(2004)从理性育人的角度阐述了丰富运动员素质教育课程体系的必要性与重要性。指出我国对优秀运动员文化素质教育缺乏关注,大部分时间都把目光聚焦到了金牌数量上,且由于过去的运动教育注重技能而忽视了将人文素质教育与专业理论知识相结合的全面教育,导致课程设置不完善,缺乏规范性和系统性。极大程度上延迟了文化素质教育的实施和推广,导致文化素质教育形式单一、针对性差,无法建立起真正符合优秀运动员的文化素质教育体系。此外,该研究还指出进行人文素质教育的关键点在于将其转化,即将课程知识内化为思想精神,外化为行为习惯[5]。宋玉鹏(2016)

---

[1] 刘佳. 河北省保定市业余体校运动员文化教育状况研究 [D]. 北京:首都体育学院,2015.

[2] 郑隆霞. 我国运动员文化教育问题研究——基于运动员"尚武"精神的反思 [J]. 广州体育学院学报,2017(1):57-61.

[3] 贾玲,王庆斌. 高校培养优秀运动员存在的问题与发展对策研究 [J]. 广州体育学院学报,2013(5):115-120.

[4] 张运华. 关于"体教结合"背景下体校学生心理教育模式的分析 [J]. 当代体育科技,2014(27):59-60.

[5] 赫金鸣. 高水平运动员人文素质教育的研究 [J]. 吉林体育学院学报,2014(1):14-15.

在对我国运动员思想教育路径探索中提到,"由于教育形式单一、缺乏教育方法创新等原因,使得思想政治教育与运动员的新技术、新想法、新观念相比相对滞后,这种不平衡的发展在一定程度上影响着运动员的训练和比赛水平。"[1] 在新的历史条件下,如何结合运动队的实际情况,将运动员思想政治教育工作做好做实,不仅是运动队管理者应思考的问题,相关领导部门更应下足功夫,加大投入力度。张凯(2019)指出,"运动队集训、比赛、管理的特殊性导致现行的运动员文化教育在课程的设置与实施、教学的内容与方法上均不适应运动员的实际需要和训练比赛规律。"[2] 因此,如何构建适应运动队训练特点且又符合优秀运动员发展需要的教育课程体系,已成为当下迫切需要解决的问题。

课题组通过整理相关研究发现,除了对传统教育的衔接,对语文、数学、英语的学习之外,对运动员开设课程包含更多的是专业知识课程,如运动生理、运动解剖、运动心理、学校体育学等专业基础课程。而运动员们对这些课程的设置表示不太满意。因此,在对优秀运动员的文化素质教育进行课程设置的同时,要遵循运动员的实际情况,让他们通过有限的学习时间学到他们所必须具备的,可以满足他们日常训练比赛和生活需要的知识,这也是适应运动员文化学习不断发展的必要途径。

其四,优秀运动员对于文化素质教育的学习积极性差,处于被动接受状态。我国优秀运动员整体而言存在文化素质教育水平低,基础差的情况,另外,课程内容知识跨度大,难易程度不合理也会使运动员对文化素质课的学习缺乏兴趣,缺少主动性与积极性。陈双红(2014)指出当前运动员群体自身好动不好静,文化基础较差,学习动力不足,强调自我,缺乏自律性,自我控制能力较低,心理素质差,对于学术科技、创新等文化素质教育活动缺乏主动性与积极性。该研究从研究主体现状入手,探析了运动员对于文化素质教育学习积极性差的主要原因[3]。陆国田(2017)在女子标枪后备人才基地培养模式调查研究中指出"目前体校文化课教学普遍存在教学质量不高、运动员学习积极性差、厌学,文化课教师在学生心目中的地位较低。"[4] 温馨(2020)在对山东省大学生高水平田

---

[1]宋玉鹏. 新形式下对我国运动员思想教育路径的探讨[J]. 体育世界(学术版),2016(1):18-19,14.
[2]张凯. 我国优秀运动员素养教育课程体系的构建[A]. 中国体育科学学会. 第十一届全国体育科学大会论文摘要汇编[C]. 中国体育科学学会:中国体育科学学会,2019:2.
[3]陈双红. 民办高校文化素质教育的现状、问题与对策[D]. 广西:广西师范大学,2014.
[4]陆国田,黄炜,王林. 女子标枪后备人才基地培养模式调查研究[J]. 体育文化导刊,2017(2):92-96.

径运动员竞技水平进行研究时总结到,"高水平田径运动员训练学习积极性差是影响高水平田径运动员竞技水平下滑的因素中最突出的问题。"[1] 崔国梅(2020)通过对山东省高校高水平运动员学训管理进行研究,发现在学籍管理中,虽然各高校各有各自针对高水平运动员的学籍管理规定,但在保护学生训练、学习积极性方面还有待调整[2]。

经课题组对以上文献的梳理发现,首先,专业运动员的选拔年龄逐年减小,致使他们接受文化素质教育的时间越来越短。其次,专业运动员都热衷于提升自己的专业技能水平,从而忽略文化素质教育。由此可见,优秀运动员对于文化素质的学习认识不足、重训练轻文化、年龄小等因素都会导致他们学习积极性不高。

(二) 现状研究中的存在问题

整理当前对优秀运动员素质教育现状研究的相关文献,将其中存在的问题概括为两大类。

其一,在探寻现存问题的根源所在时,忽视了问题之间可能存在的联系。事物之间存在着普遍联系,优秀运动员素质教育开展中出现的某一方面的不足,其成因可能与其他问题相互联系,相互影响。如当前优秀运动员素质教育中的学训矛盾,不仅仅是因为运动员学习时间与训练任务的冲突,也受素质教育管理体制滞后的影响;优秀运动员学习的主动性与积极性差,并不单纯只是其自身文化教育水平低、对素质教育的重要性认识不够的原因,还与素质教育课程体系单一且缺乏针对性有关。因此,在对当前优秀运动员素质教育工作中存在的问题提出对策时,应考虑各部分之间的有机联系,用联系的、发展的、全面的视角去解决问题。

其二,忽视了优秀运动员群体的内部差异。无论竞技体育还是素质教育,都必须考虑其发展的可持续性,青少年运动员处于竞技体育与素质教育的基础阶段,正是整个发展环节中的核心部分,但当前的现状研究却缺少对这一年龄阶段优秀运动员的研究。不仅如此,在对优秀运动员群体的现状进行调查研究时,不仅要考虑到运动员所处的年龄阶段,也应考虑到不同性别运动员的差异性,从而

---

[1] 温馨. 山东省大学生高水平田径运动员竞技水平滞后因素分析 [D]. 济南:山东师范大学,2020.
[2] 崔国梅. 山东省高校高水平运动员学训管理研究 [J]. 青少年体育,2020 (7):112-114.

使得研究结果均衡、全面。

(三) 现状研究提供借鉴

综合当前的优秀运动员教育研究现状，本研究在后续研究中明确了几点思路，结合优秀运动员素质教育工作的实际进展，完善优秀运动员素质教育工作的实施方案，按照解决现实问题、追求短期效益、兼顾长远发展的思路，提出合乎优秀运动员素质教育的具体目标、授课方式，制定符合实情需要的素质教育教师标准等。主要体现在以下几个方面：要服务备战，依据备战期素质教育的总体目标，筛选备战期素质教育内容，进而形成一套大赛备战期素质教育的内容体系；加强针对性，突出实效性，结合备战的实际，选择适宜的课程、授课教师、授课方式和考核标准；要着眼长远，加强队伍建设，通过备战期素质教育的实践，形成一支相对稳定、有实践经验的素质教育专业队伍，为大赛备战期素质教育的实施，提供人才保障；加强管理，注重评价；理顺备战期相关环节的权责关系，对备战期素质教育各个环节进行监控、反馈、考评，形成一套较为完善的大赛备战期素质教育管理体系和考评机制。

三、方法研究

(一) 方法研究概况

关于优秀运动员素质教育的相关研究主要采用社会学研究方法，其经典研究方法主要有文献资料法、逻辑分析法、访谈法、历史分析法、文本分析法、问卷调查法、数理统计法等。

从研究方法的运用频率来看，文献资料法、逻辑分析法、访谈法及历史分析法等经典研究方法被频繁采用。如李雪松（2018）运用逻辑分析法对素质教育开展过程中存在问题的现实根源进行深度剖析，针对优秀运动员退役后难以实现再就业的问题，指出其根源在于两点：其一是学训矛盾导致的时间分配问题；其二是优秀运动员所具备的素质与社会就业需求相脱轨。并建议积极契合市场需求构建优秀运动员素质教育体系，拓宽运动员的专业面，增加其就业机会[1]。张睿（2015）采用文献资料法对素质教育概念的由来、运动员素质教育的实施意义、

---

[1] 李雪松. 山东省青少年羽毛球运动后备人才培养途径研究 [D]. 聊城：聊城大学，2018.

素质教育的重要内容等方面进行了论述，并针对运动员素质教育工作的开展提出了更新观念、重视兴趣、加强教练员培养、改革教学手段四大对策[1]。黎正成（2015）采用历史分析法对优秀运动员素质教育的社会化现象进行研究，分析其历史根源，并总结优秀运动员素质教育社会化过程中的经验和不足之处，指出应加强社会、教育部门与运动员培养相结合[2]。侯盼盼（2018）对我国优秀运动员素质教育课程的现状深入探析，采用专家访谈法与体育局领导、高校体育管理高层领导、专业运动队教练员、预退役及退役运动员进行调查，听取其建议及需求，深入了解国内退役运动员现状与真实反馈，并对其中存在的问题进行分析与研究[3]。邓宇轩（2020）运用文本分析法针对运动员缺乏"普通公民的基本法制观念""体育法规的约束观念"以及"公平竞赛的思想"的现实案例，指出其根源的生成原因主要是运动员文化和法律素养不高，并强调应当从重视运动员包含法律素质在内的综合素质教育和规范运动员管理等方面提升运动员的法律意识[4]。

除了上述的经典研究方法外，个案研究法在近年我国退役运动员的相关研究中也有所呈现。如刘晓黎（2014）采用个案研究法，将进驻国家队训练局的13支运动队的优秀运动员作为研究对象，总结其素质教育实施过程中的经验与不足，通过收集运动员的反馈与建议，提炼出存在共性的成功方法，并不断改进与试验，以求形成具有普适性的素质教育模式，促进优秀运动员素质教育工作进入良性循环[5]。

（二）研究方法存在的不足

1. 惯性思维限制方法创新

当前许多学者在对优秀运动员素质教育进行相关研究时，总是带有体育学科的"惯性视角"，容易陷入片面运用体育学研究方法去解释、解决相关问题这一误区，缺乏突破传统研究方法的思维创新。如运用访谈法对优秀运动员素质教育的现状及需求等进行调查，将已有的研究仍旧将参与运动训练的主体，即优秀运

---

[1] 张睿. 篮球高水平运动员素质教育体系的构建与实践 [D]. 武汉：武汉理工大学, 2015.
[2] 黎正成. 论"体教融合"培养竞技体育后备人才的研究 [J]. 湖北体育科技, 2018, 37 (6): 478-480.
[3] 侯盼盼. 我国优秀运动员文化素质教育课程现状研究 [D]. 成都：成都体育学院, 2018.
[4] 邓宇轩. 论运动员法律意识的提升 [J]. 西部学刊, 2020 (12): 81-83.
[5] 刘晓黎. 国家队运动员素质教育模式构建研究 [D]. 北京：北京体育大学, 2014.

动员及其教练员作为访谈对象，却忽视了对素质教育相关专家、课程教师的访谈，研究方法的受限往往导致信息的收集不够全面，难以较好地解决实际问题。

2. 研究方法未能较好地搭配使用

单纯使用文献资料法仅仅能对以往的文献资料进行整体性的概括与解读，在这一基础上如果能与其他研究方法结合使用，就可以达到事半功倍的研究效果。如文献资料法与比较分析法相结合，不仅对以往文献进行梳理，还对不同地区优秀运动员素质教育的开展情况进行对比分析，探寻素质教育工作走在前列的优势地区，并总结出具有普适性的成功经验，促使优秀运动员素质教育工作开展较落后的地区更快地向优势行列发展。

3. 数理统计法的使用不够严谨

数理统计法主要以表格、数据以及模型的形式来呈现，但优秀运动员群体的具体情况较为复杂，如根据优秀运动员的不同情况就可分为文化教育水平高与文化教育水平低；专项运动项目社会化程度高与专项运动项目社会化程度低；掌握一种及以上非专业技能与未曾掌握非专业技能等多种情况。基于此，数理统计法能否准确、全面掌握优秀运动员这一特殊群体的信息资料是值得商榷的。此外，数据是否具有信效度，统计结果能否支撑研究者的立论都是在数理统计法的运用中需要进一步解决的问题。

(三) 研究方法对课题研究的帮助

总结当前学术界对优秀运动员素质教育研究方法的运用情况以及运用过程中存在的不足，在本研究中针对研究方法的不足寻求突破。本研究采用问卷调查与实地访谈相结合的方法，在调查问卷以及专家访谈的内容上设置跳出惯性思维，在调查对象的选择上追求全面；采用文献资料与比较分析相结合的研究方法试改善研究方法未能较好搭配使用这一不足；采用数理分析与理论架构相结合的方法试使数理统计法的使用更加严谨。

1. 问卷调查与实地访谈相结合

根据具体问卷调查及访谈的对象进行分类及说明：

调查 1 类：相关专家调查问卷及访谈。根据当前研究的不足，课题组特意对素质教育相关的教育专家和管理专家设计问卷并进行相关访谈。专家访谈环节细化内容，在与教育专家访谈中倾向于素质教育课程与基本理论的相关问题，与管理专家访谈中集中探讨素质教育管理体制与运行机制的不足与对策。

调查2类：高水平运动队教练员、领队问卷调查与访谈。在问卷内容的设置上与专家调查有所不同，重在突出教练员及领队对当前开展优秀运动员素质教育的现实需求，基于此，调查问卷中设置了素质教育课程内容重要性、课程内容满意度等问题。

调查3类：各项目优秀运动员问卷调查及访谈。深度了解优秀运动员的迫切需求，并从提高学历层次、社会交际能力、心理素质、工具类学科、就业指导等方面的课程内容，征询运动员对不同课程需求的程度及改进意见。为保证调查样本的广泛性，本研究根据运动项目的划分，对国家田径队、国家排球队、国家乒乓球队、国家花样游泳队、国家举重队等13支国家队、地方队（省队）队员进行问卷调查。

2. 数理分析与理论架构相结合

对相关专家、高水平运动队教练员和领队、各项目优秀运动员进行问卷调查所获得的原始数据采用SPSS19.0及Excel等数据处理软件，进行统计与处理，深入分析调查数据，揭示其所隐藏的深层原因，为优秀素质教育工作的开展提供策略；以多学科为理论支撑，结合专家问卷数据，为优秀运动员素质教育课程体系构建理论架构。

3. 文献资料与比较分析相结合

通过多种渠道查阅国内外相关文献资料，其中包括中外文献300余篇，相关书籍30余本及相关数据和资料。同时，结合相关理论，比较国家队与省队开展情况，借鉴经验，为素质教育提供参考。

四、跨界研究

（一）跨界研究概况

近年来，随着学者们研究视野的不断提高，学科交叉趋势明显，如体育学与社会学、历史学、新闻学、心理学、生理学、生态学等学科都有紧密的关联性。探析多学科之间的联系并应用于理论及实践研究成为热点。高校多学科交叉的专业日益增多。当前越来越多的学者在进行本学科领域研究时尝试结合其他学科的知识开展跨界研究，促使学科之间相互提供理论养料来丰富和完善各自的研究内容和研究体系。优秀运动员素质教育研究本身就是多学科交叉的研究，从教育学、管理学、经济学、社会学、信息科学等相关学科来看，陆续有学者结合多学科理论对我国优秀运动员素质教育进行富有成效的研究。李倩（2015）结合信息科学知识提出建设运动员网络远程教育系统，发挥 MOOC 的交互性、开放性、针对性等优势，缓解优秀运动员素质教育过程中的学训矛盾，弥补优秀运动员文化教育的缺失[1]。张旭（2018）从政治学视界出发，对运动员思想道德素质教育的现状和存在的问题进行了理性分析，并提出了运动员思想道德素质的提升路径：强化相关主体理论储备、加强日常管理工作、完善监督和评价建设[2]。何月冬（2018）结合社会学理论对我国优秀运动员素质文化教育相关问题展开了研究，提出社会生产必须符合社会需要和人的生活需求，运动员是社会中的特殊人群，同样要符合社会需求理论，运动员的培养要符合社会需要，进而由社会决定运动员群体的培养方式[3]。穆炳杰（2020）基于心理学视角对青少年运动员心理素质的培养策略进行了研究，指出一名优秀的青少年运动员不仅要掌握高难度的竞技技术，还必须具备良好的心理素质，并通过加强青少年运动员心理素质理论体系、家庭环境氛围、自我调节方法的完善，使运动员在身体素质与运动技能的提升过程中同步发展其心理素质[4]。潘胡波（2021）基于生态学视角，将可持续发展理论应用于优秀运动员素质教育中，认为运动员可持续发展是"一个从选材、训练、竞赛到退役的完整过程，如何使运动员兼顾竞赛与综合能力的培养，并在退役后顺利就业，是运动员可持续发展的核心命题"，并提出"应当在运动员在役时期构建素质教育培养体系，通过素质教育课程对运动员综合能力的培养，以增强运动员训练、比赛水平为核心，服务于其在役阶段的竞技能力提升，以'教'促'竞'；通过开展一般素质教育和专业素质教育，推动竞技体育回归教育，教育推动竞技体育融入社会。"[5]

---

[1] 李倩. 我国优秀运动员文化教育发展探究［J］. 体育文化导刊，2015（7）：5-9.
[2] 张旭. 新形势下提升运动员思想道德素质的途径探讨［J］. 吉林农业科技学院学报，2018（3）：71-73.
[3] 何月冬. 我国运动员素质教育研究［J］. 当代体育科技，2018，8（4）：211，213.
[4] 穆炳杰，李佑新，蒋文倩. 青少年运动员心理素质教育与培养策略的研究［J］. 青少年体育，2020（10）：49-50.
[5] 潘胡波，杨洋，张婕. 可持续发展理论下运动员退役转型的实然困境与应然路径［J］. 四川体育科学，2021（4）：20-24.

(二) 跨界研究存在的不足

通过整理相关文献，总结出关于优秀运动员素质教育的跨界研究整体上存在两方面的不足。

第一，在跨学科研究上。当前总体研究规模较小，相关文献数量极少，且研究成果多发表在我国体育学术期刊上，这不利于扩大我国优秀运动员素质教育研究在社会学、管理学、心理学等相关学科中的影响。同样，来自其他相关学科的运动员素质教育研究者也更倾向于将其研究成果发表在自己学科的主流期刊上，而对体育学术期刊，特别是一些比较优秀的体育学术期刊重视不足。在某种程度上，我国优秀运动员素质教育研究还存在着一定的学科壁垒，相关学科与体育学学科之间的交流仍显不足，这不利于研究水平的提升。

第二，在跨地域研究上。虽然近年我国学者在对优秀运动员素质教育的研究中做了很多个案调查，但不同学者所开展的个案研究之间相对独立，联系较少，与相邻、相似区域进行优秀运动员素质教育研究的学者合作不足，尚未形成稳定的、具有一定影响力的研究团队。此外，西方国家也倡导相似概念的教育方式，即通识教育。虽然我国也陆续有研究优秀运动员素质教育的学者赴境外进修或访学，但就目前来看，我国学者仍以"引进来"为主，主要是把国外的相关研究成果介绍到国内，而国内的研究成果则较少在国外主流的相关学术期刊和会议上发表。

(三) 为研究指引创新途径

优秀运动员素质教育的跨界研究涉及不同知识体系间的交叉（表2-1），相关因素众多，有一定的复杂性，但同样不可否认的是跨界研究能够为本研究提供创新发展途径和多学科结合的广阔视角。课题组针对优秀运动员素质教育工作中亟须解决的问题，提出可与之相结合的学科领域，并在后续的理论与实践工作中探究其可行性及必要性。

表2-1 跨学科研究结合情况统计

应用方向	可结合学科方向	结合现状
提升优秀运动员审美能力	美学	无

续表

应用方向	可结合学科方向	结合现状
完善优秀运动员素质教育管理体制	管理学	结合较少
开展优秀运动员再就业指导	经济学	结合较少
优秀运动员素质教育经费与硬件设施的有效运用	资源科学	无
优秀运动员心理素质培养	心理学	结合较少
家庭因素在优秀运动员素质教育中的积极作用	伦理学	结合较少
构建优秀运动员网络远程教育系统	信息科学	结合较多
提升优秀运动员专业理论知识	生理学、解剖学、训练学等	结合较多

  本章通过对优秀运动员素质教育相关文献进行二次研究，从议题研究、方法研究、现状研究、跨界研究四个部分指出研究的不足，为本研究提供理论借鉴和实践基础。在议题研究方面，从优秀运动员素质教育的开展途径、优秀运动员素质教育课程体系、优秀运动员素质教育管理体制、优秀运动员素质教育目标四个主要研究方向剖析了当前议题研究的不足，从而为优秀运动员素质教育的教学方式、课程体系、管理体制以及教学目标指明了理论研究的突破方向，并为后续实践研究夯实理论基础；在现状研究方面，系统分析出当前学训矛盾未能及时处理解决、物质投入失衡、课程体系单一且缺乏针对性、优秀运动员学习积极性差等问题的根源所在，在总结反思后提出了用联系、发展的眼光看待问题，重视优秀运动员群体内部差异的研究经验，促进形成一套大赛备战期素质教育的内容体系、管理体系和考评机制；在方法研究方面，通过学者们对不同研究方法的运用效果进行分析，得出了当前优秀运动员素质教育研究中存在惯性思维限制方法创新、研究方法未能较好搭配使用以及数理统计法的使用不够严谨等问题。针对研究方法在运用过程中存在的不足，本研究将问卷调查与实地访谈相结合，设置3类调查问卷，精细问题内容设置以及对不同调查对象的重点调研方向，将数理分析与理论架构相结合，为优秀运动员素质教育课程体系构建理论框架，将文献资料与比较分析相结合，并总结成功经验促进优秀运动员素质教育整体水平的提高；在跨界研究方面，顺应学科交叉热点，指出当前跨界研究总体规模较小、缺乏跨地域的研究，并统计了与优秀运动员素质教育工作相结合存在可能性的学科领域，为本研究提供创新途径。

第三章 我国优秀运动员素质教育现状调研

课题组运用问卷调查法和访谈法，分别对优秀运动员素质教育实施过程的课程目标、课程内容、学时安排、教学方式、教师队伍、教材体系以及优秀运动员素质教育管理体制等现状进行调研（表3-1），为后续研究提供支撑。

第一节 调研范围与对象

一、调研范围

表3-1 调研范围统计

级别	运动队	地区
国家队、国家集训队	国家男子排球队 国家女子排球队 国家男子篮球队 国家女子篮球队 国家体操队 国家男子乒乓球 国家男子体操队 国家艺术体操队 国家花样游泳队 国家跆拳道队 国家蹦床队 国家田径队 国家举重队	北京

续表

级别	运动队	地区
地方队 （省队、省集训队）	游泳队、篮球队、击剑队、乒乓球队、体操队、田径队、举重队、花样游泳队、排球队、羽毛球队、足球队、短道速滑队、跳水队、艺术体操队	山西 上海 四川 重庆 河南 澳门 福建 湖南 黑龙江 广东 安徽 青海 陕西

二、调研对象

课题组在前期调研的基础上，对国家队、国家集训队、地方队、高校进行了调研。在国家队层面，选取了国家体育总局训练局驻局男女排、男女篮、体操、乒乓球、游泳、艺术体操、花样游泳、跆拳道、蹦床、羽毛球等奥运项目国家队、国家集训队运动员 99 名（表 3-2 至表 3-5），相关领队和教练员 30 名（表 3-6 至表 3-9），以及相关教育专家和管理专家 11 名作为调研对象（表 3-10 至表 3-13）。在地方层面，选取了四川省、重庆市、湖南省、上海市、北京市、安徽省、广东省、福建省、黑龙江省、青海省、山西省、河南省、澳门特别行政区等地区的排球、体操、乒乓球、游泳、艺术体操、花样游泳、羽毛球等项目地方队进行了研究，涉及运动员 882 名，教练员及相关管理人员 86 名，相关专家 45 名。

（一）优秀运动员基本情况

表3-2　年龄、性别结构一览表（$n=981$）

年龄	18岁及以下		19~24岁		25~29岁		30岁以上	
性别	女	男	女	男	女	男	女	男
人数/n	86	73	198	181	149	168	65	61
百分比/%	8.77	7.44	20.18	18.45	15.19	17.13	6.63	6.22

表3-3　学历层次一览表（$n=981$）

学历	小学	初中	高中（中专）	大专	本科	硕士	博士
人数/n	169	201	197	185	157	72	0
百分比/%	17.22	20.49	20.08	18.86	16.00	7.34	0

表3-4　入队年限一览表（$n=981$）

入队年限	3年以下	3~5年（含5年）	6~7年（含7年）	8~9年	10年以上
人数/n	130	278	293	184	96
百分比/%	13.25	28.34	29.87	18.76	9.79

表3-5　运动员级别览表（$n=981$）

运动员级别	国际级运动健将	国家级运动健将	国家一级运动员
人数/n	254	399	328
百分比/%	25.89	40.67	33.44

（二）教练员（领队）基本情况

表3-6　年龄、性别结构一览表（$n=116$）

年龄	30岁以下		30~39岁		40~49岁		50岁以上	
性别	女	男	女	男	女	男	女	男
人数/n	7	6	15	23	36	20	4	5

续表

年龄	30岁以下		30~39岁		40~49岁		50岁以上	
性别	女	男	女	男	女	男	女	男
百分比/%	6.03	5.17	12.93	19.82	31.03	17.24	3.44	4.31

表3-7 学历层次一览表（$n=116$）

学历	小学	初中	高中（中专）	大专	本科	硕士	博士
人数/n	0	15	21	30	36	8	6
百分比/%	0	12.93	18.10	25.86	31.03	6.89	5.17

表3-8 带队年限一览表（$n=116$）

带队年限	3年以下	3~5年（含5年）	5~7年（含7年）	8~9年	10年以上
人数/n	16	30	36	18	16
百分比/%	13.79	25.86	31.03	15.51	13.79

表3-9 职称一览表（$n=116$）

职称	国家级教练员	高级教练员	中级教练员	初级教练员
人数/n	37	39	28	12
百分比/%	31.89	33.62	24.41	10.34

（三）素质教育专家基本情况

表3-10 年龄、性别结构一览表（$n=56$）

年龄	30岁以下		30~39岁		40~49岁		50岁以上	
性别	女	男	女	男	女	男	女	男
人数/n	2	3	3	10	8	10	11	9
百分比/%	3.57	5.35	5.35	17.85	14.29	17.85	19.64	16.07

表 3-11　学历层次一览表（$n=56$）

学历	小学	初中	高中（中专）	大专	本科	硕士	博士
人数/n	0	0	0	0	12	26	18
百分比/%	0	0	0	0	21.42	46.43	32.14

表 3-12　跟队年限一览表（$n=56$）

跟队年限	3 年以下	3~5 年（含 5 年）	5~7 年（含 7 年）	7~9 年	10 年以上
人数/n	5	10	15	16	10
百分比/%	8.92	17.85	26.79	28.57	17.85

表 3-13　工作职责一览表（$n=56$）

负责工作	管理	科研	教学
人数/n	19	17	20
百分比/%	33.92	30.36	35.71

第二节　调研内容与问卷设计

一、调研内容

通过相关文献二次研究及研究框架要求，课题组对优秀运动员素质教育课程目标、课程内容、学时安排、教学方式、教师队伍、教材、课程评价以及管理体制与运行机制等现状进行了研究。

二、问卷设计

根据调研对象的不同，设计了面向素质教育专家、管理专家、教练员、领队和运动员的问卷。问卷设计的主体部分主要为调查对象基本情况、优秀运动员素质教育课程目标、课程内容、学时安排、教学方式、教师队伍、教材、课程评价以及管理体制与运行机制现状等内容。

三、问卷效度与信度检验

课题组邀请了 20 位与研究内容相关的专家和教授对问卷的效度和信度进行检验。在问卷的信度上，采用重测信度法，两次调研相距 5 个月的间隔时间，通过皮尔逊相关系数计算，两次问卷相互之间的相关系数 $r=0.87$，$p<0.01$，说明此问卷是可信的。在问卷的效度上，对 20 位专家问卷的评分结果进行内容效度指数的计算，S-CVI 值为 0.864，其效度达到较为理想程度，符合社会调研要求。

四、问卷收发情况

根据调研需要，课题组发放了运动员问卷、教练员问卷、领队问卷、专家（教育、管理）问卷共 1153 份，收回有效问卷 1086 份，并对相关专家、教练员、领队及运动员进行了访谈。

第三节 调研方法与步骤

一、调研方法

调研方法主要采用问卷调查法、访谈法、文献资料法等。查阅了近年来优秀运动员素质教育相关文献和文件，问卷采用无记名方式，共分为 5 份问卷，每一份由相应调查对象进行填写；访谈法以课题组提前拟好的提纲，对专家（教育管理）、管理者、教练员、领队以及优秀运动员进行访谈，并做好相关记录。

二、调研步骤

为提升调查表的准确性、普及性，保证调查结果的广泛性和有效性，发放的问卷涉及了全国较多省市，并尽量做到现发现收。其具体步骤为，课题组分成 5 个小组，分别前往各自相应地区先对素质教育专家和有关管理人员、领队及教练员进行访问，并做好记录，再将问卷发放给专家、管理者、领队及教练员，填好后及时收回；其次，对各代表队的在训优秀运动员进行访谈，详细了解其思想状况和对素质教育的看法及建议并发放调查问卷；最后，对调查结果进行统计，并结合专家意见和课题组对所获得的第一手资料进行科学的概括与分析，并得出相应结果。

第四节　调研结果与分析

一、我国优秀运动员素质教育课程体系调研

(一) 课程目标

1. 课程目标作用调查

课题组经过前期的理论梳理和实践调查，从课程目标作用、设计依据、其重要性认识和课程目标预设4个方面进行了调查分析。

从表3-14可以看出，23.76%的受访对象认为课程目标的作用是对课堂教学的导向作用，23.57%的受访对象认为课程目标能为教学评价提供参考，20.17%的受访对象认为能促进教师专业的提升，20.63%的受访对象认为课程目标能促进学生的发展，还有11.87%的调查对象不清楚课程目标的作用。

表3-14　课程目标的作用统计表 ($n=1086$)

	对课堂教学的导向作用	为教学评价作参考	促进教师专业提升	促进学生的发展	不清楚
人数/n	258	256	219	224	129
比重/%	23.76	23.57	20.17	20.63	11.87

2. 课程目标设定依据

由表3-15数据可知，课程内容在课程目标设定中占的比重最大，分别44.64%、50.00%和41.46%；排在第二位的是优秀运动员需求，分别占比44.64%、42.24%和23.52%。结合调查数据，课题组最终将课程内容和优秀运动员需求作为后期课程目标设定依据。

表3-15　专家、教练员、运动员等意见统计表 ($n=1086$)

调查对象	占比	课程内容	课程特征	优秀运动员需求	教学经验
专家（管理、教育）	人数/n	25	4	25	2
	比重/%	44.64	7.14	44.64	3.57

续表

调查对象	占比	课程内容	课程特征	优秀运动员需求	教学经验
教练员（领队）	人数/n	58	5	49	4
	比重/%	50.00	4.31	42.24	3.45
优秀运动员	人数/n	379	198	215	122
	比重/%	41.46	21.60	23.52	13.35

3. 课程目标重要性认识

关于优秀运动员素质教育课程目标重视程度，课题组结合问卷调查发现（表3-16），大部分调查对象认为设定科学、合理的课程目标非常重要，说明大多数相关人员能意识到课程目标对素质教育开展的作用和影响；但也有部分教练员（领队）和优秀运动员对课程目标的重要性认识不到位。其中5.17%的教练员（领队）、12.47%的优秀运动员认为课程目标不是特别重要。

表3-16　课程目标重要性认识调查统计（$n=1086$）

调查对象	占比	非常重要	重要	不重要	完全不重要	不是特别重要
专家（管理、教育）	人数/n	56	0	0	0	0
	比重/%	1.00	0.00	0.00	0.00	0.00
教练员（领队）	人数/n	110	0	0	0	6
	比重/%	94.83	0.00	0.00	0.00	5.17
优秀运动员	人数/n	430	283	87	0	114
	比重/%	47.05	30.96	9.52	0.00	12.47

（二）课程内容

课题组对拟定课程内容分别设定"非常重要""比较重要""一般重要""比较不重要"和"不重要"五个等级，并分别赋予5、4、3、2、1的分值，并请专家（管理、教育）、教练员、领队以及优秀运动员进行评分，并以"重要性"的"意见协调度"（各指标所得分值的算术平均值来表示）作为筛选的依据（表3-17），"意见集中度"用各指标所得分值的算术平均值来表示；"意见协调度"用各指标所得分值的变异系数来表示，变异系数越小，指标的专家意见协调程度就越高。另外，评价结果的一致性也是判断指标体系有效性的重要依据，通常用"和谐系数"表示。

1. 拟定课程内容的重要程度排序

表3-17 优秀运动员素质教育拟定课程内容的重要程度排序

课程内容	平均值	重要程度排序
外语学习	4.91	1
职业指导	4.83	2
计算机	4.77	3
数学知识	4.69	4
专项技术知识	4.57	5
解剖知识	4.49	6
运动创伤防治知识	4.33	7
阅读写作知识	4.29	8
交往与沟通知识	4.11	9
心理问题分析及干预知识	3.96	10
励志教育	3.82	11
营养学知识	3.79	12
运动人体科学知识	3.71	13
艺术欣赏知识	3.69	14
礼仪知识	3.58	15
诚信教育	3.44	16
自我学习知识	3.37	17
运动生物力学知识	3.31	18
逻辑思维能力训练	3.28	19
传统道德知识	3.11	20
思想政治知识	3.09	21
历史知识	2.98	22

从收回的1086份有效问卷中看，拟定的外语学习的平均值最高，为4.91，排在第一位；职业指导平均值为4.83，排第二位；计算机知识排在第三位，平均值为4.77，本部分内容为后续指标体系提供依据。

2. 目前优秀运动员素质教育课程内容满意度

由表 3-18 可知，调查对象对目前国家队的素质教育课程内容的满意度较高。其中，非常满意的占比为 24.59%，非常不满意的只占 5.89%。

表 3-18　课程内容满意度统计表（$n=1086$）

占比	非常满意	满意	一般	不满意	非常不满意
人数/n	267	362	245	148	64
比重/%	24.59	33.33	22.56	13.63	5.89

此外，部分教育专家对拟定课程内容做了相应补充。教育专家认为应增添一些能拓展优秀运动员思维，注重运动员自身发展的课程，如"运动员心理辅导""法律基础知识"等内容，以培养出综合能力强的高素质优秀运动人才。课题组将结合现有调查报告和专家意见，进一步对课程内容进行整合。

(三) 课程实施

1. 学时安排

（1）适合的学时安排

关于优秀运动员素质教课程安排多少学时合适的问题，课题组通过调查得出（表 3-19）：绝大多数调查对象都更偏向 4~8 学时，其中 50.00% 的专家（管理、素质教育）认为周学时安排在 4~8 学时合适，47.41% 的教练员及领队（同意）周学时安排时间为 4~8 小时，40.26% 的运动员认为周学时安排为 4~8 学时合适。因此，课题组根据专家意见以及问卷调查分析，最终确定适合优秀运动员素质教育课程实施的周学时时间为 4~8 小时，其具体学时应视情况而定。

表 3-19　适合优秀运动员素质教育的周学习时间安排（$n=1086$）

调查对象	占比	4 学时以下	4~8 学时（含 8 学时）	8~14 学时（含 14 学时）	14 学时以上
专家 （管理、素质教育）	人数/n	0	28	16	12
	比重/%	0.00	50.00	28.57	21.43

续表

调查对象	占比	4学时以下	4~8学时（含8学时）	8~14学时（含14学时）	14学时以上
教练员（领队）	人数/n	16	55	29	16
	比重/%	13.79	47.41	25.00	13.79
运动员	人数/n	251	368	153	142
	比重/%	27.46	40.26	16.74	15.54

（2）现状及问题

课题组对所调查的37支代表队和运动学校的素质教育课程周学时安排情况进行了调查与访问，在调查中发现（表3-20），各代表队和运动学校的素质教育课程周学习时间安排上有很大差距。可以看出，4学时以下的占总数的32.42%，4~8学时的占总数的27.03%，8~14学时的占总数的29.73%，14学时以上的只有4支队伍，占总数的10.81%。由此可见，目前优秀运动员素质教育的周学时安排几乎没有达到素质教育要求。文化课时间可有可无的现状无法满足适龄阶段优秀运动员的要求，这也是导致优秀运动员素质教育水平整体较低的原因之一。

表3-20　各代表队、运动学校优秀运动员素质教育周学时安排一览表（n=37）

占比	4学时以下	4~8学时	8~14学时	14学时以上
队伍数量/n	12	10	11	4
比重/%	32.42	27.03	29.73	10.81

由于优秀运动员的特殊性，在同样接受教育的年龄阶段，优秀运动员们不仅要完成好训练任务，还得兼顾文化学习。因其训练任务过重，在很大一部分时间里，优秀运动员只能把文化学习放一边，即使在课堂上掌握了内容，但课后几乎没有复习、自学和完成作业的时间，因而知识得不到巩固，故所学知识也不扎实。

另外，学训矛盾问题未能及时处理解决。学训矛盾一直是我国运动员素质教育工作中难以攻克的困扰，也是影响优秀运动员素质教育发展的重要因素之一[1]。课题组对37支代表队的训练与学习时间进行了调查与访问（图3-1至图3-4）。

---

[1] 陶然成，龚波，何志林，等.高校高水平运动员学训矛盾研究[J].北京体育大学学报，2010，33（10）：86-89.

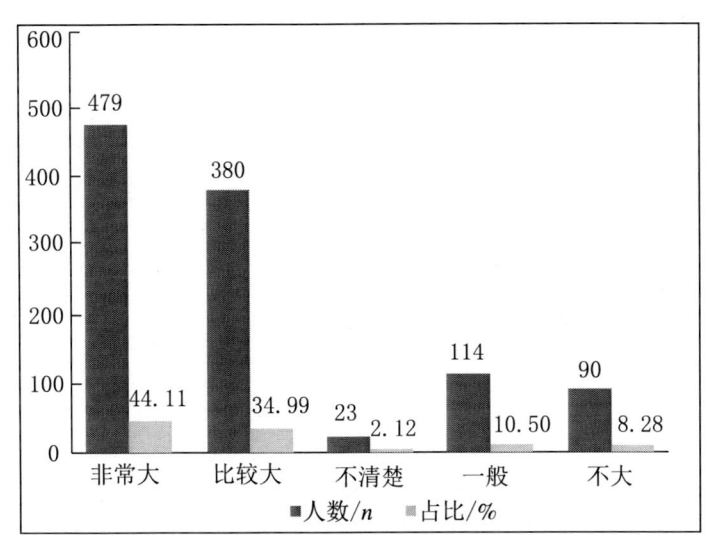

图 3-1 运动训练对文化学习的影响意见统计

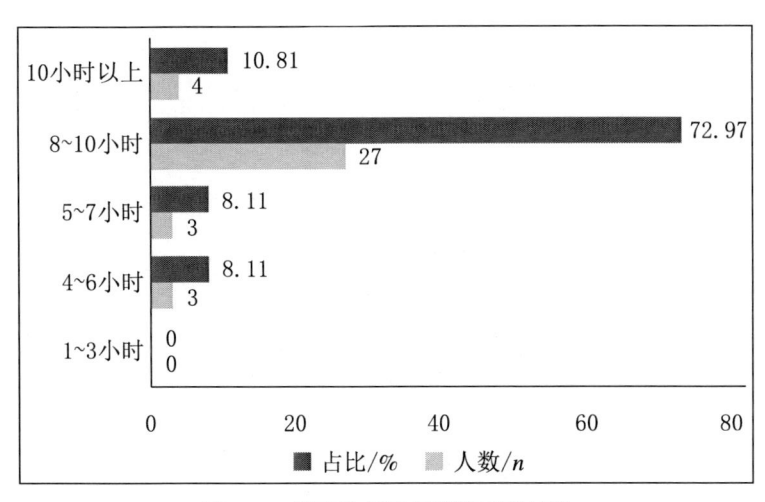

图 3-2 代表队每天日训练时间统计

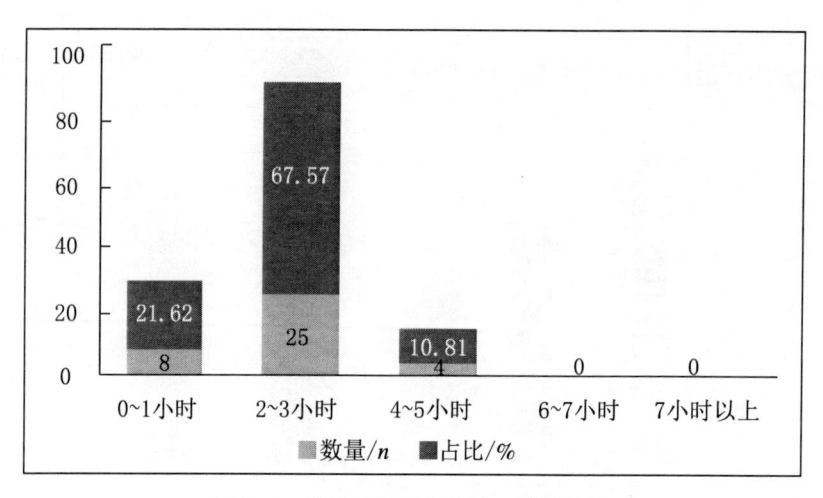

图 3-3　代表队每日文化学习时间统计

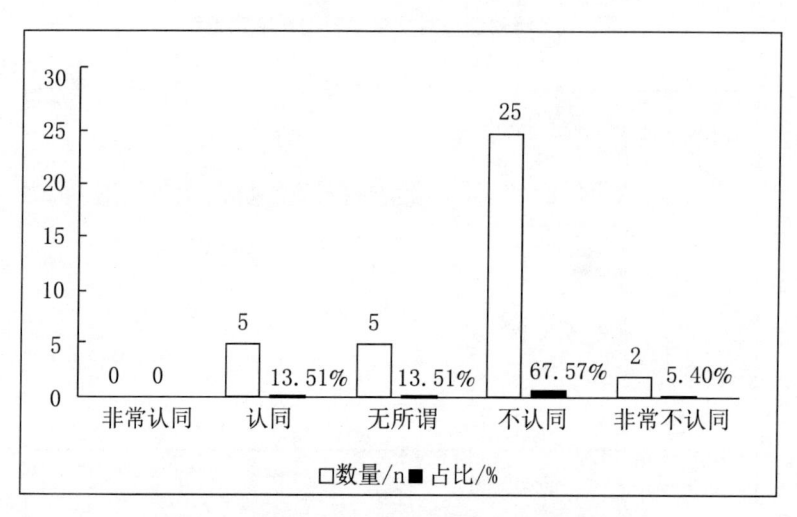

图 3-4　代表队训练与学习时间安排认同度统计

课题组通过梳理问卷发现，1086名受访者中，44.11%的人认为运动训练对文化学习的影响非常大，34.99%的人认为运动训练对文化学习的影响比较大，只有8.28%的受访者认为，运动训练对文化学习的影响不大。由此看出，绝大部分的人都认为运动训练对文化学习的影响很大；37支代表队中，每天训练时间在8~10小时的占72.97%，10.81%的代表队训练时间为10小时以上，8.11%的代表队每天训练时间在4~6小时或5~6小时。由此可得，大部分代表队每天训练时间集中在8~10小时；此外，就各代表队学习时间来看，每天学习时间为0~

1小时的占21.62%，2~3小时的占67.57%，4~5小时的占10.81%，6小时以上的为0。由此可以看出，超过一半的代表队每天学习时间只有2~3小时；67.57%的代表队认为学习时间与训练时间的安排不合理、学习时间与训练时间比例失衡，这是造成优秀运动员素质教育开展的阻力之一。

综上所述，目前优秀运动员素质教育课程学时安排不均衡，学习时间被大量占用，学训矛盾未得到缓和。

2. 教学方法

（1）常用方法

课题组以"您所在的队伍在素质教育实施过程中采用最多的教学方法是？"为题，并以举例法、网络教学法、讲解法、演示法等素质教育常用教学方法为选项供其选择。对现有教学方法进行整理与分析，试找到最能契合专家教师与优秀运动员的教学方法（表3-21）。

表3-21 常用教学方法统计表（$n=37$）

占比	讲解法	举例法	网上教学法	演示法
队伍数量/n	10	9	6	12
比重/%	27.03	24.32	16.22	32.43

由上表可知，在调查走访的37支代表队中，使用最多的教学方法为演示法，占总数的32.43%，相比之下，网上教学还没能得到大部分代表队的重视，只有16.22%的代表队在使用。课题组在整理问卷时还发现，有专家建议在素质教育教学过程中，更多地灵活运用如参观法、讨论法等启发性强的教学方法。

（2）对现有教学方法的满意度

课题组以目前优秀运动员素质教育课程中实施的教学方法的满意度为调查内容，对相关人员进行调查访问（表3-22）。

表 3-22　现有优秀运动员素质教育教学方法满意度统计表（$n=1086$）

调查对象	占比	非常满意	比较满意	一般	比较不满意	非常不满意
专家（管理、教育）	人数/n	10	17	16	8	5
	比重/%	17.86	30.36	28.57	14.29	8.92
教练员（领队）	人数/n	24	27	35	26	4
	比重/%	20.69	23.28	30.17	22.41	3.45
优秀运动员	人数/n	100	268	147	274	125
	比重/%	10.94	29.32	16.08	29.98	13.68

从上表中可以看出，对目前优秀运动员素质教育的教学方法运用的满意度上存在一定异同点，相同之处在于，调查对象对目前教学方法的满意度都不是很高，专家（管理、教育）中只有17.86%的人对其非常满意，教练员（领队）有20.69%，优秀运动员只有10.94%，由此说明，目前优秀运动员素质教育的教学方法有待进一步改善；差异性体现在，调查对象中，专家（管理、教育）对现行教学方法持比较满意态度的占30.36%，是专家组占比最大的一个选项；优秀运动员中，占比最大选项恰恰与专家组相反——比较不满意占比重为29.98%，两者形成鲜明对比。课题组认为，专家（管理、教育）在教学中侧重于知识传授，根据运动员特点与需要来择优选择合适的教学方法有待加强。

（3）教学方法的重要性认识

课题组在问卷中设计了对教学方法认识的相关问题，对受访者的选择进行整理与分析（表3-23）。

表 3-23　教学方法重要性认识统计表（$n=1086$）

调查对象	占比	非常重要	比较重要	一般重要	比较不重要	不重要
专家（管理、教育）	人数/n	56	0	0	0	0
	比重/%	100	0	0	0	0
教练员（领队）	人数/n	106	10	0	0	0
	比重/%	91.38	8.62	0	0	0
优秀运动员	人数/n	599	207	108	0	0
	比重/%	65.54	22.65	11.81	0	0

从表中可以看出，专家（管理、教育）、教练员（领队）、优秀运动员认为教学方法非常重要，专家组所有成员都认为教学方法非常重要；教练员（领队）中有91.38%的人认为教学方法非常重要，优秀运动员中有65.54%的人认为非常重要。教学方法对学生的学习兴趣、学习动力、学习效果以及学习态度等众多方面都有着重要影响。在优秀运动员素质教育中最重要也最关键的就是运动员，因此教学方法必须要引起高度重视。

二、我国优秀运动员素质教育师资队伍

课题组对现有优秀运动员素质教育教师（含部分教练员、领队）基本情况进行了调查（图3-5至图3-7），具体如下：

1. 教学师资基本概况

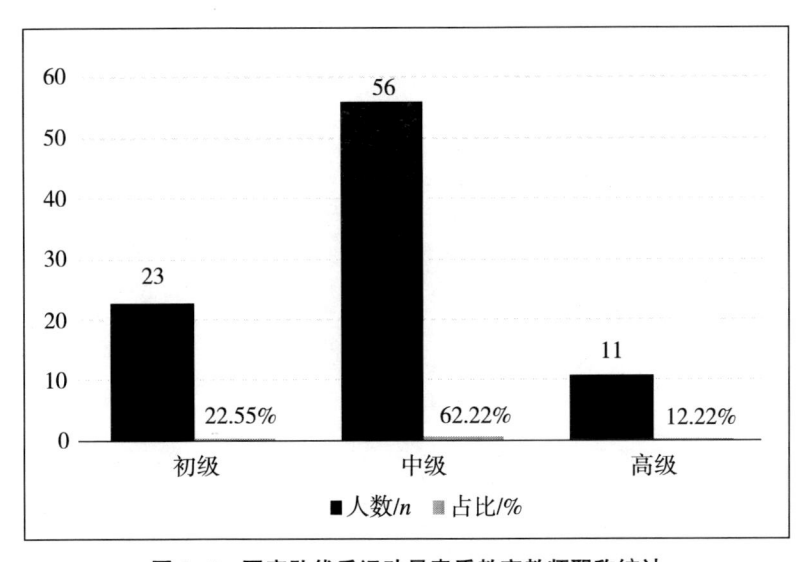

图3-5 国家队优秀运动员素质教育教师职称统计

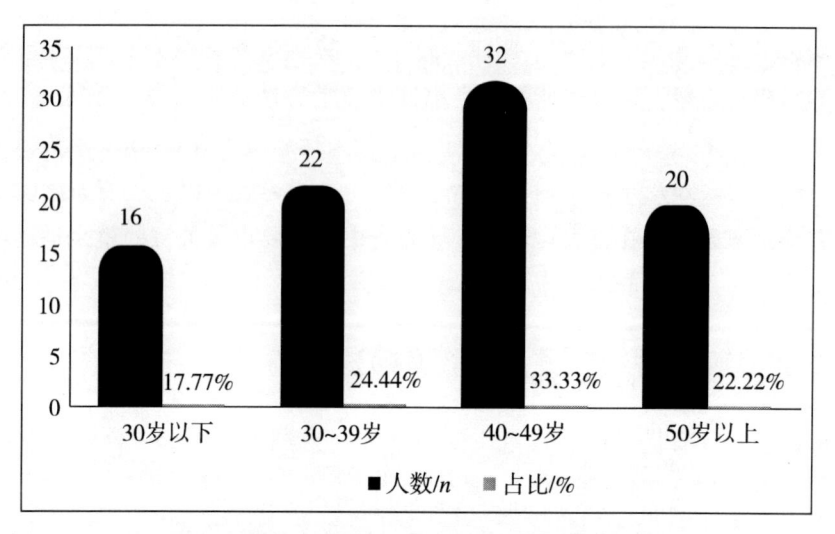

图 3-6　国家队优秀运动员素质教育教师年龄统计

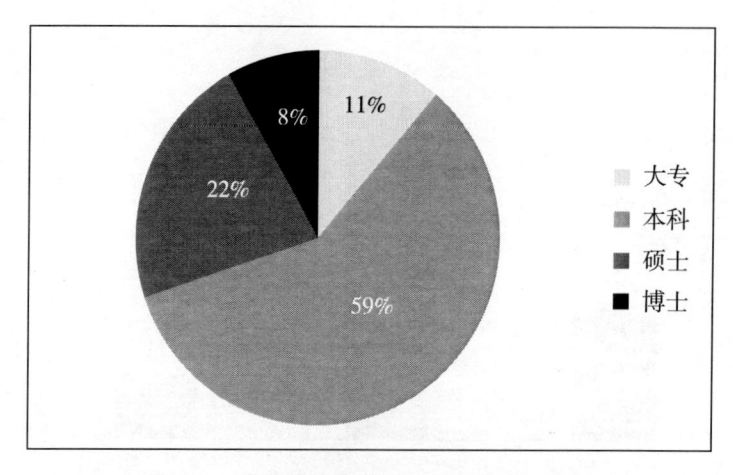

图 3-7　优秀运动员素质教育教师学历统计

由图表可知，优秀运动员素质教育教师现有 90 名，从教师职称情况看，中级职称人数最多，比重占总人数的 62.22%，初级职称占总人数的 22.55%，高级职称占总人数的 12.22%；从年龄结构看，其中 30 岁以下占总人数的 17.77%，30~39 岁占总人数的 24.44%，40~49 岁占 33.33%，50 岁以上占 22.22%；整体而言，优秀运动员素质教育教师队伍年龄结构较为均衡，就学历层次看，目前优秀运动员素质教育教师本科学历最多，占总人数的 59%，研究生尤其是博士生学历的教师较少，分别占 22% 和 8%。学历层次有待进一步提升。

2. 教师与素质教育的契合度

教师与素质教育契合度是影响教育质量的重要因素，课题组对相关问题进行了调查（表 3-24 至表 3-26），具体如下：

表 3-24　教师队伍构成统计表（$n=90$）

来源类别	文化专业教师	退役运动员	现役运动员	教练员
人数/n	47	23	7	13
比重/%	52.22	25.56	7.78	14.44

表 3-25　教师对优秀运动员了解情况统计表（$n=90$）

了解情况	非常了解	了解	不是很了解	几乎不了解
人数/n	17	33	34	6
比重/%	18.89	36.67	37.78	6.66

表 3-26　教师知识结构满足现行素质教育需要意见表（$n=90$）

占比	非常满足	基本满足	不清楚	不是很满足	非常不满足
人数/n	7	8	12	23	40
比重/%	7.78	8.89	13.33	25.56	44.44

教师的来源类别和与运动员的了解情况在一定程度上能反映出师生之间相互熟悉程度和互动情况，来源类别与优秀运动员相近，则在个体认知和社会经历上越趋向于优秀运动员，了解情况越多也会对优秀运动员越熟悉。通过对 37 支运动代表队的调查，可以看出，在教师来源类别调查中，文化课教师占 77% 以上。部分专家还提出邀请社会名人加入教师队伍以提升教师队伍质量。在教师对优秀运动员了解情况的调查中，非常了解为 18.89%，了解为 36.67%，不是很了解为 37.78%，几乎不了解为 6.66%。因此，素质教育教师对于运动员的熟悉程度有待提高。对此，课题组建议适当增加聘用退役运动员、教练员等与运动员经历相近的教师；在教学中应增加教师与优秀运动员的了解时间，增强师生互动。从对教师知识结构满足现行素质教育需要意见统计表中得知，目前，44.44% 的教师知识结构不能满足现行素质教育的需要，只有 7.78% 非常满足，这就需要教师积极主动了解各专业领域最新动态、加强学习、优化自身知识结构、提升业务水平

以适应优秀运动员素质教育的发展需要。

此外，课题组通过查阅文献资料还发现，优秀运动员素质教育教师跨学科教学和师生比例大的现象比较普遍。根据李晨峰在《我国优秀运动员文化教育政策与实践研究》调查："对全国体育系统学校4771名教师的调查中显示，有816名教师都存在跨学科教学，达到总数的17.8%"[1]。由此说明，跨学科教学不是一件新鲜事，各运动学校都存在这一现象，这也再次证明了我国优秀运动员素质教育教师队伍严重缺乏并急需壮大。学者刘艳涛在《北京体育大学附属竞技体校运动员文化教育现状及对策研究》一文中指出："北体竞校2016年的师资情况，教师比例为26%，教职工与学生比为1∶43"。这一现象对我国优秀运动员的成长与发展极其不利[2]。因此，提高我国优秀运动员文化教育水平的首要任务是要扩大师资，建立一批高质量的素质教育师资队伍。

三、我国优秀运动员素质教育教材

1. 现状调查

为进一步完善优秀运动员素质教育教材体系，课题组对各调查对象进行了调查与访问（表3-27至表3-29），对其当前使用教材的重视度、满意度、契合度以及不足之处进行了调查（图3-8），具体如下：

表3-27　课程教材重要性统计表（$n=1086$）

占比	非常重要	重要	不重要	完全不重要	不是特别重要
人数/n	1000	86	0	0	0
比重/%	92.08	7.92	0	0	0

表3-28　课程教材满意度统计表（$n=1086$）

占比	非常满意	满意	不满意	非常不满意	不是特别满意
人数/n	421	144	216	0	305
比重/%	38.77	13.26	19.89	0	28.08

---

[1] 李晨峰. 我国优秀运动员文化教育政策与实践研究 [D]. 北京：北京体育大学，2011.
[2] 刘艳涛. 北京体育大学附属竞技体校运动员文化教育现状及对策研究 [D]. 北京：北京体育大学，2017.

表 3-29 程教材契合度统计表（$n=1086$）

占比	非常适合	适合	一般	不适合	非常不适合
人数/n	42	178	369	497	0
比重/%	3.87	16.39	33.98	45.76	0

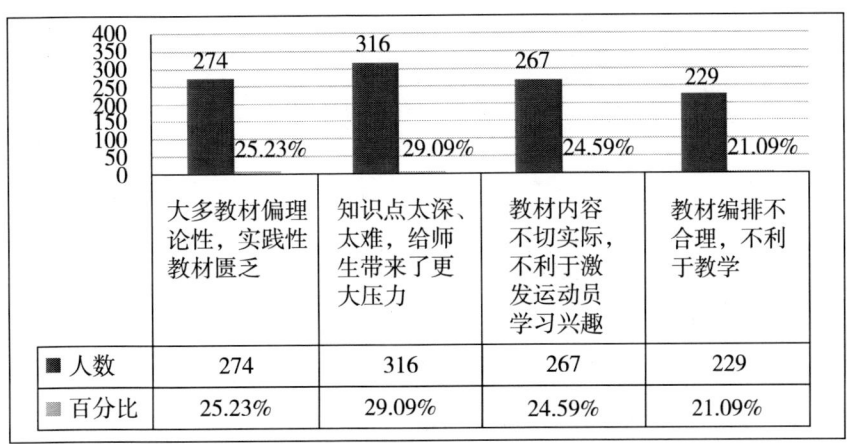

	大多教材偏理论性，实践性教材匮乏	知识点太深、太难，给师生带来了更大压力	教材内容不切实际，不利于激发运动员学习兴趣	教材编排不合理，不利于教学
人数	274	316	267	229
百分比	25.23%	29.09%	24.59%	21.09%

图 3-8 课程教材不足之处统计图（$n=1086$）

调查得出，认为课程教材非常重要的占总体的 92.08%，访谈中部分专家表示，课程教材是作为优秀运动员获取知识的直接来源，在优秀运动员素质教育实施过程中发挥很重要的作用，也是培养高质量人才的重要组成部分，必须加以重视。就调查对象对现有教材的满意度来看，28.08% 的调查对象不是很满意，19.89% 不满意目前的课程教材，其原因在于目前一些教材内容过于陈旧，创新度不高，不能紧跟时代发展。因此，有 45.76% 的调查对象认为目前使用的教材不契合优秀运动员素质教育的发展，25.23% 的调查对象认为目前大多教材更注重理论教学，忽视了具体的实践操作，也有 29.09% 的人表示，教材知识难度系数大，给教师和运动员无形中带来了压力，因此，部分教育专家表示当前教材参考用书不够系统、全面，建议以优秀运动员素质教育课程内容为基础，重新整合并修订优秀运动员素质教育教材体系。

2. 专家建议

访谈时专家建议，在教材编写与选定上要确定衡量标准，以此来完善教材的整合与修订。问卷中，相关专家建议增设不同类型和不同出版社的参考用书，如四川大学出版社、高等教育出版社、上海人民出版社、复旦大学出版社等，丰富教材内容，提供修订参考，同时结合教育专家和运动员的意见与建议，多方考虑参考用书；对理论性较强的内容，应多选择通俗易懂的版本进行参考；还应加强对教材编写与修订的专业人员的定期培训，以保证教材质量；此外，部分管理专家认为还应建立有效的教材编写与修订激励及评价机制，作为教材不断更新、创新、适应时代发展需要的保障。

四、我国优秀运动员素质教育课程评价

1. 我国现行课程评价体系存在的问题

课题组以优秀运动员素质教育课程评价为出发点进行调查研究，通过问卷设置、发放、回收、分析，得到重要数据，以供优秀运动员队伍和管理部门思考、选择。具体结果如下：

根据调查数据（图3-9）得知，目前课程评价体系主要存在评价形式单一、过于注重书本知识、过于注重考试结果、忽略个性发展等现状。通过对37支代表队及运动学校进行调查走访，其中35支队伍认为课程评价形式单一；30支队伍认为目前课程评价过于注重学科知识，28支队伍认为目前课程评价忽视了运动员的个性发展，26支队伍认为课程评价过于注重考试结果，忽视了对运动员平时在课堂上的表现。

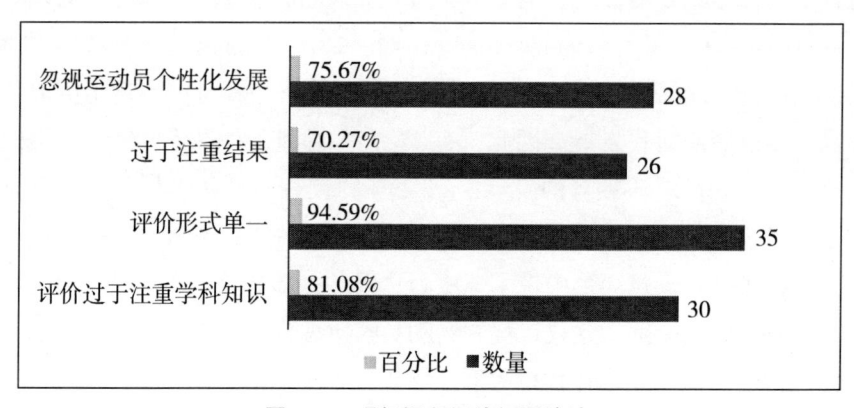

图3-9 现行课程评价问题统计

针对优秀运动员素质教育课程评价过程显现出来的现状，课题组以"优秀运动员素质教育课程评价缺乏真实、全面、系统性"为题搜集意见，通过分析调查

问卷得知（图 3-10），67.56%（25 支）的代表队及运动学校非常赞同，27.02% 的队伍持赞同观点，由此可得出，我国优秀运动员素质教育课程实施过程中，课程评价体系不完善，急需构建一个较为全面、客观、真实、系统的课程评价体系。

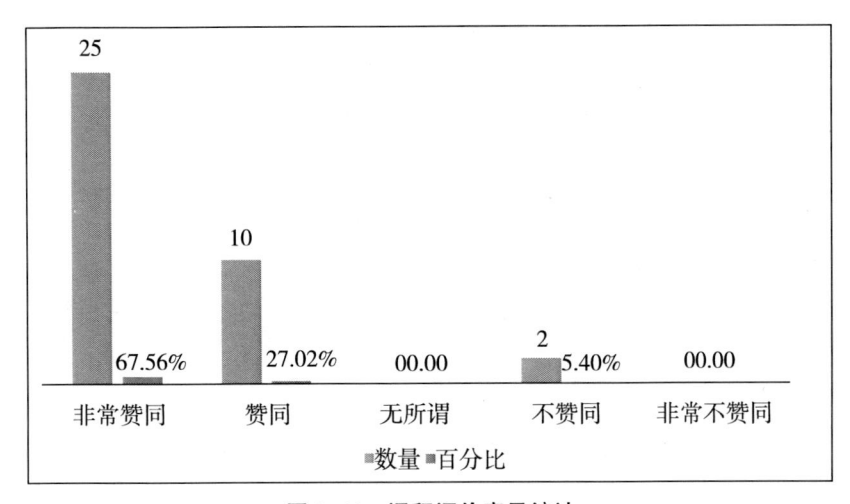

图 3-10　课程评价意见统计

2. 今后课堂评价体系展望

综合以上现状问题，课题组对此 56 名专家组成员和 116 名教练员及领队分别进行访谈调研（图 3-11），为课题组后期建立课程评价提供参考。根据图 3-11，25% 的受访对象认为应在课程评价中多关注运动员的个性化差异，结合实际进行评价；21% 的专家团队认为课程评价不应只是教师评价（他评）还应结合自身情况，实现自评和他评相结合；19% 的专家认为将定性与定量、终结性评价与形成性评价相结合的课程评价才能更系统、更全面、更客观；还有 16% 的专家及教练员团队认为在对课程进行评价时应淡化甄别与选择，激发教师和运动员的内发动力，实现自我价值。

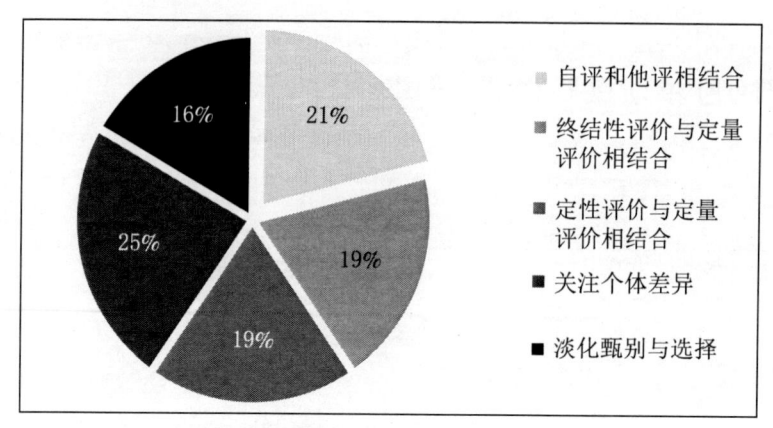

图 3-11 课堂体系评价专家建议统计

五、我国优秀运动员素质教育管理体制调研

1. 多头管理，缺乏牵头机构

目前，素质教育管理呈现管理部门多、管理牵头机构匮乏的现状。国家队层面，总局办公室、总局科教司、总局训练局、国家队运动员文化教育中心、项目管理中心、国家队、人事司等部门都涉及国家队运动员素质教育管理工作。课题组结合优秀运动员素质教育体系，选取了国家体育总局训练局驻局男女排、男女篮、体操、乒乓球、游泳、艺术体操、花样游泳、跆拳道、蹦床、羽毛球等 13 个奥运项目国家队、国家集训队，重点运动员 39 名，相关领队 13 名和教练员 20 名，以及相关教育专家 15 名和管理专家 15 名作为调研对象。针对国家队素质教育管理指标体系中牵头机构是谁，业务主管部门是谁，行政主管部门是谁，执行部门是谁，其他管理机构在素质教育管理地位和作用是什么进行问卷调查。共发放问卷 102 份，收回有效问卷 102 份，着重对素质教育专家、管理专家和教练员进行访谈（图 3-12）。

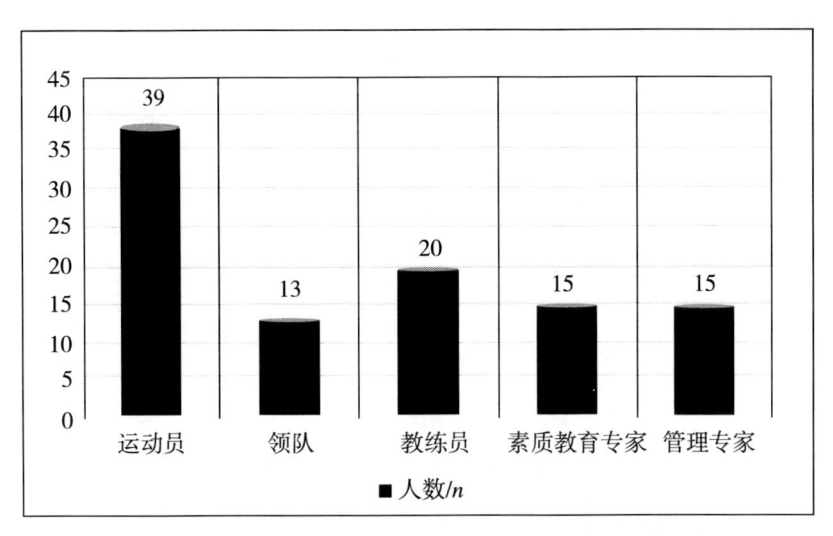

图 3-12　国家队素质教育管理指标体系问卷调研情况

通过对素质教育专家、管理专家和教练员（领队）进行深入访谈，课题组结合访谈记录对问题进行分析。得出大部分专家和管理人员认为国家队素质教育管理体系中，总局办公厅应是素质教育管理体制的牵头单位；2/3 的专家、教练员认为素质教育管理体系业务主管部门为总局科教司；大部分专家和教练员认为素质教育管理体系行政部门为总局训练局；多数专家和领队认为国家队运动员文化教育中心是素质教育的执行部门；多数教练员（领队）和运动员认为项目管理中心为素质教育执行部门的协助部门。明确国家队素质教育管理体系中牵头机构，打破多头管理现状，促使相关管理部门各司其职，分工合作，协同发展，为素质教育可持续发展护航。

地方队层面，省体育局办公室、科教处、竞训处、运动员文化教育中心、项目管理中心、地方队（省队）、人事处等相关部门涉及地方队（省队）运动员学历教育和素质教育工作。虽然涉及运动员素质文化教育管理工作部门众多，但缺乏统揽全局的机构，导致各机构各自行事，缺乏凝聚力，时常遇事躲避、办事推诿、行事缓慢，机构之间相互协调程度不高，办事效率低。

课题组借鉴国家队管理主体、管理机构的职能，针对地方队素质教育、学历教育管理指标体系中主管部门是谁，业务管理部门是谁，行政管理部门是谁，素质教育和学历教学执行主体是谁，其他管理机构在素质教育管理地位和作用是什么，对队（省队）进行问卷调查，选取了山西省游泳队、山西体育职业学院、上海市篮球队、上海市击剑队、四川省体育运动学校、四川省体操队、重庆市田径队、河南省体育运动学校、河南省举重队、澳门特别行政区花样游泳队、福建省羽毛球队、湖南省体操队、黑龙江省短道速滑队、黑龙江冰雪体育职业学院、广州体育学院、广东省跳水队、安徽省乒乓球队、青海省篮球队、青海省体育运动学校、陕西省乒乓球队等共13个省市23个地方队运动员92名，相关领队23名和教练员43名，以及相关教育专家17名和管理专家20名作为调研对象（图3-13）。

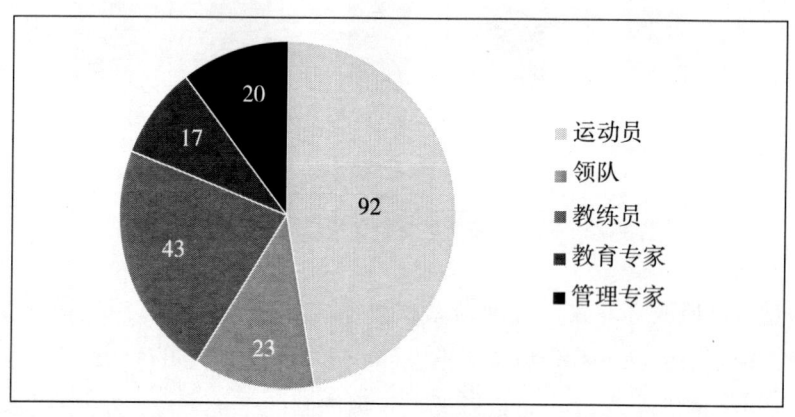

图3-13　地方队（省队）素质教育管理指标体系问卷调研情况

课题组通过对素质教育专家、管理专家和教练员（领队）深刻访谈，结合访谈记录和调查数据分析，得出大部分专家、管理人员认为地方队（省队）素质教育管理体系中，总揽全局的部门为省局办公室；多数专家和教练员（领队）认为素质教育管理体系业务部门为科教处；大部分专家和教练员认为竞训处应是素质教育管理体制的行政部门；2/3的教练员和运动员表示素质教育和文化教育的执行部门为运动员文化教育中心；超过半数的教练员（领队）和运动员认为项目管理中心和运动队是素质教育执行部门的协助部门；大部分专家和教练员认为人事处是监管运动员学历教育和素质教育流动的职能部门，实时掌控运动员学习动态。通过在国家队素质教育管理体系中明确牵头机构，其下各部门各司其职，为地方队（省队）素质教育、学历教育管理体系做表率；突出地方队（省队）素质教育管理体系中省体育局办公室牵头地位，保证素质教育决策层带动素质教育其他相关部门运行工作，促使地方队（省队）运动员素质教育、学历教育整体发展。

2. 管理机构分工不明，权责划分模糊

针对素质教育管理工作等问题，各管理机构呈现分工不明确，统筹部门、业务主管部门、行政主管部门职责界定不清晰的情况。

国家队层面，总局办公厅没有履行总揽全局的职责；总局科教司为业务主管部门，对国家队运动员素质教育相关业务组织和实施工作不到位，缺乏素质教育工作中需要的相关机构和规章制度，缺乏对素质教育工作的考核、评价；总局训练局为行政主管部门，缺乏对素质教育工作中相关制度和日常行政工作的监督和管理，对素质教育工作中的软硬件设施建设不到位；项目管理中心忽视国家队运动员素质教育相关工作，缺乏实施行为；运动队对素质教育的规划、计划和落实行动欠缺。

课题组根据国家队素质教育管理体系中牵头部门、管理部门的确定，对相关部门的层次分级和职责进行调查研究和访谈。选取了国家体育总局训练局驻局男女排、男女篮、体操、乒乓球、游泳、艺术体操、花样游泳、跆拳道、蹦床、羽毛球等13个奥运项目国家队、国家集训队，重点运动员36名，相关领队13名和教练员20名，以及相关教育专家15名和管理专家35名共119名人员作为调研对象。针对总局办公厅、总局科教司、总局训练局、国家队文化教育中心、项目管理中心、国家队等相关部门的管理职责是什么、管理分工是什么、管理对象是什么进行调查研究。共发放问卷112份，收回有效问卷110份，着重对管理专家和教练员进行访谈（图3-14）。

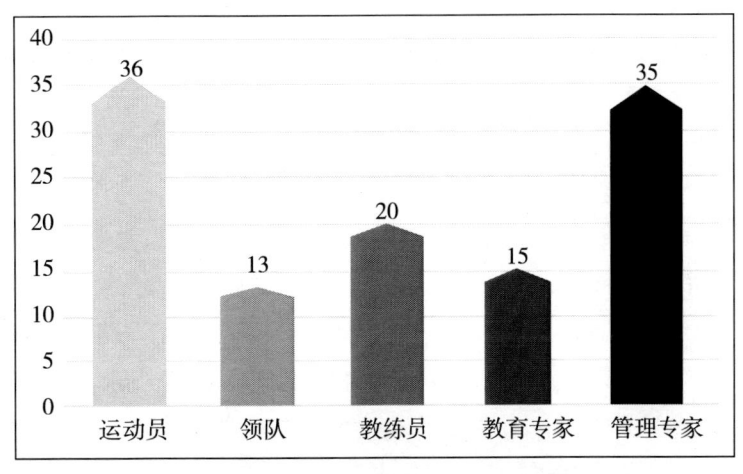

图 3-14 国家队素质教育管理管理机构权责调研情况

课题组针对职能部门权责问题对专家和教练员进行调研访谈，结合数据统计和访谈记录对职能部门的管理职责进行归类总结，结果显示：多数管理专家和教练员认为，总局办公厅主要总揽全局，对国家队素质教育进行管理，该部门处于决策层；多数专家和教练员、领队认为总局科教司主管国家队运动员素质教育的相关业务组织、实施工作等，该部门在素质教育管理体制中处于管理层；超过半数的管理专家和教练员、运动员认为总局训练局主管国家队运动员素质教育的相关行政组织、实施工作，对国家队运动员文化教育中心落实相关规章制度和日常行政工作进行行政监督和管理等，立足于素质教育管理体系中的执行层；2/3 的专家和教练员表示国家队文化教育中心作为国家队素质教育的操作层，应直接为运动员素质教育提供硬件、软件技术服务，对素质教育日常管理和教学工作考评进行监督。调查中绝大多数教练员和管理人员认为项目管理中心和国家队是文化教育中心的协助部门，主要负责对所辖国家队落实素质教育相关规章制度进行管理，对国家队运动员素质教育的具体落实情况进行指导、监督；赋予总局办公厅素质教育相关政策决定权，突出其决策层地位，利于素质教育有目的、有计划整体发展；科教司行使素质教育业务权力，为素质教育后勤保驾护航；总局训练局为素质教育策略实施打先锋，从行政方面为素质教育开道；文化教育中心行使课程、教学权力，是素质教育实施的第一单位。

地方队（省队）层面，省局办公室对素质教育工作落实不到位，未建立地方队（省队）运动员素质教育中心，统揽全局力度不够；科教处作为业务管理部门，对素质教育教学规划、教学大纲以及相关制度建设不完善；竞训处作为行政管理部门，对素质教育工作的监督和管理措施执行不严；项目管理中心缺乏对地方队（省队）运动员素质教育相关组织的管理，实施相关措施力度不大。

课题组根据地方队（省队）素质教育管理体系中部门职责分工、管理机构分工对管理专家和地方队（省队）运动员、教练员（领队）进行调查研究及访谈。通过课题组协商讨论选取山西省游泳队、山西体育职业学院、上海市篮球队、上海市击剑队、四川省体育运动学校、四川省体操队、重庆市田径队、河南省体育运动学校、河南省举重队、澳门特别行政区花样游泳队、福建省体育职业技术学院、福建省羽毛球队、长沙市贺龙体育运动学校、湖南省体操队、黑龙江省短道速滑队、黑龙江省冰雪体育职业学院、广州体育学院、广东省跳水队、安徽省乒乓球队、青海省篮球队、青海省体育运动学校、陕西省乒乓球队、西安市体育学院共 13 个省市 23 个地方队、运动学校运动员 69 名，相关领队 23 名和教练员

46名,以及相关教育专家15名和管理专家38名作为调研对象(图3-15)。

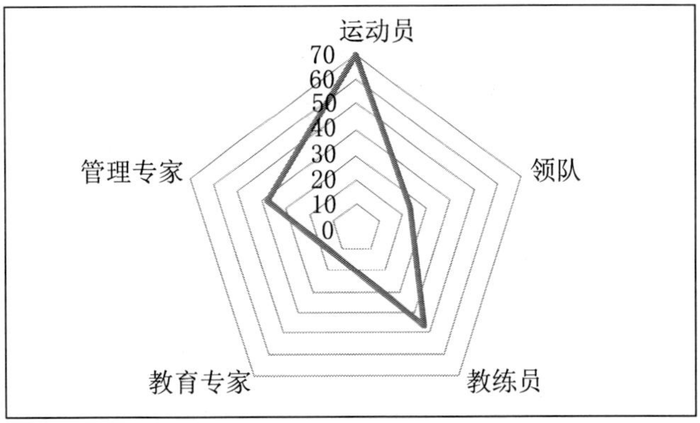

图3-15 国家队素质教育管理机构权责调研情况

课题组针对地方队(省队)素质教育、学历教育部门权责划分等问题进行问卷调查和访谈,通过整理、分析数据得出:大多数教练员和管理专家认为,省局办公室作为地方队(省队)运动员素质教育管理系统中的主管部门,理应统揽大局,对地方队(省队)素质教育管理机制中政策性文件起决策作用;超过半数管理专家和教练员表示科教处负责素质教育的相关业务组织、实施工作等,对地方队(省队)素质教育实施进行管理;2/3的专家和教练员表明竞训处作为行政管理部门,对素质教育中相关规章制度和日常行政管理负主要责任;绝大多数管理专家和教练员表示地方队(省队)文化教育中心是素质教育、学历教育的执行中心,对素质教育、学历教育应提供硬件、软件设施以及相关日常管理工作和教学工作考评。调查结果显示,大部分专家和教练员(领队)认为各项目管理中心是文化教育中心的协助部门,在操作层面是文化教育中心的沟通桥梁,对素质教育相关制度进行实质性管理,对素质教育实施情况、实施进度进行指导和监督。

省体育局办公室执掌素质教育相关决定权,是素质教育管理层的全权责任人;优化科教处业务权力,为素质教育后勤保驾护航,提高竞训处办事能力,为素质教育行政事业开辟新大陆;文化教育中心创新方法,从教学目标、内容、方法等方面提升素质教育、学历教育质量。

六、调研结论总结

在对现行优秀运动员素质教育课程目标、课程内容、学时安排、教学方法、师资队伍、课程教材、课程评价以及管理体系的调查中,看到了目前优秀运动员素质教育取得的一些成绩,也发现了有待改善和加强的一面,经课题组整理归纳后总结如下:

课程目标。目前针对课程目标的重要性认识不足,对课程目标作用的认识没有全局性,较为模糊,课程目标设立的依据较为主观,忽视了课程内容和运动员的需求,在今后课程目标设定过程中,对其目标的作用和重要程度应有一个全面、客观、系统的认识。在课程目标的设定中,要充分结合运动员需求以及深入理解教学任务和课程内容,以便更科学、合理地设定课程目标。

课程内容。现有国家队优秀运动员素质教育课程内容的开展情况较为乐观,针对课程内容的确定,课题组对现行优秀运动员素质教育课程内容的重要程度进行了排序,得出外语知识、职业指导、计算机知识排在前三位,说明越来越多的人开始喜欢实用性强的知识。部分专家组成员也提出应多开设与运动员切身实际相关的课程内容,如运动员长期在高强度、高压力的环境中训练、比赛,心理咨询和辅导对运动员来说是非常有必要的。

学时安排。目前优秀运动员素质教育课程学时安排不均衡、不合理、学训矛盾突出,使得素质教育文化课程在优秀运动员队伍中难以展开,进而导致优秀运动员素质教育水平整体偏低。为此合理安排学训时间,运用恰当的教学方法,加强组织管理,合理统筹,能有效缓解学训矛盾,使运动员在训练的同时,文化素养水平也能同步提高。

教学方法。目前优秀运动员素质教育课程实施中对教学方法的重视程度非常高,对不同授课内容以及授课对象也采用了相应的教学方法,值得注意的是,像网上教学法这种便捷、有效率、省时、省地的方法未能在优秀运动员素质教育课程实施中运用起来,相关部门应积极推广;此外,在访谈中也有专家提出多运用参观法、讨论法等灵活、启发性强的教学方法,进一步启发教师和运动员的思维。

师资队伍。目前国家队教学师资队伍整体的综合素质偏低,学历层次不均衡,导致教师教学水平与专业能力受限,教师队伍主要由高校文化专业教师和部分退役运动员构成,缺乏退役运动员、教练员以及社会名人的注入,且大部分教师很少深入了解运动员，其知识结构也无法满足现行素质教育的需要。在今后教师队伍的构建中，要重视教师专业素质的构建，提升师资队伍的综合实力，引导教师转变观念，改进陈旧教学方式，教育部门及政府强化教师政策保障，提高素质教育教师的社会地位。

  课程教材。通过问卷数据，课题组发现现有优秀运动员素质教育课程教材存在编排不合理、内容不切实际、所含知识难度大、理论性强且实用性弱等问题。因此，在今后构建课程教材体系时，教师应深入对教学目标和课程内容进行解读，教育部门加强对教材编写和修订队伍的培训，同时建立有效的激励与评价机制。

  课程评价。目前我国优秀运动员素质教育课程评价方式过于单一，仍以传统的考试进行测评，过于重视学科理论知识，忽视实用性强的实践知识；目前课程评价过于死板，忽视运动员的个性发展，后期建立课程评价体系时，应考虑多种评价方式相结合，关注个体差异，将自评与他评相结合，建立一个全面、客观、真实、系统的优秀运动员素质教育课程评价体系。

  管理体制。目前优秀运动员素质教育存在多头管理，牵头单位不明确，职能交叉，管理分工不明确的问题，需要进一步理顺关系，打破多头管理现状，促使相关管理部分各司其职，分工合作，协同发展，促进素质教育可持续发展。

第四章 我国优秀运动员素质教育理论体系构建

本部分内容以优秀运动员素质教育核心概念为基础,运用德尔菲法、专家访谈法和层次分析法,通过前期调研和专家访谈,确定符合优秀运动员素质教育指标体系要求的初步指标要素,最终构建优秀运动员素质教育指标体系并确定权重。

第一节 研究方法

一、专家访谈法

根据素质教育的核心概念界定,围绕一般素质和特殊素质,结合前期调研结果,访谈了18位专家(表4-1),为初步确定素质教育理论指标体系奠定基础。访谈专家的选取条件主要包括以下几个方面:(1)从事素质教育工作8年以上,具有丰富理论和实践经验的素质教育专家;(2)在一线分管优秀运动员素质教育工作5年以上的教练员和领队;(3)从事优秀运动员素质教育管理工作的专家。所有专家均为资深专家,职称、学历以及在素质教育领域的影响等方面条件基本一致,因而在后续数据统计过程中具有同等权重。

表4-1 访谈专家情况一览表

学科或工作领域	专家人数(人)	职称/职务/学历(人)	从事相关研究/管理平均年限(年)
素质教育专家	8	高级职称8(博士6)	9.6
主教练、领队	6	高级教练员6	8.3
体育政府部门	4	处级4	7.5

二、德尔菲法

(一) 确定专家人员

按照专家访谈法专家条件,选取 21 位专家作为德尔菲法调查专家(表4-2),所有专家均为资深专家,职称、学历以及在素质教育领域的影响等方面条件基本一致,因而在后续数据统计过程中具有同等权重。

表 4-2 德尔菲法调查专家情况一览表

学科或 工作领域	专家人数 (人)	职称/职务/ 学历(人)	从事相关研究/ 管理平均年限(年)
素质教育专家	10	高级职称10(博士7)	8.6
主教练、领队	7	高级教练员7	7.4
体育政府部门	4	处级4	7.5

(二) 调查阶段划分

第一轮专家调查:主要对各评价指标按"同意""不同意"及"建议指标"(专家可以列出新增指标,也可以针对已有指标提出修正意见)3个方面,进行专家第一次指标筛选。

第二轮专家调查:按照第一轮调查结果,对第一轮问卷进行修改与完善,根据李克特(LIKERT)五分量表法对各个指标的重要性和可操纵性进行评价设计,即"非常重要""比较重要""一般重要""比较不重要""非常不重要"5个程度和"非常可操作""比较可操作""一般可操作""比较不可操作"与"非常不可操作",让专家对各指标进行进一步评价。

第三轮专家调查:按照第二轮专家及领导的调查结果,对各个指标进行了进一步筛选,确立了"评估指标"。把入选指标进一步设计成表格,按照层次分析法中两两重要程度比较,请专家填写,为后面各指标权重系数计算做准备。

(三) 专家积极系数

专家积极系数一般由专家问卷回收率来反映,课题组在选择专家参与咨询时，征得专家的同意，同时采用了问卷调查法与访谈法，专家接受了访谈并认真填写了问卷，经过三轮调查后，专家积极系数均为100%。

（四）专家的权威性

从社会调查中得出，专家的权威程度一般通过专家对指标作出判断的依据（Ca）和专家对指标的熟悉程度（Cs）两个因素来反映，计算公式为：$Cr = (Ca+Cs)/2$[1]。当$Cr \geq 0.7$即认为咨询结果可靠。课题组在选择专家参与咨询时，充分考虑了专家的来源，并在得到他们同意后采用了问卷调查法与访谈法，专家们接受了访谈并认真填写了问卷，所以专家积极系数为100%；同时，采用专家自我评价的方式确定专家的权威程度。在邀请专家填写咨询问卷时，同时邀请他们填写"判断依据及影响程度"表，并对指标的熟悉程度作出评价。经统计（表4-3），第一轮专家权威性的系数为$Cr =（0.87+0.94）= 0.92$，大于0.7，专家咨询具有较高的权威性；第二轮专家权威性的系数为$Cr =（0.84+0.93）= 0.89$，大于0.7，专家咨询具有较高的权威性。

表4-3 专家判断依据、熟悉程度量化一览表

判断依据	量化值	熟悉程度	量化值
理论分析	0.8	非常熟悉	1
实践经验	1	比较熟悉	0.8
资料了解	0.6	一般	0.6
直觉	0.4	不太熟悉	0.4
		非常不熟悉	0.2

三、层次分析法

主要根据德尔菲法确立的指标及两两重要程度比较，通过层次分析法确立各层次指标权重，被调查人员仍为表4-2中参与第三轮调查的21位专家与管理者。

---

[1] 董新光，晓敏，丁鹏，等．农村体育评价指标体系的研究［J］．体育科学，2007，27（10）：47-55.

四、统计分析法

数据采用 SPSS 19.0 进行统计处理，计算各指标重要性及可操作性的均数、标准差、变异系数权重的分布中数以及各级指标的协调系数等。

第二节　指标体系的初步构建与经验性预选

在文献查阅以及整理教练员、优秀运动员访谈信息的基础上，运用专家访谈法，初步构建优秀运动员素质教育的指标体系。

一、一级指标

在核心概念界定部分，课题组以素质教育相关理论为基础，通过对素质概念的梳理和优秀运动员素质教育概念的厘定，将素质教育按不同性质分为一般素质和专业素质两类（图 4-1）。基于此，课题组将一级指标设置为一般素质教育和专业素质教育。

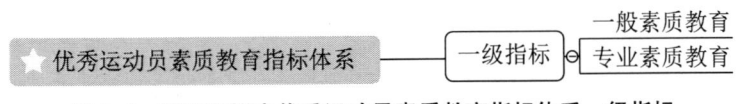

图 4-1　课题组拟定优秀运动员素质教育指标体系一级指标

二、二级指标

《中共中央　国务院关于深化教育改革全面推进素质教育的决定》中明确指出"重视培养实践能力和创业能力，普遍提高人文素养和科学素质"，为素质教育二级指标的提出明确了大致范围。课题组在综合梳理相关文献的基础上，以潘懋元对于素质教育的界定为基本，对素质教育二级指标内容进行大致界定：素质教育的总体目标是培养全面发展的人，培养综合素质是其根本目的，基于此，课题组将从一般素质和特殊素质两个维度梳理二级指标。潘懋元指出综合素质一般包括思想道德素质、文化素质、心理素质和身体素质。课题组在此基础上综合运用教育学、心理学、体育学、医学等相关学科知识为理论指导，系统性地梳理及深入解读优秀运动员素质教育研究的实践经验，并结合前期调查，从一般素质和专业素质两方面构建运动员素质教育的内容模块（图4-2）。

1. 运动员一般素质教育模块

"文化素质教育"是针对运动员基本文化素养的教育，涵盖很多基础素质的培养，对运动员综合素质的提升具有重要的作用，是运动员素质教育的基础，重要程度较高。

"道德素质教育"能有效预防或减少当前国际体坛出现的包括服用兴奋剂等各种体育道德缺失现象，同时使运动员更好地代表国家形象，形成良好的团队意识和集体意识，在前期调研中很多运动员和教练员将爱国主义教育等同于道德教育，更增加其重要性。

"创新素质教育"有助于激发运动员的创新思维，使优秀运动员善于发现和认识有意义的新知识、新事物和新方法，并掌握其基本规律，具备相应能力，适应职业发展和社会压力（退役后优秀运动员面临的职业选择问题），使其成为创新型人才，应对社会挑战。对于运动员职业素质，课题组认为优秀运动员从职业上讲，其本质即为专业运动员，职业性应在专业素质中体现。退役后优秀运动员面临的职业选择问题对现阶段而言应为创新素质。

课题组认为优秀运动员身体素质有别于一般人，但并不代表优秀运动员身体素质一定出众，而是针对某种项目的身体机能出众，日常中的身体维护方面的相关知识仍旧需要，故课题组将身体素质归入专业素质教育板块，在其中增设基于一般身体维护的营养学和养生学相关知识。心理素质也因为相同原因被归入专业素质教育模块中。

2. 运动员专业素质教育模块

"运动生理素质教育"针对提升优秀运动员对自身身体结构的了解，增强运动员自我保护能力，延长其运动年限，包含养生及营养学相关教育。

"基础训练素质教育"主要有效针对提高优秀运动员分析和解决运动训练比赛中各种实际问题所必需的基础知识与能力。

"运动心理素质教育"主要针对提升运动员如何对训练和比赛中出现的各种心理问题进行干预和自我调节方面的能力。

"运动智能素质教育"主要针对通过自主学习，更快、更好地提高理解教练员意图，制订调整训练、比赛计划等方面能力。

综上分析，课题组将二级指标设置为：文化素质教育、道德素质教育、创新素质教育、运动生理素质教育、基础训练素质教育、运动心理素质教育、运动智能素质教育（图4-2）。

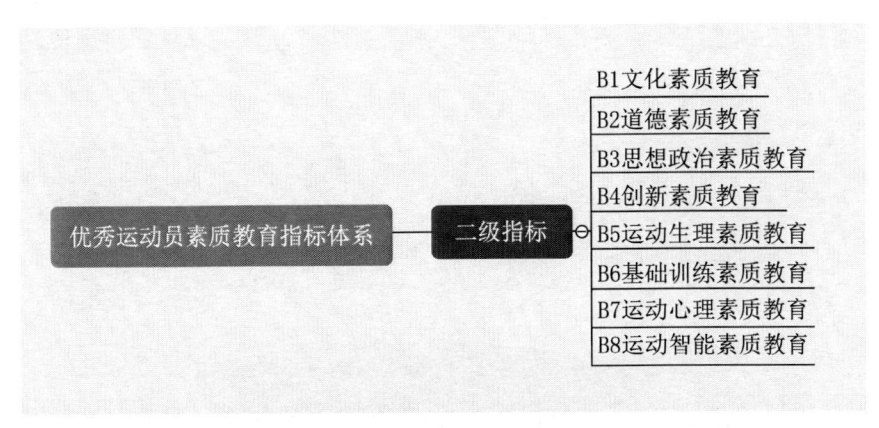

图4-2 课题组拟定优秀运动员素质教育指标体系二级指标

三、三级指标

以素质教育内容为标杆，对其进行总结和归纳，以对专家和优秀运动员进行访谈加问卷的方式为构建路径，经认真研讨、分析，课题组确定了三级指标的选取结果（图4-3）。

文化素质教育：①阅读写作；②逻辑思维能力；③数学基础知识；④物理基础及应用；⑤基础化学；⑥普通话；⑦外语；⑧计算机；⑨艺术；⑩中国近现代史纲要。

道德素质教育：①励志、文明礼仪教育；②传统道德教育；③诚信教育；④团队意识；⑤民俗风情；⑥教育思想政治。

创新素质教育：①职业指导与规划；②沟通与交流能力；③社会实践能力；④创新思维能力。

运动生理素质教育：①运动人体科学知识；②功能解剖知识；③运动生理力学基本原理；④运动伤病的防治；⑤养生学；⑥康复学；⑦营养学。

基础训练素质教育：①专项技术特点及原理分析，②训练和比赛环境的适应能力，③运动训练学。

```
C19社会实践能力          C1阅读写作
C20创新思维能力          C2逻辑思维能力
C21运动人体科学知识      C3数学基础知识
C22功能解剖知识          C4物理基础及应用
C23运动生物力学基本原理  C5基础化学
C24运动伤病的防治        C6普通话
C25养生学                C7外语
C26康复学                C8计算机
C27营养学                C9艺术
                 优秀运动员素质教育指标体系——三级指标
C28专项技术特点及原理分析  C10中国近现代史纲要
C29训练和比赛环境的适应能力 C11励志、文明礼仪教育
C30运动训练学            C12传统道德教育
C31自我心理调控和抗干扰能力 C13诚信教育
C32运动康复心理学        C14团队意识
C33运动心理问题分析及干预 C15民俗风情
C34理解教练员意图的能力  C16思想政治教育
C35自我训练规划和总结能力 C17职业指导与规划
C36自我训练和比赛的能力  C18沟通与交流能力
```

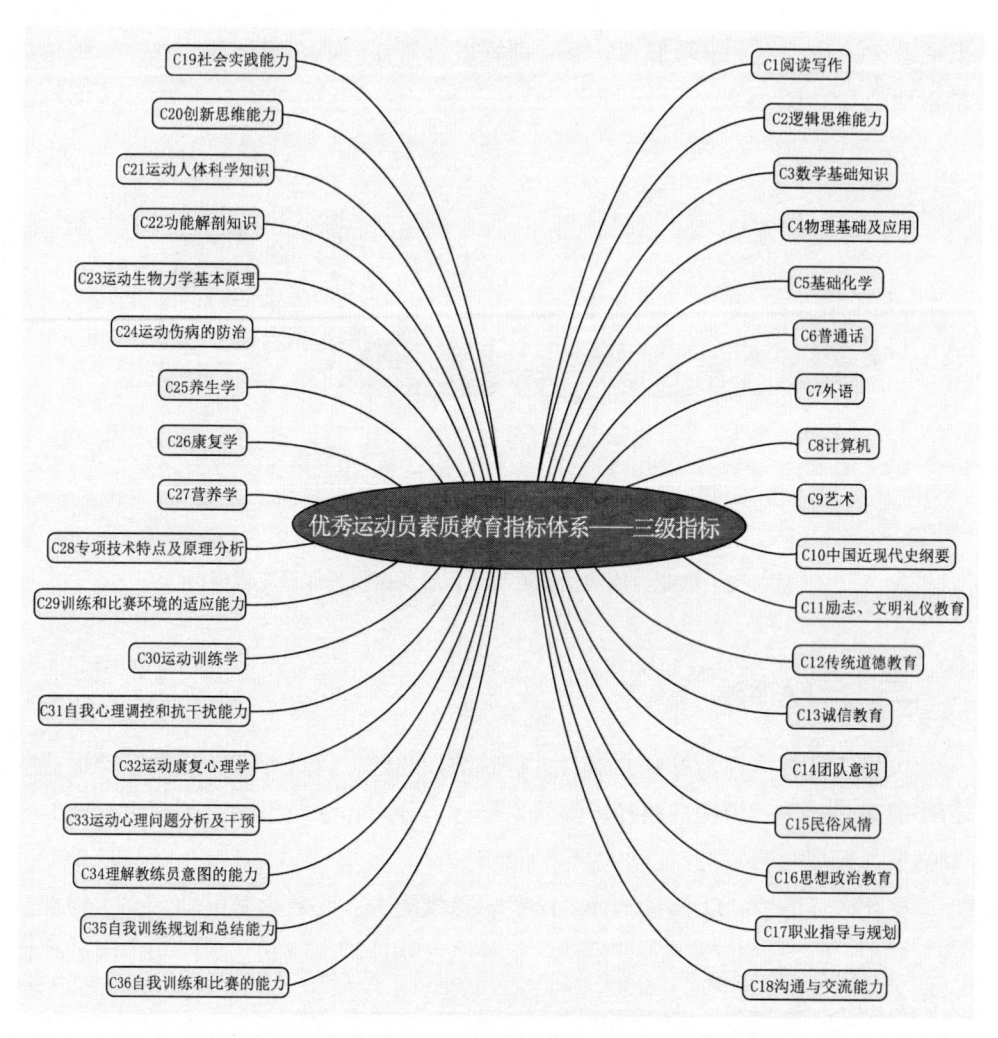

图 4-3 课题组拟定优秀运动员素质教育指标体系三级指标

运动心理素质教育：①自我心理调控和抗干扰能力，②运动康复心理学，③运动心理问题分析及干预。

运动智能素质教育：①理解教练员意图的能力，②自我训练规划和总结能力，③自我训练和比赛的能力。综上步骤，以素质教育相关理论为基础，收集现有文献资料研究成果，结合访谈及调查问卷中专家、教练员的经验意见以及运动员切身需要，最终完成了包含2个一级指标、7个二级指标、36个三级指标的优秀运动员素质教育指标体系的预选。具体指标呈现如表4-4、图4-3所示。

表 4-4　优秀运动员素质教育指标体系预选指标一览表

一级指标 A	二级指标 B	三级指标 C
A1 一般素质教育	B1 文化素质教育	C1 阅读写作
		C2 逻辑思维能力
		C3 数学基础知识
		C4 物理基础及应用
		C5 基础化学
		C6 普通话
		C7 外语
		C8 计算机
		C9 艺术
		C10 中国近现代史纲要
	B2 道德素质教育	C11 励志、文明礼仪教育
		C12 传统道德教育
		C13 诚信教育
		C14 团队意识
		C15 民俗风情
		C16 思想政治教育
	B3 创新素质教育	C17 职业指导与规划
		C18 沟通与交流能力
		C19 社会实践能力
		C20 创新思维能力
A2 专业素质教育	B4 运动生理素质教育	C21 运动人体科学知识
		C22 功能解剖知识
		C23 运动生物力学基本原理
		C24 运动伤病的防治
		C25 养生学
		C26 康复学
		C27 营养学

续表

一级指标 A	二级指标 B	三级指标 C
A2 专业素质教育	B5 基础训练素质教育	C28 专项技术特点及原理分析
		C29 训练和比赛环境的适应能力
		C30 运动训练学
	B6 运动心理素质教育	C31 自我心理调控和抗干扰能力
		C32 运动康复心理学
		C33 运动心理问题分析及干预
	B7 运动智能素质教育	C34 理解教练员意图的能力
		C35 自我训练规划和总结能力
		C36 自我训练和比赛的能力

第三节 我国优秀运动员素质教育理论指标专家筛选与确立

一、第一轮专家调查结果与分析

第一轮调查主要将课题组预选指标分为三级指标，并分别设在问卷中，对 2 个一级指标、7 个二级指标和 36 个三级指标分别设定"赞同"（赞同画"√"）、"不赞同"（不赞同画"×"）和"建议修改且提供修改意见"（专家结合自身经验在"建议修改且修改意见"栏中标注具体意见与建议）3 个备选（填）项，请专家作答。对专家反馈的结果，课题组按照"少数服从多数"原则，将"赞同"通过率在 75%（3/4）以上分值作为第一轮指标入选标准。

（一）一级指标筛选结果与分析

在预选中将"一般素质教育"与"专业素质教育"作为此次指标体系的一级指标（图 4-4），经专家讨论与建议后，调查结果显示（表 4-5）本课题一级指标的设置得到了各位专家、领队与教练员的高度赞同，只有一位专家提出可增加一项"综合素质教育"指标，多数专家认为"综合素质教育"表述太过宽泛，且一般素质教育与专项素质教育基本综合了优秀运动员素质教育的各项指标，按照"少数服从多数"原则，课题组决定保留原有指标，一级指标不做任何增减。

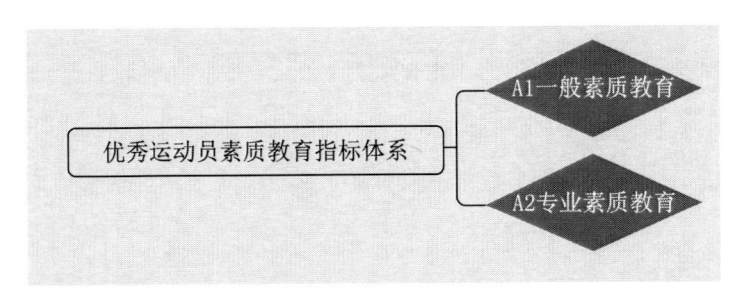

图 4-4　优秀运动员素质教育指标体系第一轮筛选一级指标导图

表 4-5　一级指标第一轮专家调查结果一览表

序号	名称	通过率（%）	意见建议	最终结果
1	A1	100%	一位专家提出可增加一项"综合素质教育"指标，多数专家认为"综合素质教育"表述太过宽泛，不建议增添	保留原有 2 个一级指标
2	A2	100%		

（二）二级指标筛选结果与分析

在对二级指标进行筛选时，课题组所拟定的 7 个二级指标体系中，B1 文化素质教育、B2 道德素质教育、B4 运动生理素质教育、B5 基础训练素质教育、B6 运动心理素质教育、B7 运动智能素质教育得到专家的充分认可。大多数专家认为 C16 思想政治教育作为素质教育的重要内容，应单独列出，经课题组慎重讨论，决定新增"思想政治素质教育"二级指标，B3 创新素质教育与所涵盖的三级指标内容不完全相符，职业规划指运动员现有职业还是未来职业表述不准确，建议修改。根据专家意见并结合三级指标内容，明确职业指导与规划属于未来进入社会职业规划与准备，对现有运动员而言属于创新素质培养，故沿用原有创新素质。课题组明确二级指标，具体结果如表 4-6 与图 4-5 所示。

表 4-6　二级指标第一轮专家调查结果一览表

名称	通过率（%）	主要意见	处理结果
B1	100		保留
B2	100		保留

续表

名称	通过率（%）	主要意见	处理结果
B3	86.2		保留
B4	100		保留
B5	100		保留
B6	100		保留
B7	100		保留
新增目标	98.4	思想政治教育作为素质教育的重要内容，应单独列出	新增二级指标"思想政治素质教育"

优秀运动员素质教育指标体系
- A1一般素质教育
  - B1文化素质教育
  - B2道德素质教育
  - B3思想政治素质教育
  - B4创新素质教育
- A2专业素质教育
  - B5运动生理素质教育
  - B6基础训练素质教育
  - B7运动心理素质教育
  - B8运动智能素质教育

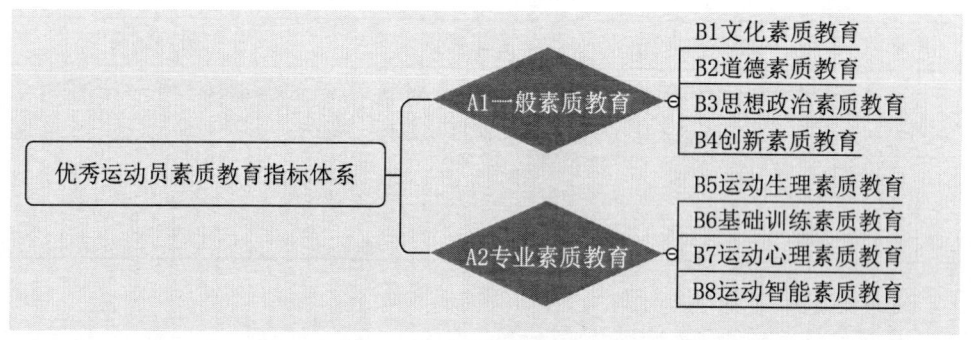

图4-5 优秀运动员素质教育指标体系第一轮筛选二级指标导图

（三）三级指标筛选结果与分析

对于三级指标的筛选，多数专家在其选取与整理中给予了积极肯定的表态，对少数指标有些许想法，通过认真考虑给出修改意见，如表述不准确、指标覆盖不全面、部分指标重复设置、部分指标太过精细、指标概念难以界定、不从属上级指标等一系列意见。结合上述意见，专家组也给出了相应的建议：逻辑思维能力属于创新素质教育，归入该二级指标；数学基础知识保留，但应在课程内容中注意筛选，不能脱离优秀运动员现有认知水平；物理基础及运用因为过于抽象，建议删除；基础化学应用性不强，建议删除；普通话因多数优秀运动员有类似训练内容，建议删除；中国近现代史纲要属于思想政治素质教育范围，建议调整指标系列；运动人体科学知识的表述不够准确，建议改为运动人体科学基本原理；功能解剖知识改为功能解剖学；运动伤病的防治改为运动伤病的急救与预防；养生学与营养学内容重复较多，建议删除，营养学的界定过于宽泛，建议改为运动营养学；C25因与C27内容重复，建议删除；C15民俗风情范围过于宽泛，可操作性不强，建议删除；C16 思想政治教育归入二级指标；C19 社会实践能力概念含糊，建议删除；C35、C36 合并为训练计划实写等。依据专家意见与建议对三级指标进行修订及筛选，归纳情况如表 4-7 与图 4-6 所示。

表 4-7　优秀运动员素质教育三级指标第一轮专家调查结果一览表

三级指标	通过率（%）	主要意见	处理结果
C1 阅读写作	88.3		保留
C2 逻辑思维能力	90.7	属于"创新素质"	归类至"创新素质"
C3 数学基础知识	66.7	注重数学内容选择	保留
C4 物理基础及应用	25.9	不契合运动员特点	删除
C5 基础化学	26.7	实用性不突出	删除
C6 普通话	43.3	有类似学习内容	删除
C7 外语	100		保留
C8 计算机	100		保留
C9 艺术	100		保留
C10 中国近现代史纲要	88.7	属于思想政治素质	归类至"思想政治素质教育"
C11 励志、文明礼仪教育	86.7		保留
C12 传统道德教育	100		保留
C13 诚信教育	100		保留
C14 团队意识	100		保留
C15 民俗风情	23.7	实用性不突出	删除
C16 思想政治教育	100	作为二级指标	作为二级指标保留
C17 职业指导与规划	100		保留
C18 沟通与交流能力	85.7		保留
C19 社会实践能力	34.7	概念含糊	删除
C20 创新思维能力	89.7		保留
C21 运动人体科学知识	100		保留
C22 功能解剖知识	100		保留
C23 运动生物力学基本原理	100		保留
C24 运动伤病的防治	100		保留
C25 养生学	22.4	与 C27 部分重叠	删除
C26 康复学	95.3		保留
C27 营养学	100		保留

续表

三级标题	通过率（%）	主要意见	处理结果
C28 专项技术特点及原理分析	100		保留
C29 训练和比赛环境的适应能力	100		保留
C30 运动训练学	93.2		保留
C31 自我心理调控和抗干扰能力	95.6		保留
C32 运动康复心理学	95.8		保留
C33 运动心理问题分析及干预	90		保留
C34 理解教练员意图的能力	70		保留
C35 自我训练规划和总结能力	60		C35 与 C36 合并为"训练计划实写"
C36 自我训练和比赛的能力	62		保留

优秀运动员素质教育指标体系
- A1 一般素质教育
  - B1 文化素质教育
    - C1 阅读写作
    - C2 数学基础知识
    - C3 外语
    - C4 计算机
    - C5 艺术
  - B2 道德素质教育
    - C6 励志、文明礼仪教育
    - C7 传统道德教育
    - C8 诚信教育
    - C9 团队意识
  - B3 思想政治素质教育
    - C10 中国近现代史纲要
  - B4 创新素质教育
    - C11 职业指导与规划
    - C12 沟通与交流能力
    - C13 逻辑思维能力
    - C14 创新思维能力
- A2 专业素质教育
  - B5 运动生理素质教育
    - C15 运动人体科学基本原理
    - C16 功能解剖学
    - C17 运动伤病的急救与预防
    - C18 运动生物力学基本原理
    - C19 康复学
    - C20 营养学
  - B6 基础训练素质教育
    - C21 专项技术特点及原理分析
    - C22 训练和比赛环境的适应能力
    - C23 运动训练学
  - B7 运动心理素质教育
    - C24 自我心理调控和抗干扰能力
    - C25 运动心理问题分析及干预运动训练学
    - C26 运动康复心理学
  - B8 运动智能素质教育
    - C27 理解教练员意图的能力
    - C28 训练计划实写

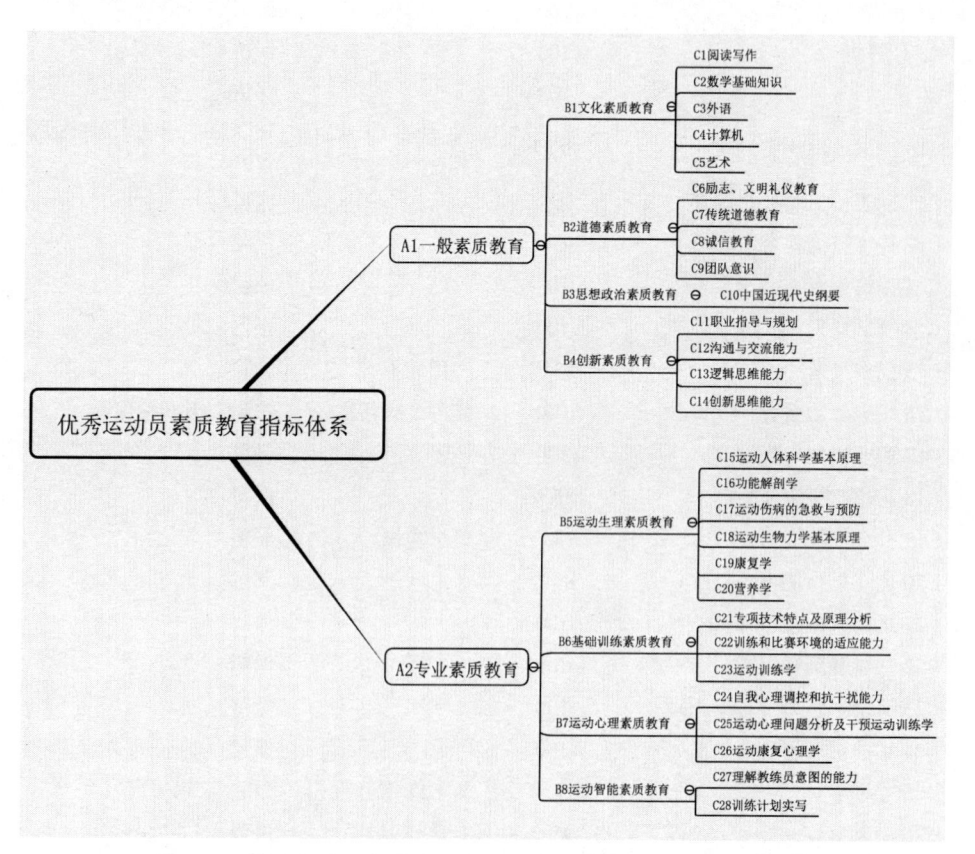

图 4-6 优秀运动员素质教育指标体系第一轮筛选三级指标导图

（四）指标体系的第一轮修订

根据第一轮专家调查的结果，课题组对优秀运动员素质教育整个指标体系的逻辑顺序进认真梳理后，对一、二、三级指标重新进行了筛选、整理、归类。并依据现实性与可操作性，整理出新的优秀运动员素质教育指标：2个一级指标、8个二级指标和28个三级指标（表4-8），以便于专家组第二轮修改、完善。

表4-8　根据第一轮专家调查结果及进一步分析所构建的指标体系一览表

一级指标 A	二级指标 B	三级指标 C
A1 一般素质教育	B1 文化素质教育	C1 阅读写作
		C2 数学基础知识
		C3 外语
		C4 计算机
		C5 艺术
	B2 道德素质教育	C6 励志、文明礼仪教育
		C7 传统道德教育
		C8 诚信教育
		C9 团队意识
	B3 思想政治素质教育	C10 中国近现代史纲要
		C11 职业指导与规划
	B4 创新素质教育	C12 沟通与交流能力
		C13 逻辑思维能力
		C14 创新思维能力
	B5 运动生理素质教育	C15 运动人体科学基本原理
		C16 功能解剖学
		C17 运动伤病的急救与预防
		C18 运动生物力学基本原理
		C19 康复学
		C20 运动营养学

续表

一级指标 A	二级指标 B	三级指标 C
A2 专业素质教育	B6 基础训练素质教育	C21 专项技术特点及原理分析
		C22 训练和比赛环境的适应能力
		C23 运动训练学
	B7 运动智能素质教育	C24 自我心理调控和抗干扰能力
		C25 运动心理问题分析及干预运动训练学
		C26 运动康复心理学
	B8 运动心理素质教育	C27 理解教练员意图的能力
		C28 训练计划实写

二、第二轮专家调查结果与分析

(一) 筛选所涉及统计学原理

按照李克特五级量表法,课题组将第一轮专家调查结果给出的指标分三级指标分别设在问卷中,并对 2 个一级指标、8 个二级指标和 28 个三级指标分别设定"非常重要""比较重要""一般重要""比较不重要"和"不重要"五个等级,并分别赋予 5、4、3、2、1 的分值,请专家组分别对指标评分。在统计中,按照专家组成员对每项指标的"重要性"进行"意见集中度"(各指标所得分值的算术平均值) 和"意见协调度"(各指标所得分值的变异系数) 统计,作为筛选指标的重要依据。同时,考察专家评价结果的一致性(和谐系数)。

1. 专家意见集中度

计算每个指标的算术均值 (M_j) 来分析专家意见集中程度。

计算公式:

$$M_j = \frac{1}{m_j} \sum_{i=1}^{m} Cij$$

式中:Mj—j 指标的算术平均值;mj—参加 j 指标评价的专家数;Cij—i 专家对 j 指标的评价值。通常,把得分在 3.5 分以上(达到总分的 70%)的指标作为入选的依据。

2. 专家意见协调度

计算指标的变异系数（Vj）来分析专家意见的协调程度。变异系数越小，指标的专家意见协调度就越高。

计算公式：

$$Vj = \frac{\delta j}{Mj}$$

式中：Vj—指标评价的变异系数；δj—指标的标准差；Vj 越小，专家的协调程度越高。

在评价指标筛选中，一般认为变异系数大于或等于 0.25 则认为该指标的专家协调程度不够，在课题组中将被剔除。

3. 协调系数

协调系数 W（Kendall's coefficient of concordance W）反映专家彼此之间对每项指标给出的评价意见是否存在较大分歧。W 越大，意味着专家协调程度越高。

计算公式：

$$W = \frac{12}{m^2(n^3 - n) - m\sum_{i=1}^{m} Ti} \sum_{j=1}^{n} d^2 j$$

式中：n—指标数；m—专家总数；dj—j 指标等级和与全部指标等级和的算术平均值之差；Ti—修正系数。

协调系数显著性检验公式：

$$x^2 = \frac{1}{mn(n+1) - \frac{1}{n-1}\sum_{i=1}^{m} Ti} \sum_{j=1}^{n} dj^2$$

自由度（df）$df = n-1$

如果 $P<0.01$ 或 $P<0.05$，说明专家评估的协调性好，结果可取；如果 $P>0.05$，说明结果不可取。

（二）筛选结果与分析

结合上述原理，课题组计算出第二轮专家组成员咨询的一、二、三级指标中的"意见协调度""意见集中度"以及协调系数。

一级指标筛选结果与分析：从表 4-9 可以发现，第二轮 A1 指标的重要性评分为 4.33，专家意见协调度（变异系数）为 0.177；A2 指标的重要性评分为 4.89，专家意见协调度（变异系数）为 0.066；一级指标专家"协调系数 W"显著性检验 $P<0.01$。

二级指标筛选结果与分析：从表 4-10 可以发现，8 个二级指标的均值均高于 3.5，且专家意见协调度（变异系数）均低于 0.25，专家意见比较一致；专家"协调系数 W"显著性检验 $P<0.01$。

三级指标筛选结果与分析：从表 4-11 可以发现，C23、C27 三项指标在专家评估中取值低于 3.5，应将其删除；C1、C3、C12、C13、C14、C16、C17、C18、C20、C22、C25、C26 的数据指标均值均高于 3.5，说明专家对其指标的认可程度较高，但在具体的指标描述上，需要将指标更精确（见表 4-12 和表 4-13 以及图 4-7）。

表 4-9　优秀运动员素质教育一级指标体系问卷调查结果一览表

一级指标	指标重要程度 意见集中度	指标重要程度 意见协调度	结果
A1 一般素质教育	4.33	0.177	保留
A2 专业素质教育	4.89	0.066	保留

表 4-10　优秀运动员素质教育二级指标体系问卷调查结果一览表

二级指标	指标重要程度 意见集中度	指标重要程度 意见协调度	结果
B1 文化素质教育	4.61	0.169	保留
B2 道德素质教育	4.28	0.209	保留
B3 思想政治素质教育	4.38	0.177	保留
B4 创新素质教育	3.78	0.194	保留
B5 运动生理素质教育	4.44	0.159	保留
B6 基础训练素质教育	4.67	0.147	保留
B7 运动智能素质教育	3.61	0.235	保留
B8 运动心理素质教育	3.83	0.184	保留

表 4-11 优秀运动员素质教育三级指标问卷调查结果一览表

三级指标	指标重要程度 意见集中度	指标重要程度 意见协调度	结果
C1 阅读写作	3.83	0.184	保留
C2 数学基础知识	4.28	0.156	保留
C3 外语	4.56	0.155	保留
C4 计算机	4.89	0.066	保留
C5 艺术	4.83	0.106	保留
C6 励志、文明礼仪教育	4.22	0.129	保留
C7 传统道德教育	4.5	0.137	保留
C8 诚信教育	4.28	0.134	保留
C9 团队意识	4.17	0.148	保留
C10 中国近现代史纲要	3.94	0.162	保留
C11 职业指导与规划	3.89	0.195	保留
C12 沟通与交流能力	4.33	0.209	保留
C13 逻辑思维能力	4.28	0.21	归类至文化素质教育
C14 创新思维能力	4.39	0.138	改为"自我学习能力"
C15 运动人体科学知识	2.94	0.318	改为"运动人体科学基本原理"
C16 功能解剖知识	4.05	0.215	改为"功能解剖学"
C17 运动伤病的防治	4.17	0.189	保留
C18 运动生物力学基本原理	3.94	0.184	保留
C19 康复学	4.39	0.159	保留
C20 运动营养学	4.61	0.132	保留
C21 专项技术特点及原理分析	4.28	0.176	保留
C22 训练和比赛环境的适应能力	4.67	0.127	改为"运动竞赛学"
C23 运动训练学	2.29	0.426	删除

续表

三级指标	指标重要程度		结果
	意见集中度	意见协调度	
C24 理解教练员意图的能力	4.44	0.176	合并且改为"运动智能素质的培养与应用"
C25 训练计划实写	4.11	0.202	改为"心理健康与咨询"
C26 自我心理调控和抗干扰能力	4.61	0.169	保留
C27 运动心理问题分析及干预	4.06	0.198	删除
C28 运动康复心理学	3.28	0.252	增添并归为"思想政治素质教育"
C29 思想政治修养与法律基础	4.83	0.106	归类至文化素质教育

表 4-12 优秀运动员素质教育专家意见协调度一览表

指标	指标重要性		P 值
	W 值	X^2	
一级指标	0.444	8.000	0.005
二级指标	0.271	34.088	0.000
三级指标	0.279	140.275	0.000

表 4-13 课题组最终筛选优秀运动员素质教育指标一览表

一级指标	二级指标	三级指标
A1 一般素质教育	B1 文化素质教育	C1 阅读写作
		C2 逻辑思维能力
		C3 数学基础知识
		C4 外语
		C5 计算机
		C6 艺术

续表

一级指标	二级指标	三级指标
A1 一般素质教育	B2 道德素质教育	C7 励志、文明礼仪教育
		C8 传统道德教育
		C9 诚信教育
		C10 团队意识
	B3 思想政治素质教育	C11 中国近现代史纲要
		C12 思想道德修养与法律基础
A2 专业素质教育	B4 创新素质教育	C13 职业指导与规划
		C14 沟通与交流能力
		C15 自我学习能力
	B5 运动生理素质教育	C16 运动人体科学基本原理
		C17 功能解剖学
		C18 运动伤病的防治
		C19 运动生物力学基本原理
		C20 康复学
		C21 运动营养学
	B6 基础训练素质教育	C22 专项技术特点及原理分析
		C23 运动竞赛学
	B7 运动心理素质教育	C24 运动心理问题分析及干预
		C25 心理健康与咨询
	B8 运动智能素质教育	C26 运动智能素质的培养与应用

```
优秀运动员素质教育指标
├── A1一般素质教育
│   ├── B1文化素质教育
│   │   ├── C1阅读写作
│   │   ├── C2逻辑思维能力
│   │   ├── C3教学基础知识
│   │   ├── C4外语
│   │   ├── C5计算机
│   │   └── C6艺术
│   ├── B2道德素质教育
│   │   ├── C7励志、文明礼仪教育
│   │   ├── C8传统道德教育
│   │   ├── C9诚信教育
│   │   └── C10团队意识
│   ├── B3思想政治素质教育
│   │   ├── C11中国近现代史纲要
│   │   └── C12思想道德修养与法律基础
│   └── B4创新素质教育
│       ├── C13职业指导与规划
│       ├── C14沟通与交流能力
│       └── C15自我学习能力
└── A2专业素质教育
    ├── B5运动生理素质教育
    │   ├── C16运动人体科学基本原理
    │   ├── C17功能解剖学
    │   ├── C18运动伤病的防治
    │   ├── C19运动生物力学基本原理
    │   ├── C20康复学
    │   └── C21运动营养学
    ├── B6基础训练素质教育
    │   ├── C22专项技术特点及原理分析
    │   └── C23运动竞赛学
    ├── B7运动心理素质教育
    │   ├── C24运动心理问题分析及干预
    │   └── C25心理健康与咨询
    └── B8运动智能素质教育
        └── C26运动智能素质的培养与应用
```

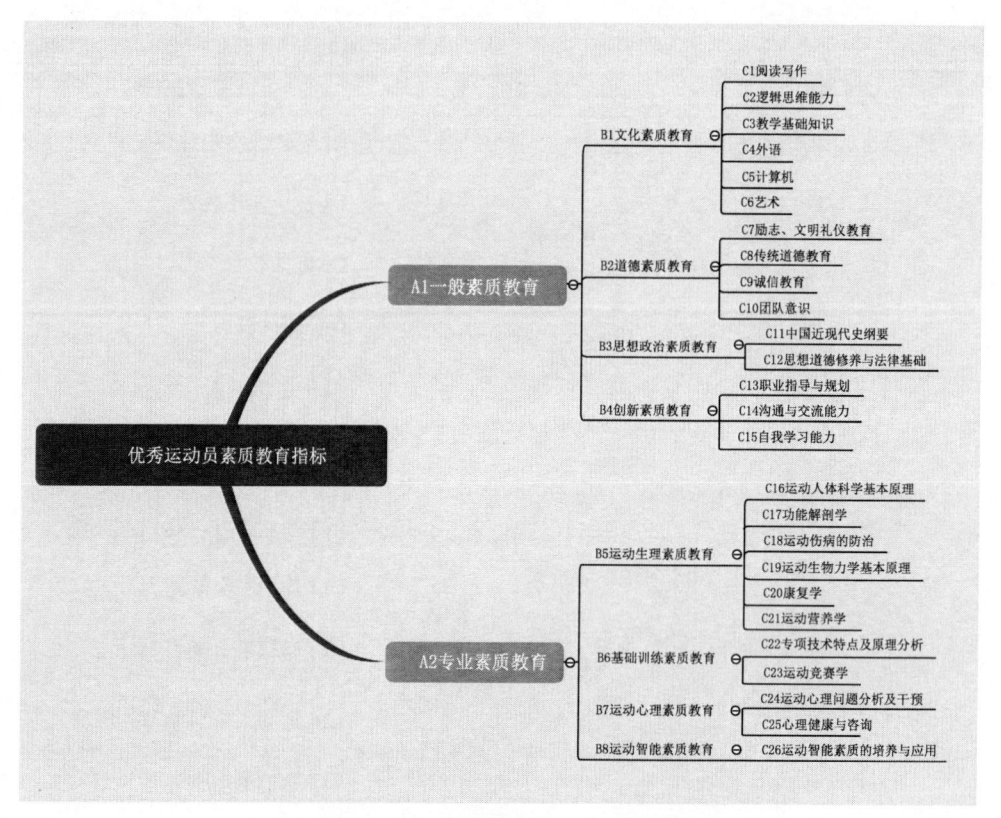

图 4-7 优秀运动员素质教育第二轮筛选指标体系

第四节 指标体系权重的确立

一、指标体系权重确定方法

在指标体系确立的过程中，权重确定非常关键，一定程度上影响评价的正确性和科学性。课题组采用层次分析法（AHP）进行权重确定。如前所述，根据优秀运动员素质教育的前期调查，分为 ABC 三层指标；采用 1~9 标度表对各层指标的两两因素进行比较，构造判断矩阵；通过计算判断矩阵的最大特征根和特征向量，计算出某层次因素相对于上层次中某一因素的重要性权值（权重）；计算判断矩阵的一致性指标，并检验矩阵的一致性。

二、指标权重的确立

按照上述权重确立方法，参照专家法，确立我国优秀运动员素质教育指标体系的各级权重系数，各层次指标的生成过程及权重结果如下：

构造 A 级指标判断矩阵。通过 18 位专家按指标的重要程度进行的 1~9 标度评分，根据评分分布中数，确立每项指标的标度，进行两两比较，并计算出指标权重（表4-14）。当阶数为 2 时，对照矩阵的平均数随机一致性指标表，$RI=0$，根据 $CR=CI/RI$，CR 为 0。此权重通过一致性检验，A1 一般素质教育指标权重确立为 0.333，A2 专业素质教育指标权重确立为 0.667。

表 4-14 一级指标权重的确立一览表

指标	判断矩阵 A1	判断矩阵 A2	W	一致性检验
A1	1	1/2	0.333	$CR=0$
A2	2	1	0.667	结论：通过

构造 B 级指标判断矩阵，详见表 4-15 和表 4-16。其中 B1~B4 的指标权重分别为 0.075、0.159、0.304、0.462，且 CR 值为 0.088，小于 0.1，通过一致性检验；B5~B8 的指标权重分别为 0.077、0.553、0.222 和 0.148，且 CR 值为 0.049，小于 0.1，通过一致性检验。

表 4-15 二级指标权重的确立一览表（一）

指标	B1	B2	B3	B4	W	一致性检验
B1	1	1/2	1/3	1/2	0.075	
B2	2	1	1/2	1	0.159	$r=4.231$ $RI=0.90$ $CI=0.079$
B3	3	2	1	1/3	0.304	$CR=0.088$ 结论：通过
B4	2	1	3	1	0.462	

表 4-16　二级指标权重的确立一览表（二）

指标	判断矩阵 B5	B6	B7	B8	W	一致性检验
B5	1	1/5	1/3	1/3	0.077	
B6	5	1	3	5	0.553	$r=4.134$ $RI=0.90$ $CI=0.044$ $CR=0.049$ 结论：通过
B7	3	1/3	1	2	0.222	
B8	3	1/5	1/2	1	0.148	

构造 C 级指标判断矩阵，详见表 4-17 至表 4-23。其中 C1~C6 的指标权重分别为 0.102、0.155、0.090、0.362、0.146 和 0.131，且 CR 值为 0.033；C7~C10 的指标权重分别为 0.067、0.130、0.306 和 0.496，且 CR 值为 0.004；C11、C12 的指标权重分别为 0.749 和 0.251，CR 值为 0；C13~C15 的指标权重分别为 0.106、0.260 和 0.633，CR 值为 0.033；C16~C21 的指标权重分别为 0.069、0.062、0.119、0.223、0.203 和 0.324，CR 值为 0.058；C22 和 C23 的指标权重均为 0.500；C24 和 C25 的指标权重分别为 0.749 和 0.251；C26 为单项，指标权重为 1。由于 CR 值均小于 0.1，各指标通过一致性检验。

表 4-17　三级指标权重的确立一览表（一）

指标	判断矩阵 C1	C2	C3	C4	C5	C6	W	一致性检验
C1	1	1/5	2	1/5	1/3	2	0.102	
C2	5	1	1/3	1/5	3	1/3	0.155	
C3	1/2	3	1	1/5	1/3	1/2	0.090	$r=8.29$ $RI=1.24$ $CI=0.041$ $CR=0.033$ 结论：通过
C4	5	5	5	1	3	2	0.362	
C5	3	1/3	3	1/3	1	2	0.146	
C6	1/2	3	2	1/2	1/2	1	0.131	

表 4-18　三级指标权重的确立一览表（二）

指标	判断矩阵				W	一致性检验
	C7	C8	C9	C10		
C7	1	1/3	1/5	1/5	0.067	r = 4.016
C8	3	1	1/3	1/5	0.130	RI = 0.90
C9	5	3	1	1/2	0.306	CI = 0.004
C10	5	5	2	1	0.496	CR = 0.004 结论：通过

表 4-19　三级指标权重的确立一览表（三）

指标	判断矩阵		W	一致性检验
	C11	C12		
C11	1	3	0.749	CR = 0
C12	1/3	1	0.251	结论：通过

表 4-20　三级指标权重的确立一览表（四）

指标	判断矩阵			W	一致性检验
	C13	C14	C15		
C13	1	1/3	1/5	0.106	r = 3.038
C14	3	1	1/3	0.260	RI = 0.58
C15	5	3	1	0.633	CI = 0.019 RI = 0.033 结论：通过

表 4-21　三级指标权重的确立一览表（五）

指标	判断矩阵						W	一致性检验
	C16	C17	C18	C19	C20	C21		
C16	1	2	1/3	1/5	1/3	1/3	0.069	
C17	1/2	1	1/3	1/5	1/3	1/2	0.062	r = 6.36
C18	3	3	1	1/5	1/3	1/2	0.119	RI = 1.24
C19	5	5	5	1	1/2	1/5	0.223	CI = 0.072 CR = 0.058
C20	3	3	3	2	1	1/2	0.203	结论：通过
C21	3	2	2	5	3	1	0.324	

表 4-22　三级指标权重的确立一览表（六）

指标	判断矩阵 C22	C23	W	一致性检验
C22	1	1	0.500	$CR=0$
C23	1	1	0.500	结论：通过

表 4-23　三级指标权重的确立一览表（七）

指标	判断矩阵 C24	C25	W	一致性检验
C24	1	1/3	0.749	$CR=0$
C25	1/3	1	0.251	结论：通过

三、计算各层次元素对目标层的合成权重

根据层次分析法的层次排序及一致性检验，对上述进行的指标权重进行进一步计算，并进行一致性检验，获得权重表（表 4-24）。

表 4-24　课题组最终筛选优秀运动员素质教育权重一览表

一级指标	二级指标	三级指标
A1 一般素质教育（0.333）	B1 文化素质教育（0.025）	C1 阅读写作（0.003）
		C2 逻辑思维能力（0.004）
		C3 数学基础知识（0.002）
		C4 外语（0.009）
		C5 计算机（0.003）
		C6 艺术（0.025）
	B2 道德素质教育（0.053）	C7 传统道德教育（0.004）
		C8 励志、文明礼仪教育（0.007）
		C9 诚信教育（0.016）
		C10 团队意识（0.026）

续表

一级指标	二级指标	三级指标
A1 一般素质教育（0.333）	B3 思想政治素质教育（0.101）	C11 中国近现代史纲要（0.025）
		C12 思想道德修养与法律基础（0.076）
	B4 创新素质教育（0.154）	C13 职业指导与规划（0.017）
		C14 沟通与交流能力（0.04）
		C15 自我学习能力（0.097）
A2 专业素质教育（0.667）	B5 运动生理素质教育（0.051）	C16 运动人体科学基本原理（0.004）
		C17 功能解剖学（0.003）
		C18 运动伤病的防治（0.011）
		C19 运动生物力学基本原理（0.006）
		C20 康复学（0.01）
		C21 运动营养学（0.017）
	B6 基础训练素质教育（0.368）	C22 专项技术特点及原理分析（0.184）
		C23 运动竞赛学（0.184）
	B7 运动心理素质教育（0.149）	C24 运动心理问题分析及干预（0.112）
		C25 心理健康与咨询（0.037）
	B8 运动智能素质教育（0.099）	C26 运动智能素质的培养与应用（0.099）

按照 $CR = \dfrac{a_1 CI_1 + a_2 CI_2 + \ldots + a_m CI_m}{a_1 RI_1 + a_2 RI_2 + \ldots + a_m RI_m}$，对层次总排序进行一致性检验。

二级指标相对于一级指标的一致性检验：CR = （0.333 * 0.079 + 0.667 * 0.044）/（0.333 * 0.9 + 0.667 * 0.9）= 0.062，CR 值小于 0.1，通过一致性检验。

三级指标相对于二级指标的一致性检验：CR = （0.075 * 0.041 + 0.159 * 0.004 + 0.304 * 0 + 0.462 * 0.019 + 0.077 * 0.072 + 0.553 * 0 + 0.222 * 0 + 0.148 * 0）/（0.075 * 1.24 + 0.159 * 0.9 + 0.462 * 0.58 + 0.077 * 1.24）= 0.030，CR 值小于 0.1，通过一致性检验。

第五章 我国优秀运动员素质教育课程体系的构建

课题组在第三章构建了优秀运动员素质教育的理论体系，确定了优秀运动员素质教育的基本内容模块和指标，本部分内容将在第三章内容研究基础上，首先阐释优秀运动员课程的基本性质、理念等一般性概念，进而通过明确优秀运动员素质教育的课程体系，筛选优秀运动员素质教育课程的基本内容，确定优秀运动员素质教育的实施方法，探索优秀运动员素质教育的评价方式，进而形成我国优秀运动员素质教育课程的完整运行机制（图5-1）。

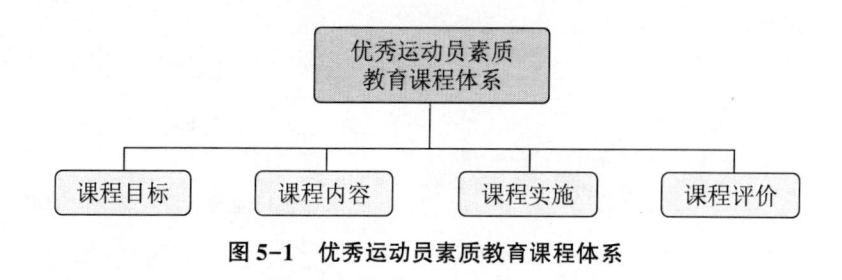

图 5-1　优秀运动员素质教育课程体系

第一节　我国优秀运动员素质教育课程体系概述

一、课程的性质与地位

优秀运动员素质教育，不仅有利于提高优秀运动员的整体能力，促进运动成绩的提升，更好完成教育任务；也有利于增强优秀运动员的综合素质，促进优秀运动员全面发展，为运动员的后续发展创造良好的条件；还有利于将素质教育的各项指标都纳入优秀运动员考评机制，形成"训教并重"的新局面。优秀运动员素质教育课程的多重功能，决定了它在优秀运动员教育中的重要地位。

二、课程设计的基本理念

(一) 全面提高综合素质

优秀运动员素质教育课程，必须面向所有的运动员，使运动员都能够获得素质教育所要求掌握的内容[1]。让运动员在基础知识训练中，准确理解教练员意图，提高训练质量；在体能训练、损伤预防和伤病康复训练中，提高体能训练质量和伤病预防质量；在励志教育和礼仪教育中，学习艰苦奋斗的精神，提升自我形象；在就业指导中学会退役后成功转型的技能和策略；在文化教育中丰富自己的业余生活。

(二) 正确把握教育特点

素质教育丰富的内涵决定了它对运动员的影响是深远的，因此，要重视素质教育对运动员的作用，注意素质教育不同内容的价值取向，注重素质教育的实践性，同时也要尊重运动员在学习过程中的不同体验。

(三) 课程体系实用有效

基于优秀运动员职业的流动性，素质教育应植根于现实，拓宽运动员素质教育学习的领域，注重现代科技手段的运用，使运动员在不同的场所也能开拓视野，提高学习效率，真正实现自身素质的提高。在注重理论体系的同时，更加注重课程体系的实用性和可操作性。

三、课程设计的方法和思路

优秀运动员素质教育课程设计的方法包括文献研究法、问卷调查法、专家法访谈等。

文献研究法：课题组通过查阅大量的文献资料，对素质教育各门课程等相关概念、课程目标、课程内容、课程实施方法和课程评价模式进行系统研究确定基本内容，对前人所确定的优秀运动员需要具备的素质进行了分析与整理。

问卷调查法：在报告的第三章，课题组已经对课程目标、内容、实施方式和

---

[1] 贺波. SOR 理论模型视角下四川省专业教练员领导特质的研究 [D]. 成都：成都体育学院, 2018.

评价等相关内容，对国家队、地方队优秀运动员、教练员、领队、专家进行问卷调查，并对相关内容进行访谈，为明确素质教育的目标、内容、方法和评价模式的重要程度提供参考和依据。

专家法：课题组在确定基本理论体系的 21 名专家基础上，邀请体育领域、教育领域内的专家与资深人士，组成 30 人的专家组，请他们对优秀运动员素质教育课程相关内容进行打分，并对缺乏的内容进行提议，课题组根据他们提出的意见进行整理，再将信息反馈给他们，请他们对素质教育的内容进行整理，再反馈。在修改课程教育相关内容过程中也充分咨询了专家的意见。

四、课程体系的确立

课题组根据多重筛选构建的优秀运动员素质教育指标体系，成功建立起一个全方位、多层次的能力要素模型，并对不同指标要素的重要性做出了科学评估。根据优秀运动员素质教育指标体系，课题组制定了与之对应的课程目标、课程内容、课程学时以及教学方式等具体内容。其中，课程内容与指标体系的对接是一切工作的关键前提，基于此，以确立的 8 个二级指标为模块类别，依据其下设的三级指标分别对应设置课程，具体见表 5-1 与图 5-2。

表 5-1　优秀运动员素质教育课程体系筛选结果一览表

模块 1	模块 2	模块 3	课程名	平均值	结果
一般素质教育	文化素质教育	阅读写作	应用写作	3.59	保留
		逻辑思维能力	形式逻辑学	3.88	保留
		数学基础知识	应用数学基础	4.12	保留
		外语	实用英语	4.33	保留
		计算机	计算机应用基础	3.99	保留
		艺术	艺术赏析	4.06	保留
	道德素质教育	传统道德教育	传统道德教育	4.65	保留
		励志、文明礼仪教育	励志、文明礼仪教育	4.31	保留
		诚信教育	诚信教育	3.78	保留
		团队意识	团队意识	3.99	保留

第五章 我国优秀运动员素质教育课程体系的构建

续表

模块1	模块2	模块3	课程名	平均值	结果
一般素质教育	思想政治素质教育	中国近现代史纲要	中国近现代史纲要	3.98	保留
		思想道德修养与法律基础	思想道德修养与法律基础	3.65	保留
	创新素质教育	职业指导与规划	职业生涯规划	3.78	保留
		沟通与交流能力	人际交往与沟通技巧	3.94	保留
		自我学习能力	自我学习方法与策略	3.89	保留
专业素质教育	运动生理素质教育	运动人体科学基本原理	运动人体科学基本原理	3.85	保留
		功能解剖学	运动解剖学	4.36	保留
		运动生物力学基本原理	运动生物力学	4.57	保留
		运动伤病的防治	运动伤病急救与预防	4.98	保留
		康复学	康复学	4.36	保留
		营养学	运动营养学	4.22	保留
	基础训练素质教育	专项技术特点及原理分析	专项技术理论	4.95	保留
		运动竞赛学	运动竞赛学	4.37	保留
	运动心理素质教育	运动心理问题分析及干预	运动心理学	3.64	保留
		心理健康与咨询	运动心理健康与咨询	3.92	保留
	运动智能素质教育	运动智能素质的培养与应用	运动智能素质的培养与应用	3.99	保留

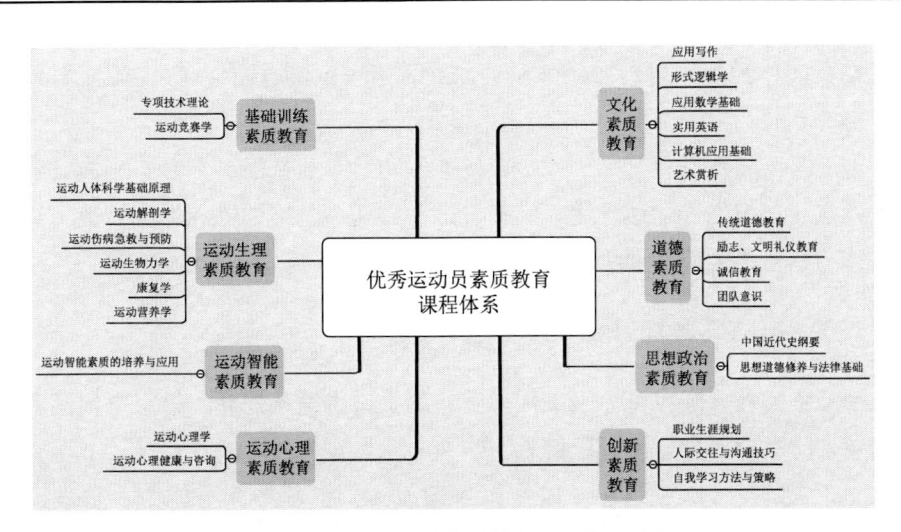

图5-2 优秀运动员素质教育课程体系导图

第二节　我国优秀运动员素质教育课程目标体系构建

课程目标是课程实施的先导，课题组在第三章研究基础上，结合专家咨询意见，在"总目标"之下，根据基本理论部分指标体系，结合相应课程内容，分别提出总体目标和分层目标，体现素质教育的整体性和局部统一性。

课程目标制定的基本思路是：首先根据优秀运动员概念明确优秀运动员课程的总体目标，继而根据优秀运动员素质教育的理论框架确定分层目标，最后具体落实到每门课程目标。每门课程目标是在咨询了相应课程专家基础上确定基本内容，最后结合专家意见进行修订，具体如下。

一、总体目标

优秀运动员课程总目标是以增强优秀运动员训练水平、比赛水平为重点，以培养国家队运动员综合素质为核心，以促进优秀运动员长远发展为目的，从一般素质和专业素质两个方面，培养优秀运动员的综合素质。

二、分层目标

(一) 第一层课程目标

一般素质教育课程目标：以提升优秀运动员整体素质为出发点，全面提升优秀运动员文化素质、思想政治素质、道德素质和创新素质，使之能应对社会压力、健康成长。

专业素质教育课程目标：以提升优秀运动员专业技能、训练水平和比赛成绩为出发点，加强优秀运动员运动生理、运动心理、基础训练和运动智能方面的知识和能力，使之能应对训练比赛压力。

(二) 第二层课程目标

一般素质教育课程目标由文化素质教育、道德素质教育、思想政治素质教育和创新素质教育四个层面目标构成。

文化素质教育课程目标：以使优秀运动员具备基本读写能力、数学运算能力、逻辑思维能力、计算机使用能力、艺术欣赏能力以及外语交流能力等基本文化素养为目标。

道德素质教育课程目标：以加强优秀运动员传统道德、诚信、文明礼貌方面教育，培养运动员团队意识为基本目标。

思想政治素质教育课程目标：以增强运动员爱国主义教育、提升政治素养和法律修养，具备基本近现代历史知识为主要目标。

创新素质教育课程目标：以培养运动员创新意识，增强运动员交往沟通能力以及职业规划能力为重点，为运动员进一步提升能力适应社会发展需要做准备。

专业素质教育课程目标由运动生理素质教育、基础训练素质教育、运动心理素质教育和运动智能素质教育四个方面课程目标构成。

运动生理素质教育课程目标：以使运动员掌握运动人体课程、运动解剖学、康复学、营养学等基本常识为出发点，使之具备运动伤病防治、运动康复、营养搭配等方面的基本技能。

基础训练素质教育课程目标：让运动员在素质教育过程中，充分掌握各专项技能的特色和特点，理解力和沟通力得到提升，并最终达到在体育训练中能够准确理解教练员意图，提升训练质量和比赛成绩的目的。

运动心理素质教育课程目标：以提升运动员自我心理调控和抗干扰能力以及运动员心理问题分析及干预能力为重点，调整心理状态应对比赛为目标。

运动智能素质教育课程目标：以培养运动员主动训练和比赛能力为宗旨，增强运动员自我调整训练计划和比赛能力为目标。

(三) 第三层课程目标（具体课程目标）

与优秀运动员素质教育第二层课程目标相契合，优秀运动员素质教育课程的主要内容相应地包括文化素质教育、道德素质教育、思想政治素质教育、创新素质教育、运动生理素质教育、基础训练素质教育、运动心理素质教育、运动智能素质教育8个模块，具体如下。

1. 文化素质教育

文化素质教育课程模块，具体课程目标如表5-2所示。

表 5-2　文化素质教育课程模块

序号	课程名称	课程目标
1	应用写作	使运动员掌握基础写作理论，进一步提高写作能力和信息运用能力，培养独立分析和解决问题的能力
2	形式逻辑学	使运动员正确认识事物、获取知识，提高逻辑思维能力和语言表达能力
3	应用数学基础	使运动员掌握基本数学知识以及推理过程，正确使用数学方法和工具解决实际问题
4	实用英语	使运动员通过理论与实践课程能够基本达到通过英语交流的水平。在今后外出比赛能与外国友人正常交流、建立友谊
5	计算机应用基础	使运动员掌握计算机基本知识与技能，培养创新精神与实际操作能力，增强获取、分析、处理信息的能力
6	艺术赏析	使运动员通过影视鉴赏与美术学习课程丰富自身的美育知识，提高审美水平，达到陶冶情操、训练后充分放松的目的

2. 道德素质教育

道德素质教育课程模块，具体课程目标如表 5-3 所示。

表 5-3　道德素质教育课程模块

序号	课程名称	课程目标
1	传统道德教育	通过对中华民族传统道德和中华体育精神深入挖掘，结合运动员比赛训练实际，使运动员体会传统道德的永恒价值和时代意义，规范其道德行为
2	励志、文明礼仪教育	以实际案例为主要内容，通过典型人物形象凸显运动员积极向上的形象，激发运动员成就动机。强化运动员个人形象与国家形象的关系，突出各种国际、重要场合不文明行为的负面影响，结合具体文化背景使运动员了解并执行相关场合下的礼仪规范
3	诚信教育	针对兴奋剂、假球等丑恶事件产生的实际原因，突出运动员诚实守信的现实意义，并从实践层面帮助运动员形成诚信意识
4	团队意识	帮助运动员形成个人服从集体的集体主义精神，了解并掌握处理个人与集体关系中应遵循的原则，提升与团队成员合作的能力

3. 思想政治素质教育

思想政治素质教育课程模块，具体课程目标如表 5-4 所示。

表5-4　思想政治素质教育课程模块

序号	课程名称	课程目标
1	思想道德修养与法律基础	使运动员深刻理解道德与法律的辩证关系，提高其思想道德修养与法律素养，以树立正确的世界观、人生观、价值观
2	中国近现代史纲要	帮助运动员了解历史，熟知国史，激发运动员的爱国情怀与民族自豪感

4. 创新素质教育

创新素质教育课程模块，具体课程目标如表5-5所示。

表5-5　创新素质教育课程模块

序号	课程名称	课程目标
1	职业生涯规划	为运动员树立正确的职业观念与职业理想，学会根据社会需要和自身特点进行职业生涯规划，以此规范调整自己的行为，为二次就业创造条件
2	人际交往与沟通技巧	使运动员掌握人际关系的基础理论，获得人际关系、社会交往沟通能力等知识，提高运动员的综合素质，以适应当前以及未来的工作、学习和生活的需要
3	自我学习方法与策略	以心理学认知策略为基础，通过激发学习动机和实施自组织策略，使他们逐步形成自我学习的技能

5. 运动生理素质教育

运动生理素质教育课程模块，具体课程目标如表5-6所示。

表5-6　运动生理素质教育课程模块

序号	课程名称	课程目标
1	运动人体科学基本原理	使运动员掌握运动人体科学的基本理论，清晰人体的基本构造和运动过程中的规律，更好地指导训练实践
2	运动解剖学	使运动员了解运动对人体形态结构的影响和发展规律，掌握体育动作的解剖学分析方法，为各项运动技术的教学和训练提供理论依据
3	运动生物力学	使运动员了解运动力学的基本理论知识，能够将运动生物力学应用于自身专项运动技术的分析和评价
4	运动伤病急救与预防	使运动员通过课堂讲授、见习课、操作练习课熟悉和掌握运动创伤的基本理论、基本知识和基本技能，并将其运用于实践

续表

序号	课程名称	课程目标
5	康复学	使运动员通过课堂讲授、课堂实验和操作练习、临床见习,较系统地掌握体育康复学的基本理论、基本知识和基本技能
6	运动营养学	使运动员了解营养学的基础知识、基本理论,掌握训练及比赛期的营养特点,了解特殊情况下训练的营养安排。使他们在训练工作中能够合理地安排自身营养,维持身体健康和良好机能,利于运动能力的提高和取得好的运动成绩

6. 基础训练素质教育

基础训练素质教育课程模块,具体课程目标如表5-7所示。

表5-7 基础训练素质教育课程模块

序号	课程名称	课程目标
1	专项技术理论	通过专项教学,让运动员系统地掌握主攻项目的基本理论、基本技术以及运用技术的能力,较好地掌握训练与教学的基本规律和方法,大幅度提高运动技术水平
2	运动竞赛学	使运动员正确认识运动竞赛活动的特点和规律,具备相应的知识结构与能力结构,能结合专项思考一些有关竞赛方面的问题,为其成功地进行竞赛实践提供科学的理论依据

7. 运动心理素质教育

运动心理素质教育课程模块,具体课程目标如表5-8所示。

表5-8 运动心理素质教育课程模块

序号	课程名称	课程目标
1	运动心理学	使运动员了解常见的运动心理问题及排解途径,使其能够较好地进行自我心理调控,具备一定的心理抗干扰能力
2	运动心理健康与咨询	通过本门课的教学,使运动员能了解心理咨询的途径和方法,并配置相应的实践环节,针对性排解运动员心理不良状态

8. 运动智能素质教育

运动智能素质教育课程模块,具体课程目标如表5-9所示。

表 5-9　运动智能素质教育课程模块

序号	课程名称	课程目标
1	运动智能素质的培养与应用	通过本门课程培养运动员理解教练员的能力，提升自我训练规划和总结能力

第三节　我国优秀运动员素质教育课程内容体系的确立

一、一般素质教育课程内容筛选

根据当前素质教育整体目标以及各分层目标的确定，最终细化到文化素质教育、道德素质教育、思想政治素质教育、创新素质教育、运动生理素质教育、基础训练素质教育、运动心理素质教育、运动智能素质教育 8 个与优秀运动员素质教育第二层课程目标相契合的模块，课题组沿用此模块分类拟定了课程的章节内容，以便实现课程内容与课程目标的对接，将拟定的课程内容发放给专家，对章节内容的重要性与可操作性进行打分，通过修改最终形成符合优秀运动员实际情况与需求的素质教育课程体系（表 5-10 至表 5-13）。

（一）拟定课程内容

1. 文化素质教育

表 5-10　文化素质教育模块

序号	课程名称	课程内容
1	应用写作	第一章 应用写作对象研究 第二章 公文写作概况 第三章 文书类型 第四章 事务文书写作技巧 第五章 策划文书写作技巧 第六章 礼仪文书写作技巧 第七章 求职、竞聘文书写作技巧 第八章 新媒体文书写作技巧

续表

序号	课程名称	课程内容
2	形式逻辑学	第一章 形式逻辑学的性质、对象和任务 第二章 概念 第三章 判断 第四章 推理 第五章 直接推理 第六章 演绎推理 第七章 归纳推理 第八章 类比推理和假说 第九章 形式逻辑的基本规律 第十章 论证 第十一章 谬误
3	应用数学基础	第一章 有理数 第二章 整式的加减 第三章 一元一次方程 第四章 一元二次方程组 第五章 一元一次不等式（组） 第六章 整式的除法 第七章 因式分解 第八章 分式 第九章 数的开方 第十章 二次根式 第十一章 一元二次方程 第十二章 函数及其图像 第十三章 初步统计 第十四章 线段、角 第十五章 相交、平行 第十六章 三角形 第十七章 四边形 第十八章 相似形 第十九章 解直角三角形 第二十章 圆
4	实用英语	Unit 1 Being All Ears（听） Unit 2 Talking Face to Face（说） Unit 3 Maintaining a Sharp Eye（读） Unit 4 Trying Your Hand（写）
5	计算机应用基础	第一章 计算机基础知识 第二章 操作系统 第三章 文字处理系统

续表

序号	课程名称	课程内容
5	计算机应用基础	第四章 电子表格 第五章 演示软件 第六章 网络基础
6	艺术赏析	第一章 艺术赏析引论 第二章 建筑艺术赏析 第三章 绘画艺术赏析 第四章 雕塑艺术赏析 第五章 工艺美术赏析 第六章 音乐艺术赏析 第七章 舞蹈艺术赏析 第八章 戏剧艺术赏析 第九章 戏曲艺术赏析 第十章 摄影艺术赏析 第十一章 电影艺术赏析

2. 道德素质教育

表 5-11 道德素质教育模块

序号	课程名称	课程内容
1	传统道德教育	第一章 道德哲理 第二章 道德与政治 第三章 传统伦理 第四章 传统道德 第五章 人与自然 第六章 修身之道 第七章 道德教育传统
2	励志、文明礼仪教育	第一章 理想信念的重要性 第二章 理想信念的意义 第三章 如何树立理想 第四章 实现理想的路径 第五章 习惯的力量 第六章 好习惯养成记 第七章 自我反省的力量 第八章 文明礼仪的产生与发展 第九章 文明礼仪的基本原则 第十章 文明礼仪的重要意义 第十一章 中西方文明礼仪差异及国际礼仪通行规则

续表

序号	课程名称	课程内容
3	诚信教育	第一章 人与社会 第二章 诚信与和谐社会 第三章 中国传统诚信与现代社会 第四章 诚信与市场经济社会 第五章 诚信的社会保障机制 第六章 诚信的心理运行机制 第七章 政治人与诚信 第八章 经济人与诚信 第九章 文化人与诚信 第十章 运动员与诚信
4	团队意识	第一章 感受团队 第二章 加入团队 第三章 团队沟通 第四章 团队冲突 第五章 团队培育 第六章 团队执行力 第七章 团队领导 第八章 团队激励

3. 思想政治素质教育

表5-12 思想政治素质教育模块

序号	课程名称	课程内容
1	思想道德修养与法律基础	绪论 珍惜团队生活 开拓别样人生 第一章 追求远大理想 坚持崇高信念 第二章 继承爱国传统 弘扬民族精神 第三章 领悟人生真谛 创造人生价值 第四章 加强道德修养 锤炼道德品质 第五章 遵守社会公德 维护公共秩序 第六章 培养职业精神 树立家庭美德 第七章 增强法律意识 弘扬法治精神 第八章 了解法律制度 自觉遵守法律

续表

序号	课程名称	课程内容
2	中国近现代史纲要	第一章 "救亡图存""振兴中华" 第二章 对国家出路的早期探索 第三章 辛亥革命与君主专制制度的结束 第四章 开天辟地的大事变 第五章 中国革命的新道路 第六章 中华民族的抗日战争 第七章 为新中国而奋斗 第八章 社会主义基本制度在中国建立 第九章 社会主义建设在探索中曲折前进 第十章 改革开放与现代化建设新时期

4. 创新素质教育

表 5-13　创新素质教育模块

序号	课程名称	课程内容
1	职业生涯规划	第一章 职业生涯规划概论 第二章 自我认知 第三章 职业认知 第四章 确立职业生涯目标 第五章 优秀运动员职业生涯规划的制定与实施
2	人际交往与沟通技巧	第一章 人际沟通与交流概述 第二章 人际沟通的技巧 第三章 建设性沟通 第四章 职场沟通技能 第五章 笔头沟通 第六章 演讲与辅助手段
3	自我学习方法与策略	第一章 自我学习方法的状况研究与分析 第二章 自我学习方法的意义 第三章 自我学习方法的操作策略 第四章 自我学习方法与策略的培养 第五章 自我学习方法与策略的有机整合

(二) 筛选结果与分析

1. 筛选方法

课题组根据课程设置和拟定的章节内容分别设定"非常重要""比较重要""一般重要""比较不重要"和"不重要"五个等级，赋予5、4、3、2、1的分值进行评分，作为筛选的依据。此外，在研究过程中，部分专家对模块中的课程内容进行了补充。对此，课题组根据专家新增内容，请专家组专家进行二次评分，并将分值及筛选结果统一归置（表5-14至表5-28）。

2. 筛选结果

（1）文化素质教育

①应用写作

表5-14 应用写作筛选结果一览表

课程内容	平均值	筛选结果	修改说明
第一章 应用写作对象研究	2.82	删除	删除
第二章 公文写作概况	3.96	保留	无变动
第三章 文书类型	4.13	保留	无变动
第四章 事务文书写作技巧	3.27	删除	实用性不强
第五章 策划文书写作技巧	3.14	删除	实用性不强
第六章 礼仪文书写作技巧	2.54	删除	实用性不强
第七章 求职、竞聘文书写作技巧	3.86	修改	改为"求职、竞聘写作"
第八章 新媒体文书写作技巧	3.76	修改	改为"新媒体写作"
"党政公文写作"	4.01	新增	课程实用性

专家认为一些课程内容指向性不明确，实用性不强，结合专家在问卷调查中的打分以及课题组的研讨，将应用写作对象研究、事务文书写作技巧、策划文书写作技巧、礼仪文书写作技巧四项指标删除。此外，根据运动员实际需要以及专家二次评分，新增"党政公文写作"，突出课程内容的实用性与可行性。

②形式逻辑学

表 5-15 形式逻辑学筛选结果一览表

课程内容	平均值	筛选结果	修改说明
第一章 形式逻辑学的性质、对象和任务	3.76	修改	改为"形式逻辑学主要任务"
第二章 概念	3.23	删除	与前一章节内容有所重叠
第三章 判断	3.68	修改	合并为"概念、判断"
第四章 推理	4.43	保留	无变动
第五章 直接推理	3.24	删除	与前一章节内容有所重叠
第六章 演绎推理	3.22	删除	易混淆，不好掌握
第七章 归纳推理	3.07	删除	易混淆，不好掌握
第八章 类比推理和假说	2.64	删除	实用性不强
第九章 形式逻辑的基本规律	2.47	删除	实用性不强
第十章 论证	3.86	保留	无变动
第十一章 谬误	4.26	保留	无变动

专家认为该课程内容与运动员的关联性不强，建议紧贴运动员个性特点与认知水平，认真、仔细考虑课程内容的确定。课题组采纳了专家组的意见，并在此基础上对第一章、第三章进行修改，第五至第九章删除。

③应用数学基础

表 5-16 应用数学基础筛选结果一览表

课程内容	平均值	筛选结果	修改说明
第一章 有理数	4.59	保留	无变动
第二章 整式的加减	4.33	保留	保留
第三章 一元一次方程	3.53	合并	合并为"方程式"
第四章 一元二次方程组	3.68		
第五章 一元一次不等式（组）	2.96	删除	删除
第六章 整式的除法	4.28	保留	无变动

续表

课程内容	平均值	筛选结果	修改说明
第七章 因式分解	4.98	保留	无变动
第八章 分式	4.36	保留	无变动
第九章 数的开方	4.77	保留	无变动
第十章 二次根式	4.39	保留	无变动
第十一章 一元二次方程	4.87	保留	无变动
第十二章 函数及其图像	4.13	保留	无变动
第十三章 初步统计	4.78	保留	无变动
第十四章 线段、角	3.62		
第十五章 相交、平行	3.65		
第十六章 三角形	3.74		
第十七章 四边形	3.91	删除	合并为"基础平面几何"
第十八章 相似形	3.29		
第十九章 解直角三角形	3.67		
第二十章 圆	3.88		

根据专家评分以及课程内容特点，课题组将一元一次、一元二次方程组合并为"方程式"，将线段、角、三角形等基础几何知识合并为"基础平面几何"，以使课程内容更加规范。

④实用英语

表5-17 实用英语筛选结果一览表

课程内容	平均值	筛选结果	修改说明
Unit 1 Being All Ears（听）	4.15	保留	无变动
Unit 2 Talking Face to Face（说）	4.23	保留	无变动
Unit 3 Maintaining a Sharp Eye（读）	4.37	保留	无变动
Unit 4 Trying Your Hand（写）	4.41	保留	无变动
"Practice with Others（练）"	4.03	新增	增强实用性

结合专家与运动员意见，保留《实用英语》的"听、说、读、写"，在原有

基础上增加了一项"Practice with Others（练）"，使运动员能即学即用，学以致用。

⑤计算机应用基础

表 5-18　计算机应用基础筛选结果一览表

课程内容	平均值	筛选结果	修改说明
第一章 计算机基础知识	2.67	删除	删除
第二章 操作系统	3.84	修改	改为"Windows 系统操作"
第三章 文字处理系统	3.96	修改	改为"文字录入与编辑"
第四章 电子表格	3.73	修改	改为"Excel 工作簿操作"
第五章 演示软件	3.12	删除	删除
第六章 网络基础	2.67	删除	删除
"Word 与 Excel 综合应用"	3.79	新增	增强实用性
"Word 格式设置与编排"	3.68	新增	增强实用性
"表格的制作与设置"	3.77	新增	增强实用性
"Word 文档的版式"	3.59	新增	增强实用性

课题组结合专家评分将"文字处理系统"与"电子表格"具体细化，新增"Word 与 Excel 综合应用""Word 格式设置与编排""表格的制作与设置""Word 文档的版式"，以保证运动员能充分熟练掌握其基本操作。同时，"计算机基础知识""演示软件"与"网络基础"因其内容不易掌握，将其删除。

⑥艺术赏析

表 5-19　艺术赏析筛选结果一览表

课程内容	平均值	筛选结果	修改说明
第一章 艺术赏析引论	4.15	保留	无变动
第二章 建筑艺术赏析	3.34	删除	删除
第三章 绘画艺术赏析	4.19	保留	无变动
第四章 雕塑艺术赏析	4.36	保留	无变动
第五章 工艺美术赏析	3.37	删除	删除
第六章 音乐艺术赏析	4.43	保留	无变动

续表

课程内容	平均值	筛选结果	修改说明
第七章 舞蹈艺术赏析	3.94	保留	无变动
第八章 戏剧艺术赏析	2.85	删除	删除
第九章 戏曲艺术赏析	4.34	保留	无变动
第十章 摄影艺术赏析	4.57	保留	无变动
第十一章 电影艺术赏析	4.38	保留	无变动

根据专家意见，将"建筑艺术赏析""工艺美术赏析""戏剧艺术赏析"三章实用性较弱的内容删除。

（2）道德素质教育

①传统道德教育

表5-20 传统道德教育筛选结果一览表

课程内容	平均值	筛选结果	修改说明
第一章 道德哲理	4.31	保留	无变动
第二章 道德与政治	4.98	保留	无变动
第三章 传统伦理	4.67	保留	无变动
第四章 传统道德	4.55	保留	无变动
第五章 人与自然	4.67	保留	无变动
第六章 修身之道	4.31	保留	无变动
第七章 道德教育传统	4.18	保留	无变动

该课程专家打分平均分值都较高，说明课程章节设置符合课程目标与运动员实际情况，故全部保留。

②励志、文明礼仪教育

表5-21 励志、文明礼仪教育筛选结果一览表

课程内容	平均值	筛选结果	修改说明
第一章 理想信念的重要性	3.91	修改	改为"理想信念价值"

续表

课程内容	平均值	筛选结果	修改说明
第二章 理想信念的意义	3.56	修改	改为"理想信念意义"
第三章 如何树立理想	3.86	修改	改为"理想信念培养"
第四章 实现理想的路径	3.67	修改	改为"理想信念实现"
第五章 习惯的力量	2.82	删除	删除
第六章 好习惯养成记	2.25	删除	删除
第七章 自我反省的力量	2.88	删除	删除
第八章 文明礼仪的产生与发展	3.75	修改	改为"文明礼仪产生与发展"
第九章 文明礼仪的基本原则	3.61	修改	改为"文明礼仪意义与原则"
第十章 文明礼仪的重要意义	3.96	保留	无变动
第十一章 中西方文明礼仪差异及国际礼仪通行规则	3.58	修改	改为"文明礼仪差异与规则"
"理想信念来源"	4.74	新增	新增
"文明礼仪现行与遵守"	4.13	新增	新增

结合专家组评分，将第一章、第二章、第三章、第四章、第八章、第九章进行修改，第五至第七章删除。在专家二次评分的反馈上，新增"理想信念来源"和"文明礼仪现行与遵守"两章。

③诚信教育

表 5-22 诚信教育筛选结果一览表

课程内容	平均值	筛选结果	修改说明
第一章 人与社会	3.24	删除	删除
第二章 诚信与和谐社会	3.13	删除	删除
第三章 中国传统诚信与现代社会	3.94	修改	改为"传统诚信教育与现代社会的关系"
第四章 诚信与市场经济社会	3.81	修改	改为"诚信与市场经济社会"
第五章 诚信的社会保障机制	3.67	修改	改为"诚信与社会保障机制"

续表

课程内容	平均值	筛选结果	修改说明
第六章 诚信的心理运行机制	3.94	修改	改为"诚信与运动员心理运行机制"
第七章 政治人与诚信	3.28	删除	删除
第八章 经济人与诚信	3.77	修改	合并为"人与诚信的关系"
第九章 文化人与诚信	3.19	删除	删除
第十章 运动员与诚信	3.87	保留	无变动

课题组采纳了专家组的意见,并在此基础上做了修改:将第三至第六章进行了修改,第七至第九章合并为"人与诚信的关系"、第一章和第二章因专家指出与课程指标关联性不强,课题组将其删除。

④团队意识

表5-23 团队意识筛选结果一览表

课程内容	平均值	筛选结果	修改说明
第一章 感受团队	3.67	修改	改为"团队认知"
第二章 加入团队	3.84	修改	改为"团队融入"
第三章 团队沟通	3.93	修改	改为"团队冲突与沟通"
第四章 团队冲突	3.54	修改	改为"团队冲突与沟通"
第五章 团队培育	3.76	修改	改为"团队文化与学习"
第六章 团队执行力	3.68	修改	改为"团队行动与态度"
第七章 团队领导	3.86	修改	改为"团队合作与领导"
第八章 团队激励	3.78	修改	改为"团队激励与发展"
"团队精神"	4.33	新增	增强关联性
"团队制度与目标"	4.96	新增	增强关联性

结合专家评分与运动员特点对第一至第八章进行了修改与补充,新增了两项与课程指标较为贴切的内容。

(3) 思想政治素质教育

①思想道德修养与法律基础

表5-24 思想道德修养与法律基础筛选结果一览表

课程内容	平均值	筛选结果	修改说明
绪论 珍惜团队生活 开拓别样人生	3.71	修改	改为"坚定理想信念"
第一章 追求远大理想 坚持崇高信念	3.87	修改	改为"明大德、守公德、严私德"
第二章 继承爱国传统 弘扬民族精神	3.04	删除	删除
第三章 领悟人生真谛 创造人生价值	2.83	删除	删除
第四章 加强道德修养 锤炼道德品质	2.74	删除	删除
第五章 遵守社会公德 维护公共秩序	3.25	删除	删除
第六章 培养职业精神 树立家庭美德	3.16	删除	删除
第七章 增强法律意识 弘扬法治精神	2.51	删除	删除
第八章 了解法律制度 自觉遵守法律	3.86	修改	改为"学法、遵法、守法、用法"
"践行社会主义核心价值观"	4.63	新增	与课程内容贴切
"课程意义与方法"	4.55	新增	与课程内容贴切

专家认为个别课程内容设置过细，且容易忽略重、难点，建议修改。课题组经过认真研讨，对其进行修改。通过问卷访问并根据专家评分，新增"践行社会主义核心价值观""课程意义与方法"两个章节。

②中国近代史纲要

表5-25 中国近现代史纲要筛选结果一览表

课程内容	平均值	筛选结果	修改说明
第一章 "救亡图存""振兴中华"	2.25	删除	删除
第二章 对国家出路的早期探索	4.34	保留	无变动
第三章 辛亥革命与君主专制制度的结束	2.57	删除	删除
第四章 开天辟地的大事变	4.16	保留	无变动
第五章 中国革命的新道路	3.87	保留	无变动
第六章 中华民族的抗日战争	3.65	保留	无变动

续表

课程内容	平均值	筛选结果	修改说明
第七章 为新中国而奋斗	3.74	保留	无变动
第八章 社会主义基本制度在中国建立	2.14	删除	删除
第九章 社会主义建设在探索中曲折前进	2.41	删除	删除
第十章 改革开放与现代化建设新时期	2.76	删除	删除
"风云变幻的八十年"	3.99	新增	突出整体性
"反对外国侵略的斗争"	4.12	新增	突出整体性
"辛亥革命——20世纪初的历史巨变"	4.32	新增	突出整体性
"新中国的伟大征程"	4.03	新增	突出整体性

专家认为：①指标实用性不强。如第一章"救亡图存""振兴中华"，课题组讨论后将其删除。②部分指标表述不够准确，应有更好的表述方式。如第七至第九章内容应突出课程缜密和针对性，课题组综合三项内容，新增"新中国的伟大征程"来代替。③时间节点应更突出、明显。结合专家二次评分，新增"风云变幻的八十年""反对外国侵略的斗争""辛亥革命——20世纪初的历史巨变"，突出该课程指标的整体性。

（4）创新素质教育

①职业生涯规划

表5-26 职业生涯规划筛选结果一览表

课程内容	平均值	筛选结果	修改说明
第一章 职业生涯规划概论	4.36	保留	无变动
第二章 自我认知	3.95	保留	改为第三章
第三章 职业认知	4.42	保留	改为第二章
第四章 确立职业生涯目标	4.07	保留	无变动
第五章 优秀运动员职业生涯规划的制定与实施	4.53	保留	无变动

根据专家评分进行了重新排序：第一、四、五章保留原有结果，将"职业认知"作为第二章内容，"自我认知"作为第三章。

②人际交往与沟通技巧

表 5-27　人际交往与沟通技巧筛选结果一览表

课程内容	平均值	筛选结果	修改说明
第一章 人际沟通与交流概述	3.75	修改	改为"人际关系概论"
第二章 人际沟通的技巧	3.88	修改	改为"人际交往艺术沟通的技巧"
第三章 建设性沟通	2.84	删除	删除
第四章 职场沟通技能	3.96	修改	改为"求职与面试技巧"
第五章 笔头沟通	2.51	删除	删除
第六章 演讲与辅助手段	3.78	修改	改为"演讲的技巧"
"对媒体的技巧"	4.11	新增	增强实用性

结合专家评分将"建设性沟通"与"笔头沟通"删除，新增"对媒体的技巧"，此项指标有助于运动员在日常参赛或赛后采访面对媒体时从容应对。

③自我学习方法与策略

表 5-28　自我学习方法与策略筛选结果一览表

课程内容	平均值	筛选结果	修改说明
第一章 自我学习方法的状况研究与分析	3.74	修改	改为"自我学习背景"
第二章 自我学习方法的意义	3.57	修改	改为"自我学习价值"
第三章 自我学习方法的操作策略	3.98	修改	改为"自我学习原则"
第四章 自我学习方法与策略的培养	3.83	修改	改为"自我学习方法的养成"
第五章 我学习方法与策略的有机整合	3.75	保留	无变动
"自我学习策略的培养"	4.11	新增	增强实用性

专家认为该课程指标部分内容表述不够准确，有更好的表述方式，使其更加规范，建议仔细修正。结合运动员个性特点与专家意见，对第一至第四章内容进行讨论并修改。

二、专业素质教育课程内容筛选

根据当前素质教育整体目标以及各分层目标的确定，最终细化到文化素质教育、道德素质教育、思想政治素质教育、创新素质教育、运动生理素质教育、基础训练素质教育、运动心理素质教育、运动智能素质教育 8 个与优秀运动员素质教育二层课程目标相契合的模块，课题组沿用此模块分别拟定了课程的章节内容，以便实现课程内容与课程目标的对接，将拟定的课程内容发放给运动员进行打分，对章节内容的重要性与可操作性进行打分，通过修改最终形成符合优秀运动员实际情况与需求的素质教育课程（表 5-29 至表 5-32）。

（一）拟定课程章节内容

1. 运动生理素质教育

表 5-29　运动生理素质教育模块

序号	课程名称	课程内容
1	运动人体科学基本原理	第一章 运动人体科学导论 第二章 优秀运动员应具备的形态结构 第三章 训练计划制订 第四章 优秀运动员主要肌群力量及伸展性练习与放松方法
2	运动解剖学	第一章 运动解剖学引论 第二章 骨骼系统的基本结构 第三章 肌肉的结构与物理特性 第四章 运动中内脏系统的变化 第五章 运动中心血管系统与神经系统的变化 第六章 感觉器官与运动技能
3	运动生物力学	第一章 运动生物力学导论 第二章 运动技术数据统计 第三章 专项运动技术基本原理 第四章 优秀运动员技术分析（选学基础知识及部分实例）
4	运动伤病急救与预防	第一章 概论 第二章 各项目中运动创伤的特点 第三章 运动创伤的生物学基础 第四章 运动创伤预防 第五章 运动创伤检查和诊断 第六章 运动创伤急救 第七章 运动创伤的处置

续表

序号	课程名称	课程内容
5	康复学	第一章 康复学相关概念 第二章 体育康复的生理学基础 第三章 优秀运动员康复评定方法 第四章 优秀运动员康复治疗方法 第五章 中国传统体育康复方法 第六章 体育康复的常用设备
6	运动营养学	第一章 运动营养导论 第二章 营养的分类与应用 第三章 不同食物的热能 第四章 优秀运动员的营养需求 第五章 优秀运动员营养处方 第六章 优秀运动员营养监督与评价

运动生理素质教育模块中，运动人体科学基本原理课程章节内容的设置主要围绕不同肌群训练的要点与方法，提升运动员对于力量训练的理解，更是针对优秀运动员的放松性练习设置了相应章节；运动解剖学的核心内容在于帮助运动员了解人体不同器官系统的基本结构和特性；运动生物力学则主要围绕运动技术数据的统计与原理分析设置；运动伤病急救与预防以运动创伤的特点、预防、紧急处理为核心点设置相应章节；康复学重要教授优秀运动员康复评定与治疗的方法、手段；运动营养学的课程特色在于结合优秀运动员的营养需求，学习营养处方的制订。

2. 基础训练素质教育

表5-30 基础训练素质教育模块

序号	课程名称	课程内容
1	专项技术理论	第一章 各专项运动发展简况 第二章 专项训练基本理论知识 第三章 专项技术原理分析 第四章 专项教学原则、教法 第五章 高水平青少年运动员训练原则、方法、手段 第六章 专项基本战术理论 第七章 专项规则 第八章 专项体能训练与心理训练

续表

序号	课程名称	课程内容
2	运动竞赛学	第一章 运动竞赛学概论 第二章 运动竞赛起源、发展与现状 第三章 高水平运动员竞技比赛的基本特征 第四章 专员教学原则、教法 第五章 优秀运动员竞赛核心能力培养 第六章 竞赛战术方案 第七章 优秀运动员良好竞技状态的培养 第八章 赛前准备与适应能力

专项技术理论课程以提高优秀运动员运动技术理论知识为章节设置的核心要素，并开设了专项战术理论章节，多方面丰富运动员的训练理论知识；运动竞赛学则围绕提高优秀运动员比赛环境适应能力设置了高水平比赛特征分析、制胜系统分析、赛前准备等特色课程。

3. 运动心理素质教育

表 5-31 运动心理素质教育模块

序号	课程名称	课程内容
1	运动心理学	第一章 运动心理学导论 第二章 优秀运动员常见训练心理问题 第三章 优秀运动员常见社会心理问题 第四章 不同性别运动员的心理差异 第五章 自我分析能力的培养 第六章 独立解决问题能力的培养
2	运动心理健康与咨询	第一章 心理学概念及其分类 第二讲 运动员不良心理状态的表现 第三章 优秀运动员常见心理问题 第四章 运动员心理咨询途径 第五章 优秀运动员心理咨询方法 第六章 心理咨询实践课程

运动心理学根据运动员在不同环境中的常见心理问题分别设置了章节内容，如优秀运动员在社会环境中的心理问题、在训练中的常见问题，并根据不同性别

的运动员心理问题差异制定了独立章节,提高了该课程的科学性;运动心理健康与咨询主要围绕运动员咨询的途径与方法设置章节,并设置了实践章节来排解优秀运动员实际存在的心理问题,将理论与实践相结合。

4. 运动智能素质教育

表 5-32　运动智能素质教育模块

序号	课程名称	课程内容
1	运动智能素质的培养与应用	第一章 运动员独立训练和比赛的能力培养 第二章 运动员自我智能训练方法 第三章 运动员参与制订和修改计划能力培养 第四章 运动员理解教练员意图能力 第五章 运动员智能训练效果评价方法

运动智能素质的培养与应用主要围绕优秀运动员独立训练能力的培养和理解训练计划与教练员意图来设置,具有较强的实用性。

(二) 筛选结果与分析

1. 筛选方法

课题组根据课程设置和拟定的章节内容分别设定"非常重要""比较重要""一般重要""比较不重要"和"不重要"五个等级,并分别赋予 5、4、3、2、1 的分值,请专家进行评分,取所有专家打分的平均值作为筛选的依据(表 5-33 至表 5-43)。

2. 筛选结果与讨论

(1) 运动生理素质教育

①运动人体科学基本原理

表 5-33　运动人体科学基本原理筛选结果一览表

课程内容	平均值	筛选结果	修改说明
第一章 运动人体科学导论	4.21	保留	无变动

续表

课程内容	平均值	筛选结果	修改说明
第二章 优秀运动员应具备的形态结构	4.35	保留	无变动
第三章 训练计划制订	3.76	修改	改为"肌肉训练的原理和基本原则"
第四章 优秀运动员主要肌群力量及伸展性练习与放松方法	4.23	保留	无变动

经过专家打分意见，认为第三章与其他课程重叠，且不能较好体现运动人体科学课程的知识。课题组将第三章"训练计划制订"改为"肌肉训练的原理和基本原则"。

②运动解剖学

表5-34 运动解剖学筛选结果一览表

课程内容	平均值	筛选结果	修改说明
第一章 运动解剖学引论	4.43	保留	无变动
第二章 骨骼系统的基本结构	4.52	保留	无变动
第三章 肌肉的结构与物理特性	4.47	保留	无变动
第四章 运动中内脏系统的变化	4.16	保留	无变动
第五章 运动中心血管系统与神经系统的变化	4.23	保留	无变动
第六章 感觉器官与运动技能	3.72	修改	改为"感觉器官在运动技能形成中的功能作用"

根据专家打分结果，将第六章"感觉器官与运动技能"改为"感觉器官在运动技能形成中的功能作用"，结合优秀运动员运动技能的形成与感觉器官的联系规律设置章节内容，凸显出本学科的特定理论价值。

③运动生物力学

表5-35 运动生物力学筛选结果一览表

课程内容	平均值	筛选结果	修改说明
第一章 运动生物力学导论	4.59	保留	无变动

续表

课程内容	平均值	筛选结果	修改说明
第二章 运动技术数据统计	4.25	保留	无变动
第三章 专项运动技术基本原理	4.37	保留	无变动
第四章 优秀运动员技术分析（选学基础知识及部分实例）	4.62	保留	无变动

根据专家打分的平均值得出，本课程开设的章节内容专家较为认同，课程章节无变动。

④运动伤病急救与预防

表 5-36 运动伤病急救与预防筛选结果一览表

课程内容	平均值	筛选结果	修改说明
第一章 概论	4.26	保留	无变动
第二章 各项目中运动创伤的特点	4.73	保留	无变动
第三章 运动创伤的生物学基础	4.35	保留	无变动
第四章 运动创伤预防	4.62	保留	无变动
第五章 运动创伤检查和诊断	4.75	保留	无变动
第六章 运动创伤急救	3.35	修改	改为"运动创伤的急救与处理"
第七章 运动创伤的处置	2.84	删除	删除

根据专家打分的平均值得出筛选结果，运动员一致认为第六章与第七章内容具有很强的连贯性，分开反而显得繁赘，因此建议将原有第七章"运动创伤的处置"删除，将第六章"运动创伤急救"修改为"运动创伤的急救与处理"。

⑤康复学

表 5-37 康复学筛选结果一览表

课程内容	平均值	筛选结果	修改说明
第一章 康复学相关概念	3.94	保留	无变动
第二章 体育康复的生理学基础	4.16	保留	无变动
第三章 优秀运动员康复评定方法	4.23	保留	无变动

续表

课程内容	平均值	筛选结果	修改说明
第四章 优秀运动员康复治疗方法	4.42	保留	无变动
第五章 中国传统体育康复方法	3.36	删除	删除
第六章 体育康复的常用设备	4.13	保留	保留

根据专家打分的平均值得出筛选结果，将第五章"中国传统体育康复方法"删除，原因为第四章"优秀运动员康复治疗方法"包括了传统及现代康复方法，属于分类逻辑不严密。

⑥运动营养学

表5-38 运动营养学筛选结果一览表

课程内容	平均值	筛选结果	修改说明
第一章 运动营养导论	4.46	保留	无变动
第二章 营养的分类与应用	4.62	保留	无变动
第三章 不同食物的热能	3.67	修改	改为"不同食物的热能及营养价值"
第四章 优秀运动员的营养需求	4.31	保留	无变动
第五章 优秀运动员营养处方	4.62	保留	无变动
第六章 优秀运动员营养监督与评价	4.25	保留	无变动

根据专家打分的平均值得出筛选结果，将第三章"不同食物的热能"修改为"不同食物的热能及营养价值"，原章节设置缺少对不同食物营养价值的介绍，故修改增补。

（2）基础训练素质教育

①专项技术理论

表5-39 专项技术理论筛选结果一览表

课程内容	平均值	筛选结果	修改说明
第一章 各专项运动发展简况	4.58	保留	无变动
第二章 专项训练基本理论知识	4.72	保留	无变动

续表

课程内容	平均值	筛选结果	修改说明
第三章 专项技术原理分析	4.54	保留	无变动
第四章 专项教学原则、教法	4.76	保留	无变动
第五章 高水平青少年运动员训练原则、方法、手段	4.18	保留	无变动
第六章 专项基本战术理论	4.23	保留	无变动
第七章 专项规则	3.66	修改	改为"专项规则和裁判法"
第八章 专项体能训练与心理训练	2.48	删除	删除

根据专家打分的平均值得出筛选结果，在第七章增补裁判法知识内容，将第七章"专项规则"修改为"专项规则和裁判法"。第八章"专项体能训练与心理训练"被专家一致认为与专项技术理论课程不相符，故删除。

②运动竞赛学

表5-40 运动竞赛学筛选结果一览表

课程内容	平均值	筛选结果	修改说明
第一章 运动竞赛学概论	4.52	保留	无变动
第二章 运动竞赛起源、发展与现状	4.26	保留	无变动
第三章 高水平运动员竞技比赛的基本特征	4.18	保留	无变动
第四章 专项教学原则、教法	4.46	保留	无变动
第五章 优秀运动员竞赛核心能力培养	4.24	保留	无变动
第六章 竞赛战术方案	4.06	保留	无变动
第七章 优秀运动员良好竞技状态的培养	3.21	删除	删除
第八章 赛前准备与适应能力	4.35	保留	保留

根据专家打分的平均值得出共识，即第七章"优秀运动员良好竞技状态的培养"应被包含于第五章"优秀运动员竞赛核心能力培养"，独自设立一章导致章节划分不严密、内容重复，故删除。

(3) 运动心理素质教育

①运动心理学

表 5-41 运动心理学筛选结果一览表

课程内容	平均值	筛选结果	修改说明
第一章 运动心理学导论	4.25	保留	无变动
第二章 优秀运动员常见训练心理问题	4.36	保留	无变动
第三章 优秀运动员常见社会心理问题	3.85	保留	无变动
第四章 不同性别运动员的心理差异	4.12	保留	无变动
第五章 自我分析能力的培养	4.51	保留	无变动
第六章 独立解决问题能力的培养	3.58	修改	改为"自我心理调控能力的培养"

根据专家打分的平均值得出筛选结果，将第六章"独立解决问题能力的培养"修改为"自我心理调控能力的培养"，更加符合该课程目标与优秀运动员的实际需求。

②运动心理健康与咨询

表 5-42 运动心理健康与咨询筛选结果一览表

课程内容	平均值	筛选结果	修改说明
第一章 心理学概念及其分类	4.23	保留	无变动
第二章 运动员不良心理状态的表现	4.51	保留	无变动
第三章 优秀运动员常见心理问题	3.26	删除	删除
第四章 运动员心理咨询途径	4.06	保留	无变动
第五章 优秀运动员心理咨询方法	4.53	保留	无变动
第六章 心理咨询实践课程	3.94	保留	无变动

根据专家打分的平均值得出筛选结果，专家一致认为第三章"优秀运动员常见心理问题"与课程《运动心理学》部分章节相重叠，故建议将其删除。

（4）运动智能素质教育

运动智能素质的培养与应用

表 5-43　运动智能素质的培养与应用筛选结果一览表

课程内容	平均值	筛选结果	修改说明
第一章 运动员独立训练和比赛的能力培养	4.32	保留	无变动
第二章 运动员自我智能训练方法	4.05	保留	无变动
第三章 运动员参与制订和修改计划能力培养	4.38	保留	无变动
第四章 运动员理解教练员意图能力	3.86	保留	无变动
第五章 运动员智能训练效果评价方法	4.23	保留	无变动

该课程专家打分平均值都较高，说明课程章节设置符合课程目标与运动员实际情况，故全部保留。

第四节　我国优秀运动员素质教育课程实施体系的确立

优秀运动员素质教育课程实施体系主要解决运动员素质教育实施过程中各环节如何处理和操作的问题，是实现课程目标、落实课程内容、增强实际效果的关键要素。本部分内容以前期调查为基础，主要涉及以下几个主要问题的讨论（图 5-3）。

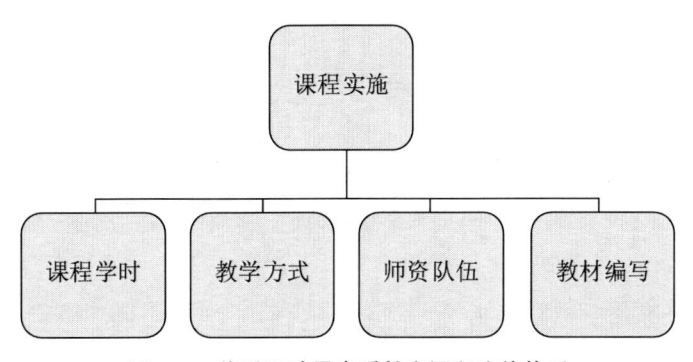

图 5-3　优秀运动员素质教育课程实施体系

一、课程学时设置

(一) 前期调查确定学时设计的基本思路

专家组参考国家队优秀运动员素质教育开展调研报告的实践经验，并结合《运动训练学》(田麦久，2000) 中对运动员训练阶段及主要任务的划分，按其所处的训练阶段来制定素质教育课程学时，遵循以下基本原则：

A. 基础训练阶段与专项提高阶段的优秀青少年运动员。这一阶段的运动员比赛任务相对较少，运动员年龄较小（一般为7~16岁），专家组对基础训练阶段与专项提高阶段的运动员提出了学时设计方案，该组运动员严格按照系统授课的方式进行教授，每门课程教学学时数比比赛任务繁重的成年优秀运动员相对更多，每门课程的总学时为25学时左右，周学时为6学时左右（国家队优秀运动员素质教育开展调研报告中指出，大多数运动员和教练员希望周学时为5学时左右）。

B. 最佳竞技阶段与竞技保持阶段的优秀成年运动员。由于该组运动员训练任务较重，且长期在外比赛，课题组建议采用分散学习和集中学习相结合的方式，将集中学习时间安排在冬训等各种集训前或者集训期间，对于必修内容进行集中讲解，可以灵活采用讲座等多元化方式都。每门课程教学学时数相对较少，总学时为15学时左右，周学时为4学时左右，各队可在此基础上根据实际需求灵活安排教学时间。

(二) 拟定课程学时

根据专家组制定的学时设计思路，课题组将处于基础训练阶段与专项提高阶段的优秀青少年运动员命名为A组，设置与之相适应的学时；将最佳竞技阶段与竞技保持阶段的优秀成年运动员命名为B组，以优秀运动员素质教育不同指标的重要性程度（权重）为基本依据，权重越大，学时越多，据此设置与之相适应的课程学时（表5-44至表5-51）。

第一类：文化素质教育

根据优秀运动员文化素质教育不同指标的重要性程度（权重）排序，课题组将其从高到低（相同则并列）依次排序为：艺术赏析、实用英语、形式逻辑学、应用写作和计算机应用基础、数学基础应用。基于此拟定两组优秀运动员的学时安排。

表 5-44　文化素质教育模块

序号	课程名称	A 组学时（h）	B 组学时（h）
1	应用写作	18	12
2	形式逻辑学	19	13
3	应用数学基础	16	10
4	实用英语	20	14
5	计算机应用基础	18	12
6	艺术赏析	23	17

第二类：道德素质教育

根据优秀运动员道德素质教育不同指标的重要性程度（权重）排序，课题组将其从高到低（相同则并列）依次排序为：团队意识、诚信教育、励志与文明礼仪教育、传统道德教育。基于此拟定两组优秀运动员的学时安排。

表 5-45　道德素质教育模块

序号	课程名称	A 组学时（h）	B 组学时（h）
1	传统道德教育	19	13
2	励志、文明礼仪教育	20	14
3	诚信教育	21	16
4	团队意识	23	18

第三类：思想政治素质教育

根据优秀运动员思想政治素质教育不同指标的重要性程度（权重）排序，课题组将其从高到低（相同则并列）依次排序为：思想道德修养与法律基础、中国近代史纲要。基于此拟定两组优秀运动员的学时安排。

表 5-46　思想政治教育模块

序号	课程名称	A 组学时（h）	B 组学时（h）
1	思想道德修养与法律基础	26	19
2	中国近现代史纲要	23	15

第四类：创新素质教育

根据优秀运动员创新素质教育不同指标的重要性程度（权重）排序，课题组将其从高到低（相同则并列）依次排序为：自我学习方法与策略、人际交往与沟通技巧、职业生涯规划。基于此拟定两组优秀运动员的学时安排。

表 5-47　创新素质教育模块

序号	课程名称	A 组学时（h）	B 组学时（h）
1	职业生涯规划	20	14
2	人际交往与沟通技巧	22	16
3	自我学习方法与策略	30	20

第五类：运动生理素质教育

根据优秀运动员运动生理素质教育不同指标的重要性程度（权重）排序，课题组将其从高到低（相同则并列）依次排序为：运动营养学、运动伤病急救与防治、康复学、运动生物力学、运动人体科学基本原理、运动解剖学。基于此拟定两组优秀运动员的学时安排。

表 5-48　运动生理素质教育模块

序号	课程名称	A 组学时（h）	B 组学时（h）
1	运动人体科学基本原理	18	12
2	运动解剖学	16	11
3	运动生物力学	19	13
4	运动伤病急救与预防	21	16
5	康复学	20	14
6	运动营养学	22	17

第六类：基础训练素质教育

根据优秀运动员基础训练素质教育不同指标的重要性程度（权重）排序得出结论：基础训练素质教育模块的两门课程重要性并列，基于此拟定两组优秀运动员的学时安排。

表 5-49　基础训练素质教育模块

序号	课程名称	A 组学时（h）	B 组学时（h）
1	专项技术理论	32	20
2	运动竞赛学	32	20

第七类：运动心理素质教育

根据优秀运动员运动心理素质教育不同指标的重要性程度（权重）排序，课题组将其从高到低（相同则并列）依次排序为：运动心理学、运动心理健康与咨询。基于此拟定两组优秀运动员的学时安排。

表 5-50　运动心理素质教育模块

序号	课程名称	A 组学时（h）	B 组学时（h）
1	运动心理学	31	19
2	运动心理健康与咨询	24	17

第八类：运动智能素质教育

根据优秀运动员运动智能素质教育不同指标的重要性程度（权重），课题组分析了运动智能素质的培养与应用课程在指标体系中的重要性序位，基于此拟定两组优秀运动员的学时安排。

表 5-51　运动智能素质教育模块

序号	课程名称	A 组学时（h）	B 组学时（h）
1	运动智能素质的培养与应用	30	20

（三）学时修改

课题组根据确定的章节内容试拟定了章节学时，并根据"非常满意""比较满意""一般满意""比较不满意"和"不满意"五个等级，分别赋予 5、4、3、2、1 的分值，请专家进行评分，取所有专家打分的平均值作为学时修改的依据（表 5-52 至表 5-59）。

1. 文化素质教育

表 5-52　文化素质教育学时修改情况统计

课程名称	组别	平均值	筛选结果	修改说明
应用写作	A	4.12	保留	无变动
	B	3.93	保留	无变动
形式逻辑学	A	4.24	保留	无变动
	B	4.17	保留	无变动
应用数学基础	A	3.84	保留	无变动
	B	4.16	保留	无变动
实用英语	A	3.26	修改	改为 30 学时
	B	3.35	修改	改为 22 学时
计算机应用基础	A	3.13	修改	改为 26 学时
	B	2.86	修改	改为 18 学时
艺术赏析	A	3.16	修改	改为 18 学时
	B	4.15	保留	无变动

根据专家打分的平均值，确定了需要修改学时的课程，通过整合专家组对 A 组运动员的修改建议发现：实用英语与计算机应用基础的实用性较强，希望增加相应的课时，故将实用英语课程的 A 组学时改为 30 学时，计算机应用基础的 A 组学时改为 26 学时。另外，艺术赏析的学时应相对减少，删去部分实用性较弱的章节，故将艺术赏析的 A 组学时改为 18 学时。通过整合专家组对 B 组运动员的修改建议发现：实用英语与计算机应用基础有较强的实用性，可提高退役后就业率，故将 B 组的实用英语课程改为 22 学时，计算机应用基础改为 18 学时。

2. 道德素质教育

表 5-53　道德素质教育学时修改情况统计

课程名称	组别	平均值	筛选结果	修改说明
传统道德教育	A	4.38	保留	无变动
	B	4.25	保留	无变动

续表

课程名称	组别	平均值	筛选结果	修改说明
励志、文明礼仪教育	A	4.36	保留	无变动
	B	4.23	保留	无变动
诚信教育	A	4.14	保留	无变动
	B	3.92	保留	无变动
团队意识	A	2.84	修改	改为28学时
	B	3.17	修改	改为22学时

根据专家打分的平均值，确定了需要修改学时的课程，通过整合专机组对A组与B组运动员修改建议发现：团队意识重要性极高，希望增加该课程学时。故将团队意识课程的A组学时改为28学时，B组学时改为22学时。

3. 思想政治素质教育

表5-54 思想政治素质教育学时修改情况统计

课程名称	组别	平均值	筛选结果	修改说明
思想道德修养与法律基础	A	4.15	保留	无变动
	B	4.23	保留	无变动
中国近现代史纲要	A	3.26	修改	改为26学时
	B	3.38	修改	改为18学时

通过整合A组与B组专家打分的平均值发现：专家组对于当前中国近现代史纲要课程的学时安排不满意，一致认为中国近代史是每个国人都应该了解的历史知识，希望增加该门课程的学时，故将A组的中国近现代史纲要学时改为26学时，B组改为18学时。

4. 创新素质教育

表5-55 创新素质教育学时修改情况统计

课程名称	组别	平均值	筛选结果	修改说明
职业生涯规划	A	3.16	修改	改为26学时
	B	3.95	保留	无变动

续表

课程名称	组别	平均值	筛选结果	修改说明
人际交往与沟通技巧	A	3.18	修改	改为26学时
	B	2.94	修改	改为20学时
自我学习方法与策略	A	3.95	保留	无变动
	B	4.13	保留	无变动

根据专家组打分的平均值，将A组的职业生涯规划课程学时修改为26学时，以满足A组青少年运动员期望为自己制定职业生涯长远、科学规划的需求。在人际交往与沟通技巧课程上，专家组认为当前课程设置的学时不能满足学习要求——期望自身的人际交往能力有较大的提升，故将该课程A组的学时改为26学时，B组改为20学时。

5. 运动生理素质教育

表5-56　运动生理素质教育学时修改情况统计

课程名称	组别	平均值	筛选结果	修改说明
运动人体科学基本原理	A	3.86	保留	无变动
	B	3.29	修改	改为18学时
运动解剖学	A	4.06	保留	无变动
	B	3.43	修改	改为16学时
运动生物力学	A	3.93	保留	无变动
	B	2.84	修改	改为19学时
运动伤病急救与预防	A	2.76	修改	改为32学时
	B	3.05	修改	改为26学时
康复学	A	4.31	保留	无变动
	B	4.25	保留	无变动
运动营养学	A	4.18	保留	无变动
	B	3.05	修改	改为22学时

通过分析专家组的打分情况及修改建议，发现运动生理素质类课程中，A组学时改动门数较少，仅运动伤病急救与预防课程一门增加至32学时。而B组改

动较大，究其原因是专家认为 B 组运动员虽然平时训练任务较重，授课与训练时间难以协调，但该类课程偏向于理论知识，可以通过网络远程授课，不受具体时间、地点的限制，因此希望增加该类课程的学时。故课题组将 B 组的运动人体科学基本原理改为 18 学时，将运动解剖学改为 16 学时，将运动生物力学改为 19 学时，将运动伤病急救与预防改为 26 学时，将运动营养学改为 22 学时，这一课程并非纯理论课程，修改原因是运动员常年训练与比赛存在较高的伤病率。

6. 基础训练素质教育

表 5-58 基础训练素质教育学时修改情况统计

课程名称	组别	平均值	筛选结果	修改说明
专项技术理论	A	3.97	保留	无变动
	B	3.16	修改	改为 14 学时
运动竞赛学	A	3.84	保留	无变动
	B	3.21	修改	改为 14 学时

根据专家组的打分及修改建议发现，B 组运动员专项技术理论和运动竞赛学课程更多应放在基础阶段学习，现阶段他们已经具备相当水平的专项技术理论知识与对大型比赛的适应能力，所需要的仅仅是完善与强化细节，理应减少学时用来学习其他门类课程，故将 B 组的专项技术理论学程改为 14 学时，运动竞赛学改为 14 学时。

7. 运动心理素质教育

表 5-58 运动心理素质教育学时修改情况统计

课程名称	组别	平均值	筛选结果	修改说明
运动心理学	A	4.22	保留	无变动
	B	4.62	保留	无变动
运动心理健康与咨询	A	3.43	修改	改为 28 学时
	B	3.25	修改	改为 21 学时

在运动心理素质教育类课程中，专家组一致认为需要增加运动员心理健康与

咨询的学时，A 组运动员正处于青春期阶段，一些成长的心理问题与叛逆心理亟须外部干预与咨询来排解，尤其是女性运动员处于生理发育的高峰期，有必要对此进行针对性的调节。B 组运动员处于或将处于退役阶段，容易在再就业问题上产生心理情绪的紊乱，同样需要心理咨询和干预来缓解，做好退役前的心理准备工作。故将 A 组的运动心理健康与咨询课程改为 28 学时，B 组改为 21 学时。

8. 运动智能素质教育

表 5-59　运动智能素质教育学时修改情况统计

课程名称	组别	平均值	筛选结果	修改说明
运动智能素质的培养与应用	A	4.34	保留	无变动
	B	4.28	保留	无变动

专家组对运动智能素质的培养与应用课程打分较高，一致认为该门课程的学时设置较为合理，无须改动。

(四) 修订后的学时方案

在整合了专家组对不同类别课程的打分及修改意见后，最终形成了修订后的学时方案（表 5-60）。

表 5-60　修订后学时方案汇总表

序号	课程名称	A 组学时 (h)	B 组学时 (h)
1	应用写作	18	12
2	形式逻辑学	19	13
3	应用数学基础	16	10
4	实用英语	30	22
5	计算机应用基础	26	18
6	艺术赏析	18	13
7	传统道德教育	19	13
8	励志、文明礼仪教育	20	14
9	诚信教育	21	16

续表

序号	课程名称	A 组学时（h）	B 组学时（h）
10	团队意识	28	22
11	思想道德修养与法律基础	26	19
12	中国近现代史纲要	26	18
13	职业生涯规划	26	14
14	人际交往与沟通技巧	26	20
15	自我学习方法与策略	30	20
16	运动人体科学基本原理	18	18
17	运动解剖学	16	16
18	运动生物力学	19	19
19	运动伤病急救与预防	32	26
20	康复学	20	14
21	运动营养学	22	22
22	专项技术理论	32	14
23	运动竞赛学	32	14
24	运动心理学	31	19
25	运动心理健康与咨询	28	21
26	运动智能素质的培养与应用	30	20

二、教学方法设定

（一）教学方法设定的依据

1. 课程内容特点

教学方法也是素质教育过程中的重要一环，选择符合课程内容特点的教学方法能够让教学效果大幅提升。课题组对优秀运动员素质教育课程体系进行了分析（表5-61），旨在厘清不同课程内容的特点，为后续选择合适的教学方法提供参考。

表 5-61 素质教育各学科课程内容特点

模块类别	课程名称	课程内容特点
文化素质教育	应用写作	应用性强
	形式逻辑学	较为抽象
	应用数学基础	较为抽象
	实用英语	实践性较强
	计算机应用基础	实践性与互动性较强
	艺术赏析	较少受时间、地点限制
道德素质教育	传统道德教育	理论性强,且较为枯燥
	励志、文明礼仪教育	理论性强
	诚信教育	理论性强,且较为枯燥
	团队意识	理论性强,缺少互动
思想政治素质教育	思想道德修养与法律基础	理论性强,且较为枯燥
	中国近代史基础	较为枯燥,缺乏应用性
创新素质教育	职业生涯规划	需要良好互动
	人际交往与沟通技巧	互动性较强,且需要实践练习
	自我学习方法与策略	较为抽象
运动生理素质教育	运动人体科学基本原理	专业性与理论性较强
	运动解剖学	专业性与理论性较强
	运动生物力学	专业性强,较为枯燥
	运动伤病急救与预防	应用性强,需要实际操作
	康复学	应用性强,需要实际操作
	运动营养学	实用性强,教学方式不受限制
基础训练素质教育	专项技术理论	专业性强
	运动竞赛学	应用性强
运动心理素质教育	运动心理学	需要良好互动
	运动心理健康与咨询	需要良好互动
运动智能素质教育	运动智能素质的培养与应用	应用性强,需要实践练习

2. 前期调查结果

当前国家队训练局开设的素质教育课程与课题组所构建的课程体系部分相似，课题组对国家队驻局训练队开设的素质教育课程实施情况进行了分析与调查（表 5-62），为制定教学方式提供参考。经过一个周期（开课到结课）的观察，并结合课题组新开设的课程加以归类与整合，试拟定了当前课程教学方式的特点。

表 5-62　素质教育各学科课程教学方式特点

模块类别	课程名称	教学方式特点
文化素质教育	应用写作	班级授课与网络教学相结合
	形式逻辑学	班级授课与网络教学相结合
	应用数学基础	班级授课与网络教学相结合
	实用英语	班级授课与网络教学相结合
	计算机应用基础	班级授课与网络教学相结合
	艺术赏析	班级授课与网络教学相结合
道德素质教育	传统道德教育	专家讲座与网络教学相结合
	励志、文明礼仪教育	专家讲座与网络教学相结合
	诚信教育	班级授课与网络教学相结合
	团队意识	班级授课与网络教学相结合
思想政治素质教育	思想道德修养与法律基础	班级授课与网络教学相结合
	中国近代史基础	班级授课与网络教学相结合
创新素质教育	职业生涯规划	班级授课与网络教学相结合
	人际交往与沟通技巧	班级授课与网络教学相结合
	自我学习方法与策略	班级授课与网络教学相结合
运动生理素质教育	运动人体科学基本原理	班级授课与网络教学相结合
	运动解剖学	班级授课与网络教学相结合
	运动生物力学	班级授课配合实践操作
	运动伤病急救与预防	班级授课配合实践操作
	康复学	班级授课与网络教学相结合

续表

模块类别	课程名称	教学方式特点
运动生理素质教育	运动营养学	班级授课与网络教学相结合
基础训练素质教育	专项技术理论	班级授课与网络教学相结合
	运动竞赛学	班级授课与互动相结合
运动心理素质教育	运动心理学	班级授课与互动相结合
	运动心理健康与咨询	班级授课配合实践操作
运动智能素质教育	运动智能素质的培养与应用	班级授课配合实践操作

(二) 教学方法设定的基本原则

1. 针对性教学和兴趣教学相结合

开展备战期素质教育的过程，要针对不同项目、不同年龄、不同性别的运动员进行不同的课程设计，让运动员在学习的过程中学到和自身相关的知识，让运动员学起来有趣、有用、有效。

2. 案例教学和知识教学相结合

在开展素质教育的过程中要把案例教学作为主要的教学形式。以国家队运动员在训练、比赛和生活中的正反典型事例进行现身说法的教学，把知识融入案例中去，用鲜活生动的案例解读知识，领悟人生，让知识的教学通俗易懂，便于运动员理解。

3. 知识点教学和模块化教学相结合

将系统知识分解成为相对独立的知识点，采取"一点一堂课"的授课方式，使运动员在无法保证连续、系统的学习时，也可以学懂、学会。在此基础上，以理论体系为框架，将知识点模块化，从而使每个模块知识点有机地形成一个完整的满足备战需求的素质教育知识体系。

4. 下队教学和网络教学相结合

以下队送教为主，将课堂教学延伸到训练场馆、康复中心、运动员班车和公寓。此外，辅以远程教育平台给运动员提供网络化教育，让运动员在任何时间、任何地点都可以进行网络学习。

(三) 几种典型教学方法的补充和参考

教学方法是实现教学目标、完成教学任务采用的方式和手段。课程方法作为课程设计中重要的加工手段，针对不同运动员、不同年级和不同阶段可设置不一样的方法。

1. 翻转课堂教学

21世纪是网络和信息时代，各阶段学生离不开手机，运动员也不例外，手机成为他们生活中的必需品。在网络时代背景下，教学方法受到网络教学视频的冲击，有些学校规定相关课程必须支持平板电脑授课，结合学校办学特色，创新教学方法是各学校发展的重要途径之一。对于优秀运动员而言，训练之外最好的朋友便是"手机"，与手机为伴能缓解训练压力，能放松运动员心情。教师开展运动员相关教学课程应结合运动员自身发展特点，结合当前网络时代特征，创新教学方法。"翻转课堂"是当前针对网络教学平台而创新的教学方法。即让课堂翻转，在线上、线下教学，促使学生网上完成教师布置的课前预习，课堂中通过教学设备促使学生在网上完成教学作业、现做现答。通过网络监控，可统计课堂在线人数和完成作业人数，有效提高教学效果。翻转课堂较为凸显的教学平台为"雨课堂""MOOC"等网络教学平台。"MOOC"即 Massive Open Online Course 的缩写，是大规模网络开放课程，MOOC 之所以盛行其由四个特点所决定，即规模化、开放性、共享性和互动性。杨洋教授在《MOOC 背景下我国优秀运动员素质教育改革研究》一文中指出，运动员长期驻扎外地训练，训练周期长、训练强度大、流动性大，对运动员集中学习文化的时间较局限，MOOC 教学平台打破传统时空限制，缓解运动员学训时间冲突，时间收缩性大，可使运动员合理安排学习与训练时间。MOOC 教学平台其大规模网络化学习，打破时空限制；开放性学习，针对运动员特点；共享性学习，合理配置资源；互动性学习，调动学习积极性[19]。翻转课堂教学方法能结合当代信息时代特色和网络特色，衔接优秀运动员"学训矛盾"特点，对优秀运动员这一特殊群体实施因时因地具体教学，保证优秀运动员素质文化教育，丰富运动员基础知识，促使运动员运用基础知识活跃教学课堂，提升基础知识互动性。

2. 演示法配合任务驱动法

优秀运动员长期驻扎在外，训练周期长、训练任务重、训练强度大、运动员流动性强，训练则成为运动员的首要任务，业余时间才能开展专业知识和文化教育学习。传统的教师讲、学生听，灌入式的教学方法已不适应优秀运动员发展，网络背景下的运动员更青睐于手机视频。体育专业相关课程大多为实践课程和应用课程，实践课程上课场地为室外，教师通常通过演示方法进行教学，给学生展示直观的教学内容，肢体动作的展示和模仿能避免运动员玩手机行为，进而提高运动员上课效率。应用课程教学场地为室内，其上课形式为操作课或实验课，该课程的优势在于教学内容中的某一环节因不认真等因素而落后，后续课程内容将会受前一环节影响，环环相扣的教学方法诱导运动员仔细听讲，通过理解教师讲解理论知识、操作流程等内容，迫使其做好相关课程笔记，以帮助运动员更好理解和实践操作。优秀运动员这个群体的专业性强，专业任务突出，对这类群体教学方法需结合运动员本身特殊性和专业性，采用"环环相扣""诱导"等牵引式教学方法因材施教。演示法配合任务驱动法是目前国内高校高等教育授课方法的主要教学方式，即教师课前引领学生学习相关基础知识，课中引导学生进行自主学习，课后布置相关任务，迫使学生自动寻找问题答案、解答问题，课后交一份作业并做登记，直接关系学生成绩考核。面对优秀运动员，授课教师主要采用诱导方法，勾住运动员眼球是提高运动员课程质量的前提，课中展示运动员未接触的新知识、新方法是保证课程效率的重点，布置相关任务练习是课程评估的延伸，任务的布置需紧扣运动员这个群体的专业性。

3. 参观教学法

竞赛是优秀运动员的主要目的，也是优秀运动员核心训练的重要组成部分。观赛是竞赛的主要构成部分，运动员既是竞赛活动的表演者也是竞赛活动的参观者，观看竞技赛事从视角上提升运动员对竞技的热爱度，从团队层面上增加运动员的团队精神意识，从心理上促进运动员的竞赛心理活动。长时间的竞赛和观摩竞赛形式潜移默化的培养了运动员对观赏的热爱，既满足运动员竞赛需要，又影响运动员集体精神风貌。针对优秀运动员这一特殊性强的群体，开展参观教学法能吸引运动员上课注意力，丰富课堂良好氛围，提高上课效率，培养运动员观赏意识。传统的运动员教学停留在"灌入式"层面，教师根据书本知识照本宣科讲解，优秀运动员对教师所讲内容感觉枯燥、乏味，甚至厌恶，导致课程效果不好，运动员成绩升不上去。教练员训练方式也不系统，对技术动作解释就一个字"看"，看优秀选手的技术动作，看教练员示范的技术动作，对具体技术细节讲解不清楚、不明确，使运动员在模糊情况下对动作技术进行摸索式训练，训练效果不明显、训练质量不高。网络时代背景下，信息传递快，信息接受速度快，使用参观教学法可提升运动员学习兴趣、提高授课质量、达到教学效果。对四川省体育职业学院、重庆市运动技术学院各运动队教学方法的调查（表5-63）发现，"参观教学法"在各个项目有序开展，取得良好效果，增加了活动课程的趣味性。对技战术要求高的项目通过网络视频分析对手比赛技术、战术等特点，运动员可通过了解对手特点发挥自身优势。

表5-63　对四川、重庆各运动队"参观教学"方法的调研

序号	运动项目	上课时间段	是否采用参观教学法
1	篮球	8：00~9：30	是
2	足球	20：00~21：30	是
3	排球	20：00~21：30	是
4	田径	19：00~20：30	是
5	游泳	19：00~20：30	是
6	羽毛球	20：00~21：30	是
7	乒乓球	20：00~21：30	是
8	网球	19：00~20：30	是
9	柔道	19：00~20：30	是
10	举重	19：00~20：30	是
11	跆拳道	20：00~21：30	是
12	摔跤	19：00~20：30	是

可见，"参观教学"法在各个项目中已开展，并将观看视屏作为一节训练课程对待，广受优秀运动员喜爱。该方法也是各项目教练员技战术学习和讨论的重要组成部分，"参观教学"法能培养优秀运动员学习兴趣，提高运动员学习能力，提高运动员课程质量，以保证运动员课堂效率，为培养优秀运动员综合能力发展开拓了有效教学手段。

4. 自主学习配备现场教学法

优秀运动员常年在外训练，学习时间少，接触最多的学习工具就是手机，通过手机运动员可以主动了解相关学习内容。网络教学平台是当前社会备受关注的

焦点，其影响力冲击传统"灌入式"的教学方法，针对优秀运动员"学训矛盾"，常年外出集训等特殊问题，结合当前网络教学平台，开设网络课程，可较好地缓解优秀运动员学习匮乏的问题。网络教学平台课程每一节教学内容都是环环相扣，缺少任何一个环节便影响整个教学过程。教师通过网络教学平台教学，课前布置教学任务，提示在线学生课前需了解的内容，以防影响后续课程进度。优秀运动员自身意识较为单纯，做事专一，但对于学习文化知识较为困难，其主要原因在于该群体重心为运动训练。总体而言，优秀运动员自主学习的能力较强，只是缺乏教学人员引导。课前学习效果通过课中现场教学体现，体育教学通常采用演示法、示范教学等方法，课中教师对学生展示动作观察，从动作中分析学生课前预习效果，对课前预习进行有效评判，认真学习的人群对课中教师所授知识能较好掌握，反之则难以理解教师授课内容。运动员自主学习配合教师现场教学提高课堂教学质量，缓解教师授课压力，增加授课效率，提升学生主动学习的积极性。培养学生主动学习意识，丰富隐形课程的实效价值，即潜移默化的促使学生课前学习，形成良好学习习惯，为后续课程质量效果、课程质量评价打下牢固基础。

5. 案例教学法

案例教学法是一种以案例为基础的教学方法，案例本质上是提出一种教育的两难情境，没有特定的解决之道，而教师于教学中扮演着设计者和激励者的角色，鼓励学生积极参与讨论，通过对优秀运动员接受素质教育的成功典型案例进行分析探讨，不仅可以激发运动员学习的信心与积极性，还能够从中总结带有普适性的成功经验提升运动员的学习效率。我国优秀运动员通过接受素质教育课程，丰富自身技能并在赛场之外收获成功的例子并不罕见，如我国优秀乒乓球运动员邓亚萍。1997年邓亚萍结束运动员生涯后开始了11年的求学之路，而且以惊人的毅力攻克了学习上的困难，分别在清华大学、英国诺丁汉大学和剑桥大学学习，先后获得英语专业学士学位、中国当代研究专业硕士学位和经济学博士学位，拥有18个世界冠军头衔的邓亚萍在学生舞台上也站上了新的高度。本科毕业后，邓亚萍将自己5000多字的英文毕业论文送给萨马兰奇，萨马兰奇将这份论文存放到国际奥林匹克博物馆，认为这是一个中国运动员成长最有价值的纪念。萨马兰奇倡导更多的中国运动员学好外语，能够有更多的中国人到国际奥委会或其他国际体育组织工作，发挥积极作用；我国优秀体操运动员李宁在北大法律系毕业后又报考了北大光华管理学院 EMBA 班，并于两年后顺利毕业，他所创立的李宁品牌至 2007 年底公司市值达 38.61 亿美元，被誉为民族品牌的代表；原乒乓球世界冠军杨影退役后，进入校园攻读了播音主持专业，自 2006 年正式入职央视后，主持解说日渐老练，目前已成为央视乒乓球项目的头号解说员。

（四）教学方法体系的确立

课题组通过对国家队驻局训练队素质教育课程的实施情况进行分析与调查，试拟定了当前课程的教学方法体系（表5-64）。

表 5-64　优秀运动员素质教育教学方法体系

模块类别	课程名称	教学方法	方式说明
文化素质教育	应用写作	演示法配合任务驱动法	设置任务驱动，提升授课效率
	形式逻辑学	自主学习配备现场教学法	较为抽象需提前预习
	应用数学基础	自主学习配备现场教学法	较为抽象需提前预习
	实用英语	现场教学结合网络课程教学	线上线下结合，自由学习时间
	计算机应用基础	演示法配备现场教学法	习练结合，搭配讲解示范
	艺术赏析	网络课程教学	自由学习时间
道德素质教育	传统道德教育	专家讲座结合网络课程教学	重视双向交流
	励志、文明礼仪教育	专家讲座结合参观教学法	丰富课堂良好氛围
	诚信教育	现场教学结合网络课程教学	线上线下结合，自由学习时间
	团队意识	专家讲座结合网络课程教学	重视双向交流
思想政治教育	思想道德修养与法律基础	现场教学结合网络课程教学	线上线下结合，自由学习时间
	中国近代史基础	现场教学结合网络课程教学	线上线下结合，自由学习时间

续表

模块类别	课程名称	教学方法	方式说明
创新素质教育	职业生涯规划	案例教学法	有助于学生主动参与课堂讨论，增加实践指导
	人际交往与沟通技巧	专家讲座结合现场教学	培养学生独立思考的能力
	自我学习方法与策略	自主学习配备现场教学法	疑难点网络课程重复学习
运动生理素质	运动人体科学基本原理	现场教学结合网络课程教学	丰富课堂良好氛围
	运动解剖学	现场教学结合网络课程教学	疑难点网络课程重复学习
	运动生物力学	网络课程教学	较为复杂，自由学习时间
	运动伤病急救与预防	演示法配备现场教学法	引导学生注重实操能力
	康复学	演示法配备现场教学法	引导学生注重实操能力
	运动营养学	专家讲座结合网络课程教学	重视双向交流
基础训练素质教育	专项技术理论	演示法配备现场教学法	增强教学效率
	运动竞赛学	现场教学结合网络课程教学	理论学习与实践操作相结合
运动心理素质教育	运动心理学	网络课程教学	自由学习时间
	运动心理健康与咨询	专家讲座结合网络课程教学	重视双向交流
运动智能素质教育	运动智能素质教育的培养与应用	现场教学结合网络课程教学	培养学生独立思考的能力

三、教师队伍建设

加强我国优秀运动员素质教育教师队伍建设，关系到我国优秀运动员素质教育的改革与发展。《中共中央国务院关于深化教育改革全面推进素质教育的决定》提出要优化结构，建设全面推进素质教育的高质量教师队伍。教师的综合素质是优秀运动员素质教育得以顺利进行的关键，若要提高优秀运动员素质教育的成效，使优秀运动员素质教育可持续发展，必须要建立一批完善的素质教育师资队伍，以适应时代发展及优秀运动员素质教育要求，为优秀运动员打造一个良好的学习氛围，使其与时俱进，成为社会需要的高素质的综合型人才。

(一) 当前优秀运动员素质教育教师队伍存在的问题

1. 理论课教师与实际训练相脱节

通过对宁夏、陕西、甘肃等西北省份的调查得知，对优秀运动员进行专业理论课教学，存在教学与实际训练脱轨的现状。理论课教师针对教学课本传授教学知识，是理论知识的搬运者，也是理论知识的升华者。理论课教师通过理论课学习从理论层面得知理论知识对运动员训练存在可行性，但该群体并没有密切接触运动员，没有实施跟队政策，对运动员学习、训练、竞技、生活状态不了解，仅通过对网上资料查询，简单对领队访谈、教练员交流，认为运动员在训练、竞技中应该弥补门类知识，通过这种表浅访谈对运动员课程做出的教学是脱离运动员实际训练的。运动解剖学、运动心理学、运动生物力学、运动营养学这类专业知识只通过表浅的字面意义教学没有紧扣运动员实际训练需求，如：运动解剖学中常见的拉伤现象，运动员受伤治疗时只给队医指出受伤部位，对该部位专业术语不清，极少数运动员对小受伤部位定位清晰，后群肌拉伤是短跑运动员常见的现象，运动员只知道后群肌拉伤，具体是股二头肌拉伤还是半腱肌、半膜肌拉伤分辨不清。运动营养学中，教师强调短跑运动员多吃白肉，少吃红肉，运动员的饮食是由后勤部门管理，其饮食与教学存在一定偏差，导致运动员客观认为教师所传授知识与实际需求不一样，理论与实际训练脱轨，因此对专业知识不信任，逐渐排斥理论课学习。

2. 一线教练员和领队缺乏理论基础

教练员是运动员学习、训练、比赛的全权负责者。大部分教练员都是运动员退役后转岗而来，行内称为实践派；少数教练员由高校教师调配而来，著名的学院派教练员就是跨栏运动员刘翔的教练员孙海平。领队作为运动队中的先锋，对运动员竞技训练、比赛、学习等提供必要保障。通过对湖北、湖南、山西等省份的调查得知，领队大部分是运动员退役转岗，一部分来源于军人退役后安置，一部分来源于公务员行政岗位，小部分来源于其他。

运动员时期该部分教练员以训练为主，学习为辅，没有经过系统学习，其学习理论知识时间少，学习内容较疏散，学习目标不明确，把接受学习当作命令，完成学习当作任务，训练之余没有主动学习的毅力，对"励志教育、文明礼仪、诚信教育"等一般素质教育和运动解剖学、康复学、运动心理学等专业素质教育学习内容不精，因此埋下了理论知识根基薄，专业理论知识空白的现状；转岗教练员后，面临训练任务和年度完成目标，教练员一心专研运动训练方法，而对运动康复、运动营养、运动生物力学、体能锻炼等理论知识的关注与学习弱化，加之其学习根基薄，阅读能力、理解能力不足以接受理论知识内容，导致其对理论知识的排斥。教练员是运动员的榜样力量，缺乏理论知识的他们在正确、全面的引导运动员世界观、人生观、价值观方面存在不足。随着社会改变，经济发展，教练员训练方法和训练模式也在不断增强，国外教练员率先将专业理论知识引用于训练中，通过训练取得成效验证训练方法的有效性。针对教练员理论知识空缺的现状，各省市应聘请相关专家对教练员进行培训，教练员自身应当发挥其主观能动性，明确理论知识的重要作用，摆正理论知识对竞技训练的促进作用，将理论知识与实践有效结合，促进理论转换的实际效益。

3. 师资不适应奥运周期需要

奥运周期时长为四年，即每四年为一个奥运周期。上一个奥运周期即将结束前，各个国家、运动队将制订下一奥运周期的训练目标、训练任务、训练计划等。随着经济全球化的发展，新的奥运周期有不一样的训练新方法、新模式，有不一样的竞技对手，新兴选手对老选手的冲击力也逐渐加强，老将对自身的职业生涯年限也不断提高，老将职业生涯延后是新奥运周期赋予的使命。新的奥运周期有不一样的要求，不一样的职责、不一样的环境，运动队、领队、教练员、运动员等适应新周期环境即可重生，不适应新周期环境则面临淘汰。老运动员群体面临新周期目标、任务、计划存在不适应，保证不了竞技状态，面临该群体的路有两条，即退役和转型。退役能为新生力量留有足够空间，转型适应新周期环境便能进一步升华。新奥运周期，教练员训练方法存在重复性，导致其训练成绩保持原地，不满足新奥运周期要求，对运动队竞技水平存在滞后性，不利于竞技水平提高；面对新奥运周期的需求，升华知识、转岗和专业是教练员所选之路。

针对"在其位不谋其职"的教练员要实行转岗或是转业；对骨干年轻运动员重点培养，全方位多角度培养年轻骨干，除了训练之外，培养该部分运动员交流、言谈举止、为人处世等实用性技能，为新奥运周期培养综合型人才。针对新奥运周期要求，素质教育教师教学内容仅存在简单的理论知识，全球化要求运动员不仅要参赛，更需要运动员发扬中华民族传统美德，在励志、礼仪、树国风和人际交往等方面有所学习。加强领队、教练员、运动员的励志、礼仪、树国风和人际交往，有利于保证运动队伍的竞技性，展国风、显国情。

4. 教学课程与实际需求脱轨

通过对重庆、四川、云南等西部省市调查发现，当前对优秀运动员进行素质文化教育的教师均为高校教师，该部分教师原有培养对象均是通过国考层层选拔进入相应学校的学生，学生以读书为主，学习根基厚，学习能力强，学习方法各有凸显；而运动员从小"习武"锻炼，其以"学习为辅，训练为主"，因此学习根基、学习能力和学习方法没有国考学生优异，优秀运动员背负"为国争光"使命，通过比赛获得优异运动成绩进入高校。面对不同学生，教师按照同样教学目标、教学内容和教学方法对运动员进行教学取得成效不高，教师没有根据优秀运动员实际情况、实际学习水平、实际应用能力以及运动员所面临的环境对运动员进行针对教学；将运动员与普通学生混合教学导致教学内容与运动员实际运用内容脱轨。如：一般素质教育下文化素质教育中"形式逻辑学"，教师针对书本理论对优秀运动员教学，运动员生搬硬套将理论记下，对理论只存在表面字义理解，对如何正确运用逻辑学的判断、推理、论证存在茫然。针对运动员教学"案例"教学是提升教学质量的有效保证。运动员在训练过程中需要通过自我思考来领会教练员制订的训练计划，"逻辑学"中"推理"能提升运动员独立思考和解决问题的能力，从而较好地领会教练员意图。

(二) 构建原则

在以"先筛后选、先试后讲、先看后教、先做后调"为原则初步选择的国内外知名专家、学者的基础上，根据备战工作的实际需要，加以选择或增补。遴选的备战期国家队运动员素质教育教师，应尽可能满足以下三个条件：一是有丰富教学经验和下队实践，熟悉运动队管理、训练工作的知名专家；二是有亲和力、影响力、号召力的优秀现役、退役运动员；三是某个领域的专家，懂体育、懂运动员，最好是名家名人。

当今社会需要复合型人才，一名优秀运动员素质教育专职教师，不仅是一名会教书的教师，更应是集教书、管理、科研于一身的复合型教师。因此，优秀运动员素质教育构建的教师队伍应是会分析、会钻研、会思考、会实践、会创新的优秀人才，同时具备相关专业知识，洗礼于相关专业环境、具有相关专业管理经验，以适应复杂多变的教育环境。

优秀运动员教师不同一般教师，该群体教师既需要一般教师的优良教法、学法，亲和力强等基本素质外，更应具备优秀运动员群体的习性、气息。具备跟队经历是优秀运动员教师所必要条件，跟队经历帮助教师判断运动员学习动态、学习进度、学习强度；跟队经历也是紧密接触运动员的最有效途径。熟悉运动队管理等工作，从管理层面出发放眼运动队学习、竞训情况，结合"跟队经历"，从运动队实战需要出发，教师制定具体教学目标、教学内容、教学方法等。"让专业人做专业事"是国家一贯奉行的政策，优秀运动员作为特殊群体，既承担着"为国争光"的任务，又承担着退役等保障问题的压力；针对退役优秀运动员职业生涯发展，运动队应根据队中可持续发展需要将退役运动员送入高校进行高等教育，使之成为队中所需的复合型人才，让专业人做专业事。专人专治的管理模式利于发扬榜样作用，传播正能量，引导优秀运动员朝着光明大道阔步前行。因此，优秀运动员教师可以从退役运动员发展好的人才中挑选，既保证教师专业条件，又满足优秀运动员教师的基础条件。该部分教师是优秀运动员教师的基础力量。另一部分优秀运动员教师可为"学院派"教师，该群体教师具有业余运动员学习、训练、竞训等方面经验，同时具备专业理论知识基础，相比优秀运动员而言欠缺的是竞训方面的系统性、科学性。将该群体放置运动队中，从"跟队经历""运动队管理""运动队竞训"层层积累，是优秀运动员教师的骨干力量。体育领域的专家可谓是懂体育，懂运动员的全能型选手，更是行业领域中知名人士，在社会具备一定影响力。该部分教师具备"专家形象"，对优秀运动员教育起着关键作用，有扎实的专业理论基础，有丰厚的运动管理运行经验，更具备行业前沿的洞察力、实践能力，是优秀运动员教师队伍中的核心力量。

（三）构建策略

在建立健全优秀运动员素质教育课程体系、管理体制、运行机制的基础上，着力选拔、培养和打造一支高水平的素质教育专门人才队伍，是提升运动员素质教育水平的关键。授课教师是运动员素质教育课程的具体实施者，其教学水平的高低对运动员素质教育课程教学效果起着重要影响。因此，打造一支高水平的运动员素质教育教师队伍，把握运动员素质教育教学规律，在推动运动员素质教育工作中显得尤为重要。具体措施如下：

——引导观念转变，改进教学方式。

优秀运动员作为国家特殊人才，对其素质教育的培养与一般性的素质教育有所不同，不仅需要教师有较强的专业技能，还应对体育运动、运动员性格特点等相关领域有所涉猎，这就要求引导素质教育专家转变教育观念，了解目前时代特征、社会经济、科学技术发展的新动向，掌握体育运动、运动队管理以及运动员的基本规律、模式和特征，从而形成整体观念和大局意识，以适应优秀运动员素质教育的需要。此外，在优秀运动员素质教育实施过程中，要正确引导教师处理好施教与受教两者之间的关系，突出优秀运动员主体地位，提高其积极性与主动性，改进教学方法，培养优秀运动员创新能力，加强优秀运动员个性化教育。

——重视素质培养，提升队伍实力。

在打造运动员素质教育专职教师团队的基础上，建立运动员素质教育专家库，定期指导工作，并召开优秀运动员教学研讨会。打造教育专家和专职教师相结合的运动员授课教师团队，利用现代教育教学手段，采取"线上专家教师授课"和"线下专职教师指导"的授课模式，充分发挥专家教师的示范引领作用，加强专家教师和专职教师的合作，并针对运动员学习特点，定期开展教学经验交流，改进教学手段与方法，共同促进优秀运动员素质教育。同时，加强专职教师的进修与提高，积极鼓励在职教师参加各级各类进修、培训。在此基础上，进一步提高教师个人文化素养，强化其文化底蕴，将其文化素养升华为心理品质，进而增强教师队伍的综合能力和执教水平。

——完善体制改革，优化队伍结构。

加快建立健全《运动员素质教育师资队伍建设五年规划》《运动员素质教育师资培训管理办法》《运动员素质教育教师业务考核办法》《运动员素质教育教学质量管理办法》等制度办法，从制度上进一步规范运动员素质教育教师教学。

同时，通过优秀运动员素质教育管理体制，严格对素质教育教师的任聘和考核，明确其职责所在，实施岗位及目标管理，优胜劣汰，优化师资队伍结构。紧紧围绕优秀运动员素质教育目标，建设一支适应运动员素质教育发展需要，师德高尚、业务精湛、技能过硬的高素质专业教师团队。

——强化政策保障，提高教师地位。

《中共中央 国务院关于深化新时代教师队伍建设改革的意见》在"明确教师的特别重要地位"时，强调"突显教师职业的公共属性，强化教师承担的国家使命和公共教育服务的职责……提升教师的政治地位、社会地位、职业地位，吸引和稳定优秀人才从教。"该政策针对大众化教师，优秀运动员教师承担着双重身份，不仅承担着一般教师的教育责任，也肩负着优秀运动员群体的专业教育责任，不仅凸显该群体教师职业的公共性，而且展示优秀运动员教师的专业性。因此制定"优秀运动员教师专属条列"既突出该群体教师的特殊地位，也保障该群体教师应有的需求；既满足优秀运动员教师生理需求、安全需求、情感与归属需求，又满足教师尊重需求和自我实现需求。针对优秀运动员教师，制定相关执行条例，以保证优秀运动员教师的物质需求，该部分教师具备双重身份，既隶属于教育部门，也受限于体育部门。优秀运动员教育属于教育部门的分支，但我国长期处于"举国体制"背景，优秀运动员教育不能割舍，优秀运动员归于体育部门管理，导致该群体具备一定特殊性，对该群体授课教师也具备双重身份，应该被赋予双重认可，从政治地位、社会地位以及职业地位保障优秀运动员教师的既得利益。提高教师的专业地位，进而提升教师队伍的社会地位是优秀运动员素质教育教师队伍建设的重要保障。此举不仅能吸引更多优秀的素质教育专家投身优秀运动员素质教育事业，还能壮大教师队伍，提高师资质量，打造一流的优秀运动员素质教育师资队伍，更好为优秀运动员服务。

——提升思想意识，强化实践能力。

教育部办公厅印发《教育部产学合作协同育人项目管理办法》，强调产学合作协同育人有利于促进培养目标、师资队伍、资源配置、管理服务的多方协同，培养支撑引领经济社会发展需要的高素质专门人才。高校教师作为优秀运动员教师的骨干力量，在优秀运动员素质教育中起着举足轻重的作用。由于高校教师理论强、实践少，导致高校教师理论与实践脱轨。加快高校与运动队紧密联系，保证高校教师理论知识得以付诸实践；建立相关制度吸引高校教师进队，促使高校教师体验队情，感受队风，凝聚队力，从运动员学习、训练、竞赛等多方面了解运动员学习情况、训练状态、学习精力等现状，把握运动员学习、生活、竞训等方面所需知识，丰富高校教师实践能力，从教学目标、教学内容、教学方法上改进，针对运动员缺失问题，采取有效性教学措施。同时加快高校教师针对优秀运动员素质教育教学、科研一体化建设进程。高校教师进队实践策略为我国优秀运动员素质教育提供有力的教师队伍保障。

——加强理论建设，弥补理论知识。

体育总局关于印发《体育教练员岗位培训管理暂行办法》的通知，强调教练员岗位培训是为教练员能力提升、职称晋升开展的专门培训，是教练员掌握现代竞技训练方法与手段、丰富竞技训练理论知识、更新执教理念、提高执教水平的重要措施。加强一线教练员理论知识培训不仅保障一线运动员从思想上净化自己，更能从培训中提升自己的能力。科学的理论知识是保障系统竞训的前提条件，针对一线教练员理论知识缺乏的现状，制定"定期学习""定期测试""定期考核"的"三定方针"有利于教练员提升自己的能力，使理论得以付诸实践。竞技训练理论培训内容为"现代教练员科学训练理论与实践"理论体系，主要包含下列专题：教练员职业素养与管理、运动训练基础概论、运动训练计划制订与实施、兴奋剂风险与防范、心理训练与心理调节、青少年运动员选材、运动训练的生理生化监控、运动伤病防治、运动损伤康复与预防的功能锻炼、运动膳食与营养调控、体能训练理论与手段、程序化竞技参赛设计与实践等。通过客观评价、考核对教练员进行有效管理，保证专业技术提升同时，提升教练员理论水平。

——优化教师结构，传递体育精神。

教育部等四部门印发《深化新时代职业教育"双师型"教师队伍建设改革实施方案》的通知中明确：教师队伍是发展职业教育的第一资源，是支撑新时代国家职业教育改革的关键力量。建设高素质"双师型"教师队伍是加快推进教育现代化的基础性工作。优秀运动员教师队伍结构来源于三方面，即退役运动员、高校体育教师、专家学者。针对运动员素质教育，"双师型"教师队伍的建设改革，有利于约束优秀运动员教师摒弃单方面理论知识专研，向理论与实践结合的综合发展方向钻研。保证群体教师队伍的层次性、结构性以及稳固性。组织奥运、亚运会等退役冠军宣讲团，对教师和现役运动员宣传，从思想上引导运动队积极向上，吸引奥运、亚运等退役冠军进入优秀运动员教师团队，丰富教师队伍，增加教师队伍团队凝聚力。

总而言之，素质教育是对人的素养的提升，师资队伍在优秀运动员素质教育实施过程中占据重要地位，只有业务素质过硬、职业素养过高、个人品行优秀的教学师资力量，才能确保培养出更多高素质优秀运动人才，为社会进步、国家发展提供高质量人才。优秀运动员素质教育师资队伍的打造，是一项长期的、持续的、不断发展的工作，既需要相关政策制度的保障和规范，也需要从招聘、培训、激励、考核严格把关，还需要利用现代信息技术手段，加强专家教师和专职教师的合作，对优秀运动员素质教育教师队伍进行全方位、立体化的培养，从而推动我国优秀运动员素质教育工作，提高优秀运动员综合素养。

四、教材体系构建

教材作为优秀运动员素质教育教学不可或缺的重要支撑，是优秀运动员获取素质教育知识的重要来源之一，"教材体系结构是决定教材质量的关键，是培养高质量运动人才的重要组成部分"[1]，其重要性体现在，系统地叙述和解释了各学科领域的基本知识、基本技术，教材在编写和修订中结合了教育的基本规律，使运动员由浅入深、由表及里地掌握主要知识。前期课题组经过大量探讨研究确定了优秀运动员素质教育课程体系、教学计划以及教学大纲。教材选用是否得当，很大程度影响素质教育课程的教学进度与效果，进一步影响优秀运动员人才的培养。因此，当务之急必须要构建科学合理的教材体系。根据调查访问，课题组结合国家队现有优秀运动员素质教育教材结构，对此现状进行分析与反思，发现有待进一步改进与完善之处，并在此基础上，通过课题组前期实地考察，收集、整理的大量调研报告、文献资料以及研究成果，对优秀运动员素质教育教材体系构建的理论基础和实践策略进行阐述，对优秀运动员素质教育教材体系的构建进行了重新审视。

(一) 现行国家队优秀运动员素质教育教材

目前人民体育出版社已经出版了国家队运动员素质教育专业教材（图5-4）。

---

[1] 姜宇，辛涛，刘霞，等. 基于核心素养的教育改革实践途径与策略 [J]. 中国教育学刊，2016（6）：29-32；73.

第五章 我国优秀运动员素质教育课程体系的构建

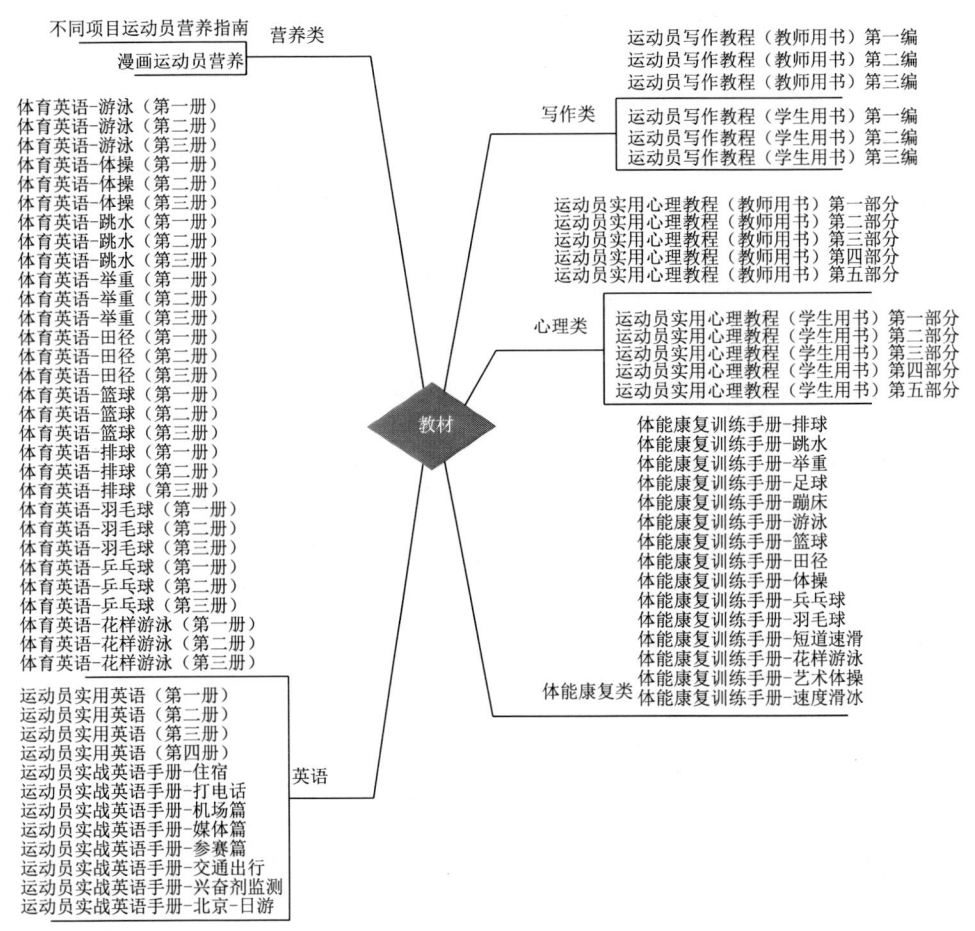

```
                              营养类
        不同项目运动员营养指南
        漫画运动员营养
                                          运动员写作教程（教师用书）第一编
                                          运动员写作教程（教师用书）第二编
  体育英语-游泳（第一册）                运动员写作教程（教师用书）第三编
  体育英语-游泳（第二册）       写作类   运动员写作教程（学生用书）第一编
  体育英语-游泳（第三册）                运动员写作教程（学生用书）第二编
  体育英语-体操（第一册）                运动员写作教程（学生用书）第三编
  体育英语-体操（第二册）
  体育英语-体操（第三册）                运动员实用心理教程（教师用书）第一部分
  体育英语-跳水（第一册）                运动员实用心理教程（教师用书）第二部分
  体育英语-跳水（第二册）                运动员实用心理教程（教师用书）第三部分
  体育英语-跳水（第三册）                运动员实用心理教程（教师用书）第四部分
  体育英语-举重（第一册）                运动员实用心理教程（教师用书）第五部分
  体育英语-举重（第二册）       心理类
  体育英语-举重（第三册）                运动员实用心理教程（学生用书）第一部分
  体育英语-田径（第一册）                运动员实用心理教程（学生用书）第二部分
  体育英语-田径（第二册）                运动员实用心理教程（学生用书）第三部分
  体育英语-田径（第三册）                运动员实用心理教程（学生用书）第四部分
  体育英语-篮球（第一册）                运动员实用心理教程（学生用书）第五部分
  体育英语-篮球（第二册）        教材
  体育英语-篮球（第三册）                体能康复训练手册-排球
  体育英语-排球（第一册）                体能康复训练手册-跳水
  体育英语-排球（第二册）                体能康复训练手册-举重
  体育英语-排球（第三册）                体能康复训练手册-足球
  体育英语-羽毛球（第一册）              体能康复训练手册-蹦床
  体育英语-羽毛球（第二册）              体能康复训练手册-游泳
  体育英语-羽毛球（第三册）              体能康复训练手册-篮球
  体育英语-乒乓球（第一册）              体能康复训练手册-田径
  体育英语-乒乓球（第二册）              体能康复训练手册-体操
  体育英语-乒乓球（第三册）              体能康复训练手册-乒乓球
  体育英语-花样游泳（第一册）            体能康复训练手册-羽毛球
  体育英语-花样游泳（第二册）            体能康复训练手册-短道速滑
  体育英语-花样游泳（第三册）            体能康复训练手册-花样游泳
                                          体能康复训练手册-艺术体操
  运动员实用英语（第一册）     体能康复类 体能康复训练手册-速度滑冰
  运动员实用英语（第二册）
  运动员实用英语（第三册）
  运动员实用英语（第四册）  英语
  运动员实战英语手册-住宿
  运动员实战英语手册-打电话
  运动员实战英语手册-机场篇
  运动员实战英语手册-媒体篇
  运动员实战英语手册-参赛篇
  运动员实战英语手册-交通出行
  运动员实战英语手册-兴奋剂监测
  运动员实战英语手册-北京-日游
```

图 5-4 国家队运动员素质教育教材结构

由图 5-4 得知，国家队运动员素质教育教材共分为 5 大类，75 项教材，其中营养类教学包含 2 门教程即"不同项目运动员营养指南""漫画运动员营养"；写作类教学包含 6 门教程，运动员写作教程（教师用书）第一编至第三编、运动员写作教程（学生用书）第一编至第三编；心理类教程共 10 门教程即运动员实用心理教程（教师用书）第一部分至第五部，运动员实用心理教程（学生用书）第一部分至第五部；体能康复类教程共 15 门，包含羽毛球体能康复、短道速滑体能康复、足球体能康复、蹦床体能康复、游泳体能康复、篮球体能康复、花样游泳体能康复、乒乓球体能康复、田径体能康复、体操体能康复、艺术体操体能康复、速度滑冰体能康复、排球体能康复、跳水体能康复、举重体能康复；国家队运动员素质教育教程设置中最重要部分为英语，占素质教育总教程的 56%，共分为42份教程，包含运动员使用英语第一册至第四册，体育英语——游泳第一册至第三册，体育英语——体操第一册至第三册，体育英语——跳水第一册至第三册，体育英语——羽毛球第一册至第三册，体育英语——乒乓球第一册至第三册，体育英语——举重第一册至第三册，体育英语——排球第一册至第三册，体育英语——田径第一册至第三册，体育英语——篮球第一册至第三册，体育英语——花样游泳第一册至第三册，以及运动员常用英语手册即北京一日游、打电话、机场篇、交通出行、媒体篇、参赛篇、兴奋剂检测、住宿（图5-5）。

图 5-5　国家队运动员经典教材

从目前国家队优秀运动员素质教育教材现状可以看出，国家队素质教育相关负责人，通过灵活多样的方式，从不同学科视角对运动员所涉及的课程任务进行教材编写与选定，一定程度上解决了运动员学训不均衡的境况，使优秀运动员真正有所学、有所获、有所得；此外不难看出，仍有一定的完善空间：课题组从国家队素质教育教材结构中发现，其教材内容更加注重对优秀运动员的专业素养的提升，而对其综合素质的培养，略显单薄。因此，课题组在优秀运动员素质教育教材体系构建的过程中，对这一块空白内容着重作了补充。

（二）优秀运动员素质教育教材体系构建的理论基础

任何体系的构建都应建立在科学理论知识基础之上。优秀运动员素质教育教材体系构建的理论基础将从教材构建的目的和意义、指导思想、基本原则等方面进行阐述，以确保优秀运动员素质教育教材体系构建的科学性、整体性和系统性。

1. 教材构建的目的和意义

教材是体现教学内容和教学方法的知识载体，是进行教学的基本工具[1]，也是不断完善优秀运动员素质教育教学改革、提高素质教育教学质量的重要保证。要实施素质教育，必须要有与之配套的科学的、高质量的教材体系。优秀运动员素质教育课程体系确定后，选用教材的好坏，在很大程度上能够影响课程教学效果，进而影响优秀运动人才培养的质量。因此，优秀运动员素质教育教材体系是否满足素质教育教学实践的需要，是优秀运动员素质教育实践得以发展和完善的关键环节，关系我国体育事业可持续发展的大事。

2. 教材构建的指导思想

结合优秀运动员素质教育目标及优秀运动员素质教育课程体系的指导思想，课题组将优秀运动员素质教育教材体系构建的基本指导思想定义为：以优秀运动员素质教育创新人才培养模式及其课程体系为基础，在素质教育基础上，结合时代发展趋势，掌握素质教育的内在规律和教学原则，保持课程内容体系的完整性和系统性，丰富教学内容，提高优秀运动人才培养质量。优秀运动员素质教育教材体系的构建要以坚持培养运动员的综合素质为出发点，要符合运动员的身心发展特点、体现时代特点和现代意识、适应运动员的认知发展水平；其教材的呈现方式要灵活多样，避免模式化，运用现代信息技术，为学生呈现多样化的教学内容，且内容难度应适中；体系构建要有开放性和弹性，在合理安排课程内容的基础上，给教练员和运动员开发和选择的空间，满足不同运动员在不同时期的需要。

3. 教材编写与选定质量的衡量标准

优秀运动员素质教育教材体系的构建首要考虑的因素是是否与优秀运动员的认知水平以及身心发展水平相匹配。结合优秀运动员的认识规律，课题组认为提高优秀运动员素质的教材编写与选定质量的标准应遵循以下原则：

---

[1] 安富海，王鉴. 近年来我国课程与教学论研究的回顾与展望 [J]. 教育研究，2016，37（1）：47-54；125.

——体系灵活

"教材体系是指构成教材的相互作用、相互制约的要素，一般由知识逻辑结构和知识心理结构两种要素组成。"通过两者有机结合，能使优秀运动员素质教育的教材内容更容易被运动员接受，且这种接受并非"填鸭式"的被动接受，而是在激发优秀运动员综合智能的基础上主观能动的接受，并在此基础上培养运动员的各种能力，以便运动员获取更多知识的同时，更快地提升自己的综合能力。与此同时，优秀运动员素质教育教材内容在选择上要具有优秀运动员素质教育的特点，要理论联系实际；教材的内容要富有弹性，尽量使用模块化教学，依据培养目标的不同，形成不同的知识体系，提升优秀运动员对所学知识的理解。

——内容创新

优秀运动员素质教育教材内容的创新，是由运动员学习动机所决定的。课题组在调查走访中发现，优秀运动员有较强的求知欲，对新鲜事物的感知较敏锐，因此，在教材体系构建时对教材的把控应及时、时效、创新，以满足优秀运动员的求知欲。具体可体现在知识新和观点新这两个方面。新知识层面，教材所涉及的内容知识既以最新的理论成果为基础，又能看到今后发展的趋势，使优秀运动员不仅掌握基础理论，又坚定自己的责任使命；新观点层面，教材的更新，要吸收和接纳国外先进的科学技术及成功经验，在精雕细琢、精研细究的过程中产生新的观点、新的知识。

——实用性强

全面发展素质教育最基本的要求是使优秀运动员适应当今社会生活的需要。为了体现对当今社会生活的需求，优秀运动员素质教育体系中的教材内容除对基础知识有要求，更应紧密联系社会、贴近生活，使运动员在课堂上学到的知识能举一反三至社会的方方面面。因此，优秀运动员的素质教育更具顽强的生命力，素质教育的价值也能发挥极致。此外，某代表队相关负责人表示，现今部分教材过于强调课程的学科性和系统性，将一些复杂难懂的内容编入教材，或将学过的知识重复引用，不仅浪费了学时，还降低了运动员的学习积极性。因此，在构建优秀运动员素质教育教材体系时应考虑到运动员的认识水平及其积极性，酌情简化教材内容、精简语言文字等，并结合运动员自身特点，循序渐进拓展其获取新知识与发散思维的能力。

——形式优美

教材的形式美也是以优秀运动员认知规律为出发点。众所周知，美好的事物总是能使人们产生浓厚的兴趣,激发强烈的愉悦感。这里所说的教材形式优美,具体指展现在教材里的语言文字、插画图片、封面装帧等方面,这也是课题组在教材体系构建的创新之处。优秀运动员作为特殊人才,其教学方式区别于普通学生,在课程设置、内容确定、教材构建等方面都应结合优秀运动员这一特殊性展开。因此,在教材形式上更要符合优秀运动员的欣赏习惯,对语言、图画、封面等进行特别设计,以凸显出教材的个性美,激发运动员的学习欲望。

(三) 优秀运动员素质教育教材体系构建的实践策略

1. 建立有效的教材建设组织与管理的运行机制

为充分发挥教材在优秀运动员素质教育人才培养中的作用,各级部门要加强教材体系建设的组织管理,加大对教材体系建设的投入力度;加强规划和立项管理,不断推出与完善优秀运动员素质教育教材建设政策,加强与学校的合作,建立教材与科研同步发展的运行机制;相关责任人应认真研究课程内容与教材体系,对处于不同发展阶段的优秀运动员的特征进行分析研究,总结出适应课程内容、教材体系发展的规律;教材管理部门要积极协助专职教师做好研究工作,组织素质教育专家及学科教师进行教材建设的规划,搭建各种研究平台,与不同学科及领域的专家学者交流、合作,编写或选用高质量教材,以适应优秀运动员素质教育人才培养的需要,以便使教材建设成为提高优秀运动员整体综合素质以及体育事业良性发展的助推器。

2. 构建符合教学大纲、体现科学发展新成果的参考教材

教材编写与选定的质量是否达标,最终确定效果如何,与教材体系构建团队紧密相连。为严格控制教材编写与选定的质量,课题组成员对课程内容、教学大纲、教材编写与选定说明进行监督把控,对参与教材编写与选定人员进行严格审核,合理分工,责任到位。在教材编写与选定过程中,由专家组成员监督,课题组通过查阅大量文献资料,开专题研讨会等形式,对优秀运动员素质教育问题进行深入探讨、交流,创建了优秀运动员素质教育的教材结构体系,并明确教学目标,最终选定了教材内容(表5-65、表5-66)。

——一般素质教育参考教材

表 5-65 优秀运动员一般素质教育参考教材

课程名称	参考教材	筛选标准说明
应用写作	1.《现代基础写作学》梁中杰.四川大学出版社 2.《现代写作教程》董小玉.高等教育出版社 3.《现代写作学》陈子典.广东高等教育出版社 4.《大学写作基础》潘大华.华中理工大学出版社	通过基础写作理论,进一步提高写作能力和信息运用能力,培养独立分析和解决问题的能力
形式逻辑学	1.《逻辑学》王海传.中国农业大学出版社 2.《形式逻辑》形式逻辑编写组.上海人民出版社 3.《逻辑学教程》何向东.高等教育出版社 4.《形式逻辑原理》吴家国.高等教育出版社	正确认识事物、获取知识,通过参考教材的知识内容,提高逻辑思维能力、语言表达能力、独立解决问题的能力
应用数学基础	1.《初等数学基础》李奕.北京理工大学出版社 2.《中职数学基础》黄梅.重庆大学出版社 3.《应用数学基础》李国莹.复旦大学出版社 4.《初等数学研究》李长明.高等教育出版社	掌握基本数学知识以及推理过程,正确使用数学方法和工具解决实际问题
实用英语	1.《21世纪实用大学英语》余建中.复旦大学出版社 2.《简明实用英语语法》侯昆西.南交通大学出版社 3.《体育英语实用会话》弘扬.中国石化出版社 4.《奥林匹克体育交流英语》徐群.华中理工大学出版社	通过理论与实践课程,能够基本达到进行英语交流的水平。在今后外出比赛能与外国友人正常交流、建立友谊
计算机应用基础	1.《大学计算机基础》王贺明.清华大学出版社 2.《大学计算机应用基础》田富鹏.机械出版社 3.《计算机文化基础》杨振山.高等教育出版社	掌握计算机基本知识与技能,培养创新精神与实际操作能力,增强获取、分析、处理信息的能力
艺术赏析	1.《现当代艺术赏析》孙刚.甘肃人民出版社 2.《艺术赏析》周茂东.广东人民出版社	通过当代鉴赏的学习与熏陶,不仅丰富自身的美育知识,提高优秀运动员审美水平,达到陶冶情操、训练后充分放松的目的

续表

课程名称	参考教材	筛选标准说明
传统道德教育	1.《中国传统道德撷英》韩天东．宁波出版社 2.《孔子中华传统道德学》邹芳村．广西民族出版社 3.《中国传统道德》刘献君．华中理工大学出版社 4.《中国传统道德概论》马永庆．山东大学出版社	通过对中华民族传统道德精神深入挖掘，结合运动员比赛训练实际，使运动员体会传统道德的永恒价值和时代意义，规范其道德行为，树立爱国意识，国人担当
励志、文明礼仪教育	1.《大学生成才励志教育读本》何冬梅．辽宁大学出版社 2.《励志成才 自强写人生》丁璇．北京理工大学出版社 3.《励志图新》华东理工大学求索丛书编写组．华东理工大学出版社	以实际案例为主要内容，通过典型人物形象凸显运动员积极向上的形象，激发运动员成就动机；强化运动员个人形象与国家形象的关系，减少各种国际、重要场合不文明行文的负面影响，结合具体文化背景使运动员了解并执行相关场合下的礼仪规范
诚信教育	1.《诚信》周林．中国纺织出版社 2.《诚信教育读本》黎昌国．重庆大学出版社 3.《诚信的力量》朱智文．甘肃民族出版社 4.《体育诚信研究》刘巍．吉林人民出版社	针对兴奋剂、假球等丑恶事件产生的实际原因，突出运动员诚实守信的现实意义，并从实践层面帮助运动员形成诚信意识，在比赛中，赛出风格、赛出真实水平，发扬奥林匹克精神
团队意识	1.《团队建设与管理》陈迎雪．电子科技大学出版社 2.《团队精神》李慧波．中国城市出版社 3.《精英团队》（英）安迪·博因顿．中国市场出版社 4.《团队建设研究》陈一星．中央编译出版社 5.《靠团队取胜》赖新元．吉林大学出版社	通过团队建设等教材，帮助运动员形成个人服从集体的集体主义精神，了解并掌握处理个人在集体关系中应遵循的原则，提升与团队成员合作的能力

续表

课程名称	参考教材	筛选标准说明
思想道德修养与法律基础	1.《思想道德修养与法律基础教学案例》张剑.北京理工大学出版社 2.《思想道德修养与法律基础实践教学手册》郑汉印.经济日报出版社	使优秀运动员深刻理解道德与法律辩证关系，提高优秀运动员思想道德修养与法律素养，为优秀运动员树立正确的世界观、人生观、价值观
中国近现代史纲要	1.《中国近代史诸问题》刘大年.人民出版社 2.《中国通史参考资料》翦伯赞.中华书局	通过对近代历史问题的探讨与对比，帮助优秀运动员了解历史，熟知国史，激发优秀运动员的爱国情怀与民族自豪感
职业生涯规划	1.《职业生涯规划与辅导》吕厚超.西南师范大学出版社 2.《职业生涯规划》孟喜娣.北京邮电大学出版社 3.《职业生涯规划训练手册》范东亚.重庆大学出版社 4.《职业生涯规划与就业指导》陈玉民.吉林人民出版社	为优秀运动员树立正确的职业观念与职业理想，学会根据社会需要和自身特点进行职业生涯规划，以此规范和调整自己的行为，为二次就业创造条件
人际交往与沟通技巧	1.《人际关系与沟通》张文光.机械工业出版社 2.《沟通技巧》惠亚爱.人民邮电出版社 3.《人际沟通与语言艺术》张岩松.清华大学出版社	使优秀运动员掌握人际关系的基础理论，获得人际关系、社会交往沟通能力等知识，提高优秀运动员的综合素质，以适应当前以及未来的工作、学习和生活的需要
自我学习方法与策略	1.《学习的自我主张》胡继萍.四川大学出版社 2.《学习的自我效能》边玉芳.浙江教育出版社 3.《自我调节学习》（美）Barry J. Zimmerman.中国轻工业出版社	以自我学习认知策略为基础，通过激发学习动机和实施自组织策略，使优秀运动员逐步形成自我学习的技能

——专业素质教育参考教材

表 5-66　优秀运动员一般素质教育参考教材

课程名称	参考教材	筛选标准说明
运动人体科学基本原理	1.《运动人体科学实验原理与方法》李洁．人民体育出版社 2.《运动人体科学概论》王健．高等教育出版社 3.《运动人体科学实验》史绍蓉．湖南师范大学出版社	使优秀运动员掌握运动人体科学的基本理论，清晰人体的基本构造和运动过程中的规律，更好地指导训练实践
运动解剖学	1.《运动解剖学》胡声宇．人民体育出版社 2.《运动创伤学》郑怀贤．四川人民出版社 3.《正常人体解剖学》严振国．上海科学技术出版社	使优秀运动员了解运动对人体形态结构的影响和发展规律，掌握体育动作的解剖学分析方法，为各项运动技术的教学和训练提供理论依据
运动生物力学	1.《运动技术分析与评价》刘北湘．四川科学技术出版社 2.《运动生物力学》石玉琴．人民体育出版社 3.《运动生物力学》陆爱云．人民体育出版社	使优秀运动员了解运动生物学的基本理论知识，能够将运动生物力学应用于自身专项运动技术的分析和评价
运动伤病急救与预防	1.《常见运动伤病防治》潘岳民．科学技术文献出版社 2.《全民健身知识系列丛书运动伤病防治》司玉灿．陕西科学技术出版社	使优秀运动员通过课堂讲授、见习课、操作练习课掌握和熟悉运动创伤的基本理论、基本知识和基本技能，并将其运用于实践
康复学	1.《体育康复学》李宗述．四川教育出版社 2.《运动损伤康复学》张笃超．人民军医出版社	使优秀运动员通过课堂讲授、课堂实验和操作练习、临床见习，较系统地掌握体育康复学的基本理论、基本知识和基本技能

续表

课程名称	参考教材	筛选标准说明
运动营养学	1.《运动营养学》陈吉棣．北京医科大学出版社 2.《实用运动医学》曲绵域．北京科学技术出版社	使优秀运动员了解营养学的基础知识、基本理论，掌握训练及比赛期的营养特点，了解特殊情况下训练的营养安排。使他们在训练工作中能够合理的安排自身营养，维持身体健康和良好机能，利于运动能力的提高和取得好的运动成绩
专项技术理论	1. 各专项教学用书 2.《运动技术动作分析方法》张健．北京体育大学出版社	通过专项教学，让优秀运动员系统的掌握主攻项目的基本理论、基本技术以及运用技术的能力，较好的掌握训练与教学的基本规律和方法，大幅提高运动技术水平
运动竞赛学	1.《运动竞赛学》刘建和．四川教育出版社 2.《体育竞赛战术技巧指南》卢锋．电子科技大学出版社	使优秀运动员正确认识运动竞赛活动的特点和规律，具备相应的知识结构与能力结构，使优秀运动员能结合专项思考一些有关竞赛方面的问题，为其成功地进行竞赛实践提供科学的理论依据
运动心理学	1.《运动心理学》毛志雄．中国人民大学出版社 2.《运动心理学》张力为．华东师范大学出版社	使优秀运动员了解常见的运动心理问题及排解途径，使其能够较好地进行自我心理调控，具备一定的心理抗干扰能力
运动心理健康与咨询	1.《医学心理学》姜乾金．人民卫生出版社 2.《心理卫生》王效道．浙江科学技术出版社 3.《导引人生—心理卫生学》陈永胜．山东教育出版社 4.《心理健康教程》张小远．广东高等教育出版社	通过本门课的教学，使优秀运动员能了解心理咨询的途径和方法，并配置相应的实践环节，针对性的排解运动员心理不良状态
运动智能素质的培养与应用	1.《个人运动智能》乌尔里克·韦斯洛夫．中国科学技术大学出版社 2.《新世纪接班人素质培养》湘文．青少年出版社	通过本门课程培养优秀运动员理解教练员体育的能力，提升自我训练规划和总结能力

3. 加强教材体系构建队伍的培养

教材研究及编审工作的水平决定了教材体系建设的效率和质量[1]。而培养专业化的高素质教材建设队伍是实现教材体系建设高效率、高质量的根基。优秀运动员素质教育教材体系的构建必须要有一支结构合理、业务精湛、综合素质高、涉猎范围广的高素质专业教材研究和编审队伍。一方面要充分发挥各优秀代表队相关管理者的领导作用，为优秀运动员素质教育教材体系建设提供有力保障；另一方面要重点发挥好相关学科及领域的教授和素质教育专家的"传、帮、带"作用，培养一批学科带头人和教材建设骨干，担负起教材建设工作的重任，以促进教材建设工作健康可持续发展。

4. 建立科学的教材评价与激励机制

教材评价是对教材编写质量好坏的有效把控手段[2]。教材评价主要是通过特殊的方式方法来剖析教材是否具有效果、是否可靠、是否可行等问题。并通过特殊的手段对结果进行概括，从而对教材有更深的认识[3]。教材能否满足优秀运动员的需要？是否能促进优秀运动员知识、能力等各方面的发展与进步？是否符合优秀运动员素质教育培养目标的实现？通过科学合理的评价，建立一系列有效的激励机制，提升教材质量内涵。通过围绕优秀运动员培养过程与需求，建立相应的指标体系、保障机制以及激励机制（图5-6），再对其分别细化，在教学过程中形成良性循环，对构建教材体系有非常重要的意义。

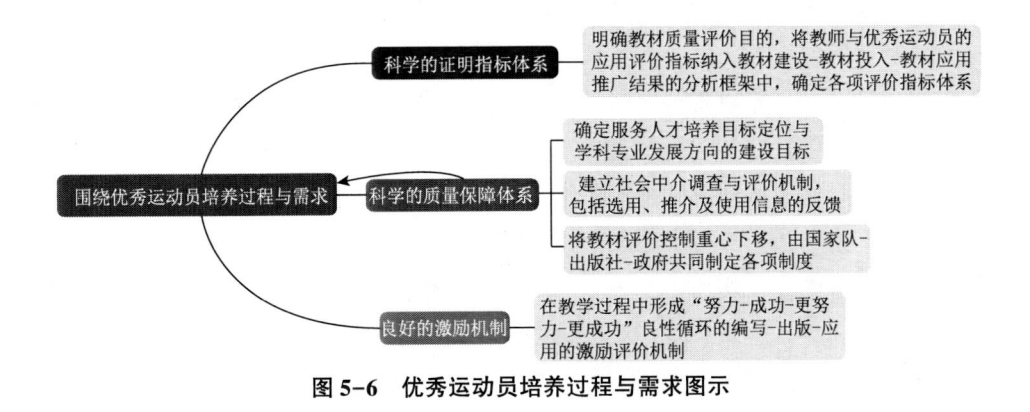

图5-6 优秀运动员培养过程与需求图示

---

[1] 胡定荣. 教材分析：要素、关系和组织原理 [J]. 课程·教材·教法, 2013, 33 (2)：17-22.
[2] 王立春, 卢绍娟. 普通高校成人教育人才培养模式研究 [J]. 中国成人教育, 2011 (19)：178-179.
[3] 王立春, 卢绍娟. 基于创新人才培养的都市农业教材评价研究 [J]. 科技资讯, 2010 (34)：237.

第五节　我国优秀运动员素质教育课程评价体系的确立

课程评价是课程设计的最后环节，是检验课程效果的重要指标[1]。课程评价通过对课程目标、课程编写、实施授课等方面进行评价，衡量教学课程是否实现教育目的，由此判断课程设计的教学效果，再根据教学效果出现的问题，提出增加教学效果的策略和方法。课程评价针对不同对象、不同主体、不同目的有不同层次的评价标准。就优秀运动员这一特殊群体，从课程评价的目的出发，对课程的诊断性评价、形成性评价和总结性评价三方面进行研究，了解优秀运动员知识储备情况，就如何培养优秀运动员，丰富优秀运动员课程内容，提高课程效率提出相应对策。

一、素质教育课程初步诊断性评价

优秀运动员属于专业竞技运动员，走体育职业运动是该群体大致发展的方向。由于专业发展与学业存在一定冲突，大部分运动员为更好地发展专业而忽视文化教育。素质教育作为提高受教育者综合能力发展的教育模式，与优秀运动员发展模式不相符，但存在互补成分。诊断性评价即教学性评价、准备性评价，一般是指在某项教学活动开始之前对学生的知识、技能以及情感等状况进行预测。通过这种预测可以了解学生的知识基础和准备状况，以判断他们是否具备实现当前教学目标所要求的条件，为实现因材施教提供依据[2]。

优秀运动员培养模式基本属于精英教育，以培养少数竞技人才提高优秀竞技核心实力。素质教育课程是为更好地培养优秀运动员，提升优秀运动员综合素质。授课前对优秀运动员进行诊断性评价有利于帮助教师更好地了解优秀运动员整体文化素质基础，针对不同水平的优秀运动员提出相应解决方案，对基础知识薄弱的运动员增加其基础知识阅读量，通过量变达到质变；对励志文明、礼仪知识薄弱的运动员，增加文明、礼仪课程，提高运动员整体文明素质；对应用写作方面薄弱的运动员，增加该类学生阅读量、写作量，从基础语言文字着手，提高运动员写作能力。诊断性评价能有效反映优秀运动员知识、技能及情感等状况，

---

[1] 林智中, 马云鹏. 课程评价模式及对课程改革的启示 [J]. 教育研究, 1997 (9): 31-36.
[2] 王芳玲. 初中语文高效课堂教学策略研究 [D]. 兰州: 西北师范大学, 2017.

对优秀运动员出现的状况，教师能提前备好有效方法，帮助运动员更好地学习、提高自身综合素质。对优秀运动员初步诊断性评价课程，包括训练基础知识、体能伤病防治和伤病知识、励志文明、礼仪、应用写作等。

二、素质教育课程期中形成性评价

形成性评价作为教学实施过程中形成的评价标准，针对学生日常学习过程中的自我表现，随堂课程考核的成绩以及教学中学生表现出的情感、态度、策略等方面综合形成的教学评价。是基于对学生学习全过程的持续观察、记录、反思而作出的发展性评价。其目的是激励学生学习，帮助学生有效调控自己的学习过程，使学生获得成就感，增强自信心，培养运动员的合作精神。形成性评价使学生"从被动接受评价转变成为评价的主体和积极参与者"[1]。优秀运动员因流动性强，训练周期系统，训练强度大，教师对该群体教学进度较难把控，运动员在业余时间学习素质文化课程，学习时间相对较短，学习内容较少。通过网络教学平台对优秀运动员进行远程教学，教师能精准把控运动员上线状况，给未上线学习的运动员通电话或致电教练员，要求运动员上线学习。网络平台教学教师能把控运动员在上课中对教学内容的掌握，了解运动员学习情况，对理解和分析问题有一定难度的运动员加以关心，及时发现运动员理解困难的地方，帮助运动员在线解决相关问题，引导运动员掌握正确的学习方法。针对学习的整体，教师可根据运动员整体情况调整教学计划，放慢教学进度，改进教学方法，结合优秀运动员的特殊性，最大化考虑运动员的学习效果，让运动员读懂、学懂，理解到知识点。

三、素质教育课程期末总结性评价

总结性评价即终结性评价，作为教学活动结束之后，对教学活动的最终效果进行的评价[2]。素质教育课程总结性评价是对学生经过一学期学习后学习效果检验的直观考察，总结性评价的目的在于检验学生是否达到课程教学目标的相关要求。总结性评价直接、客观地体现结果，通过考试结果反映学生对教学课程理

---

[1] 许丽芹. 外语教育中形成性评估的促学模式实证研究 [J]. 南昌师范学院学报，2018，39（6）：108-113.
[2] 杨向东. 谈课堂评价的地位与重建 [J]. 全球教育展望，2009，38（9）：42-46.

解的程度，分出等级，并对整个教学活动的效果做出评定。优秀运动员整体文化基础较薄，教师教学进度慢，针对教学课程中的重难点特别讲解，因此对运动员考核细致、精准。针对运动员总结性评价，是期末考试成绩中评判运动员学习成果的评价指标，也是影响运动员考学的重要因素。大部分优秀运动员处于中学阶段，除训练外，该群体还有一个重要任务即考大学。大学招考由两方面组成，文化考试是基本成分，专业考试是重要成分，两者缺一不可，运动员面对专业考试相对放松，面对文化考试不知所措。对优秀运动员素质文化的培养是运动员后续职业保障的重要途径，总结性评价作为运动员文化成绩检验的重要标尺，直观地告诉运动员课程学习的效率，是否达到相应标准，对比考取大学的分数线的相差是多少，时刻提醒运动员素质文化课程是未来职业生涯规划发展的重要因素。

四、素质教育课程实施主体

（一）精准教学目标，实现目标转换

师者传道授业解惑，教师职责在于教好学生，学生学什么、怎样学以及学习效率高低是教师教学水平的直接体现[1]。优秀运动员作为特殊群体，长时间训练、集训、竞赛占据其大量时间，教师对该群体教学存在误解，以普通学生教学标准衡量优秀运动员素质文化教育，不利于提高其素质文化教育发展。教师通常以"认知目标、技能目标、情感目标"三个教学目标为标准传授学生知识，对于优秀运动员这一特殊群体而言教学中逐一实现"认知目标、技能目标、情感目标"存在困难。优秀运动员肩负为国争光的使命，运动技能的提升是他们为实现国家光荣使命的重要途径。优秀运动员素质文化教育主要在于丰富业余生活知识，对该群体而言，"认知目标"是教师针对优秀运动员课程教育的主要目标。精准授课目标是教师更好实现自我价值的途径，精准教学目标促使教师走进优秀运动员生活，了解他们学习的习惯、生活方式，更好地抓住重点，对运动员缺失的认识进行精准突破。精准认知目标，丰富优秀运动员知识库，帮助运动员了解专业之外的知识。精准情感目标，培养运动员对素质文化教育的兴趣，使其产生情感，以便更好地帮助运动员了解课程内容；以"技能目标"培养为辅，优秀运动员训练时间占据其总时间的大部分，对该群体教育主要以认知知识为主，丰

---

[1] 赵明仁，陆春萍．从教学反思的水平看教师专业成长——基于新课程实施中四位教师的个案研究 [J]．课程·教材·教法，2007（2）：83-88.

富其知识层面。如何确定教学方法，教师可根据运动员自身学习吸收能力因材施教。

(二) 结合网络优势，优化教学手段

教学方法是实现教学目标的重要途径，良好的教学方法能够活跃课堂气氛[1]，传统的教学方法只能灌输知识，枯燥且乏味。当今时代是传媒时代、是网络时代、是数据时代，网络作为媒介将所有生活事物紧密联系在一起，教学也是其中的重要因子。网络教学作为教师教学的重要手段，如何将网络运用于教学中，提升优秀运动员学习兴趣，成为教师的难题。网络课程是一种新兴的教学模式，其大规模化、针对性强、随机在线等特点缓解了运动员训练时间长、训练强度大、比赛周期长的现象。

(三) 贴切具体实际，展现个性魅力

教学目标、教学内容、教学方法、教学评价是课程体系的重要构成部分，贴切实际的教学目标更直观促进优秀运动员理解教学重点和教学难点；贴切实际的教学内容更吸引运动员注意力，提高教师教学效率；贴切实际的教学方法紧抓优秀运动员学习心理，能直观帮助运动员对课程内容、目标等教学效果的理解；贴切实际的教学评价能有效反馈教师授课水平，学生学习效率等情况。教师在课堂中起主导作用，教师言行举止潜移默化地影响着学生。随着网络迅速发展，学生对社会热点信息关注度较高，对时事新闻追捧强烈。面对信息传播快速的时代，教师有效掌握时事新闻热点，结合当前教学模式和自身意识，向学生传递社会正能量，培养学生正确的世界观、人生观、价值观。面对优秀运动员这一特殊群体，教师时刻掌握体育界有效时事新闻热点，课中交叉运动项目讲解，拓宽运动员知识领域，打开运动员视角，丰富其教学内容。每个教授都有自身特有的魅力，会讲、会说、会唱、会跳是不同教师面对不同学生的授课行为，彰显教师个人魅力，吸引学生注意力是保证课堂质量的前提，教师魅力的释放能抓住学生眼球，在实际教学过程中运用灵活的方式，根据优秀运动员特点进行因材施教，充分发挥贴切实际教学的优势。

---

[1] 侯怀银，王俊琳. 改革开放以来中国大陆大学教学方法研究：历程、进展和趋势 [J]. 高等教育研究，2014，35（10）：63-71.

五、素质教育课程实施对象

(一) 对标特点, 目标综合化

教学目标具有多元化、具体化等特征,优秀运动员教学课程的实施应体现高校特色,应与专业培养目标相互融合。

针对教学目标的多元化。运动员长期外训,以训练为主,学习为辅,导致其文化底子薄,文化基础不牢固,就运动员学习目标不明确这一现象,教师根据运动员整体水平,因材施教,以优带中,以中带弱,推弱向上的方法解决学习目标模糊的现象。针对运动员的专项训练课和专项理论课课程的实施,教师可引导运动员将专项教学目标细化,即分为运动参与目标、运动技能目标、身体健康目标、心理健康目标、社会适应目标五个维度[1]。运动参与目标是引导运动员积极参与相关体育运动,保持身体体能运动,促使身体竞技状态恢复;运动技能目标是强化运动员专项技术,把握专项技术细节,提高专项运动能力,针对细小专项技术,教师可结合视频分析进行教学,以便学生更加直观了解细微技术;身体健康目标是运动员本身训练固有的保障,由于季节性疾病冲击,不少运动员受流行性感冒等疾病干扰,引导学生合理预防疾病是保障竞技能力提升的有效途径;心理健康目标在竞技体育中尤为明显,大赛前运动员心理负担较重,教师可根据运动员竞技水平分析引导运动员,帮助运动员缓解心理压力,释放身体压力,保障运动员竞技水平有效发挥;社会适应目标是运动员职业发展规划道路的重要组成部分,教师引导运动员具备正确的社会价值观,有助于帮助运动员很快适应社会发展,与社会发展接轨。以上五个维度目标是课程层面规定的,五个维度目标的发展受限于体育教学目标的制订维度,五个维度目标以体育教学目标的制订维度为中心,其发展范围不能超越教学目标制订维度规定的范围。使教学目标突破了传统的"三基"目标体系,呈现出身体健康、心理健康、社会适应等多元化发展趋势。

(二) 抓住重点, 授课多样性

近年来,体育的教学方法层出不穷,有情景教学法、愉快教学法、游戏竞赛

---

[1] 吴晓红. 对改革开放以来我国普通高校体育教学目标发展的研究 [J]. 职业时空, 2007 (15): 51-52.

法、成功教学法、创造思维法、兴趣教学法等，单一的授课方式已经改变，运动员也应该积极配合老师，在学习实践中充分发挥自己的优势特长，抓住每一个锻炼和学习的机会，体验成功的喜悦和胜利的欢乐。

(三) 结合教学，突出个性化

运动员的体育基础知识水平和综合素质参差不齐，有的自制力强、有的学习能力强、有的交际能力强。总之，运动员在个人素质、学习水平和体育竞技中都存在明显的个性化差异。运动员的个性化特点决定了教学必须以运动员为本，以运动员的发展为中心，根据运动员自身不同的特点制订个性化的培养方案，扬长避短、因材施教，运动员才能在老师个性化的培养方案下有更进一步的发展。

第六章 我国优秀运动员素质教育管理体制和运行机制研究

优秀运动员素质教育管理体制是国家体育总局以及各机关部门对自身职责、管理辖区、利益关系等各方面之间的关系准则，机构的配置是优秀运动员素质教育管理体制的核心。各个部门之间的合理安排以及相互协调、管理的效率及成效都直接受到执行力大小的影响，在整个过程中起到至关重要的作用。课题组在调研、梳理优秀运动员素质教育管理主体之间权责划分的基础上，根据管理学的相关理论，对运动员素质教育的管理体制进行理论架构，并研究制定了优秀运动员素质教育的运行机制和考评机制，以求从体制和机制上来保障国家队运动员素质教育实现途径的畅通。

第一节　国家队运动员素质教育管理体制与运行机制

一、国家队运动员素质教育权责划分

在运动员素质教育工作中，国家体育总局、科教司、训练局、国家队运动员文化教育中心、各项目管理中心等部门的权责划分问题是构建国家队运动员素质教育管理体制运行机制及考评机制建立的关键。基于调查和访谈，课题组对国家队运动员素质教育相关部门的相关权责划分进行了梳理。

（一）国家体育总局

国家体育总局依据国家政策性文件，为国家队运动员素质教育提供政策支持，负责协调总局各司、中心等职能部门素质教育的相关工作，对拟定国家队运动员素质教育的中长期规划进行指导。国家体育总局局长任国家队运动员素质教

育委员会主任，任命一名总局副局长分管国家队运动员素质教育工作，并直接联系、指导国家队运动员素质教育委员会的相关工作。

（二）总局科教司

总局科教司主管国家队运动员素质教育的相关业务组织、实施工作。总局科教司牵头组织成立国家队运动员素质教育工作委员会，总局科教司下设综合处成立专门的国家队运动员素质教育工作委员会办公室，对国家队运动员素质教育的实施情况进行指导和监督，拟定国家队运动员素质教育规划、计划，并组织实施，牵头协调各司、中心等职能部门对素质教育工作进行考核、评价，起草国家队运动员素质教育的相关规章制度等。

（三）总局训练局

总局训练局主管国家队运动员素质教育的相关行政组织、实施工作，对国家队运动员文化教育中心落实相关规章制度和日常行政工作进行行政监督和管理，具体负责素质教育软硬件建设工作，促进教育资源的合理有效配置。

（四）国家队运动员文化教育中心

国家队运动员文化教育中心直接为国家队运动员素质教育提供软硬件的技术服务，对国家队运动员素质教育进行日常管理并组织实施国家队运动员素质教育的相关教学工作和考核评价工作。

（五）项目管理中心

总局项目管理中心分管所辖国家队运动员素质教育的相关组织、实施工作。任命项目管理中心主任为所辖国家队素质教育的第一责任人，对所辖国家队落实素质教育相关规章制度进行管理，对国家队运动员素质教育的具体落实情况进行指导、监督。

（六）国家队

各国家队的领队为国家队运动员素质教育的第一责任人，负责拟定所辖国家队运动员素质教育的规划、计划，并负责落实、配合国家队运动员文化教育中心和国家队运动员素质教育工作委员会对素质教育工作的实施，配合各司、中心等职能部门对所辖国家队队教育工作进行考核、评价。

二、国家队运动员素质教育管理体制

管理体制是指系统内的构造以及组成形式，也就是使用什么样的组成方式以及如何使他们联结成一个有机系统，并通过何种方式方法来完成管理的职责和目标[1]。具体而言，管理体制就是中央和各地方部门等对自身的职责、管理辖区、利益关系等各方面之间的关系准则，它的主要机构就是国家队运动员素质教育管理机构。关于对国家体育总局机关职责的梳理，从管理学的视角，初步构建了国家队运动员素质教育管理体制框架。如图 6-1 所示，国家队运动员是接受素质教育的群体，国家队运动员文化教育中心是素质教育的执行部门，包括业务主管部门和行政主管部门两部分，其中国家体育总局科教司是业务主管部门、国家体育总局训练局是行政主管部门。除此之外，国家体育总局项目管理中心和国家（集训）队是素质教育协助部门。

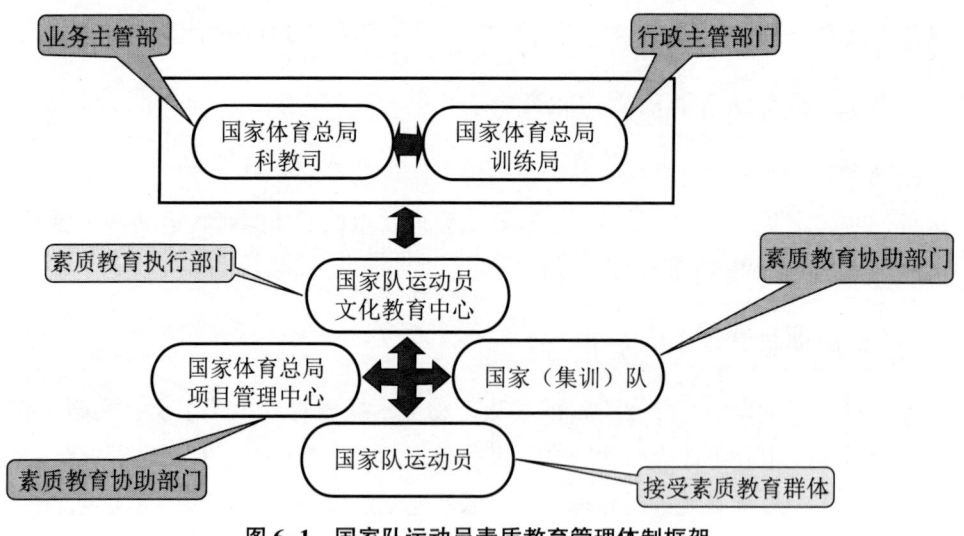

图 6-1 国家队运动员素质教育管理体制框架

---

[1] 林闽钢. 我国社会服务管理体制和机制研究 [J]. 华中师范大学学报（人文社会科学版），2013，52（3）：35-40.

（一）主管部门

从目前国家队素质教育的管理现状来看，可在业务上归属科教司管理，在行政上归属训练局管理。但是，理想化的设计是，国家队运动员素质教育的主管部门，应由可以统揽全局的部门担任，国家队运动员素质教育的主管部门可为国家体育总局办公厅，业务管理可划归科教司，行政管理可划归训练局。

（二）执行部门

在主管部门的领导下，国家队运动员文化教育中心执行素质教育的具体实施管理工作，同时要向主管部门负责，接受主管部门的行政管理和业务指导。国家队运动员文化教育中心组织机构设置如图 6-2 所示，该机构由中心主任负责，中心行政副主任、中心业务副主任和中心办公室协助，下设有素质教育处、基础教育处、学历教育处、教务处和后勤处。其中，素质教育处由在京素质教育办公室、省运动队素质教育办公室和驻局素质教育办公室构成；基础教育处由驻局运动员教育办公室和省市基础教育办公室构成；教务处由教务办、对外联络办和网络办构成。

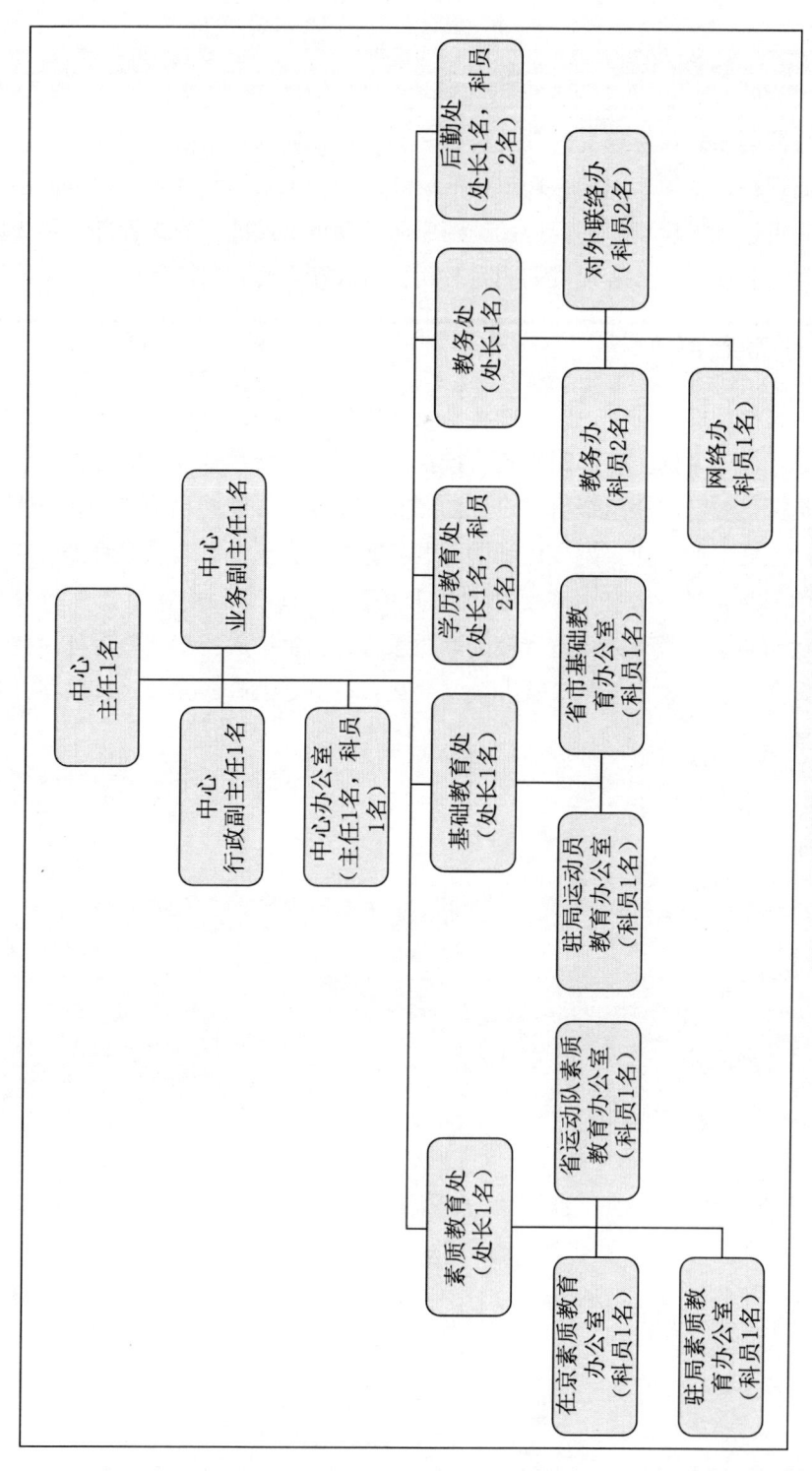

图6-2 国家队运动员文化教育中心组织机构

（三）协助部门

在主管部门国家体育总局科教司和训练局的领导下，项目管理中心和各运动队配合国家队运动员文化教育中心行使协助管理和执行素质教育的职责，同时要对国家体育总局训练局和科教司负责，并接受相关管理和指导。国家（集训队）运动员素质教育组织机构，如图6-3所示，国家（集训队）运动员素质教育的主管领导是国家体育总局项目管理中心副主任，第一责任人是国家（集训队）领队，第二责任人是国家队运动员主管教练。

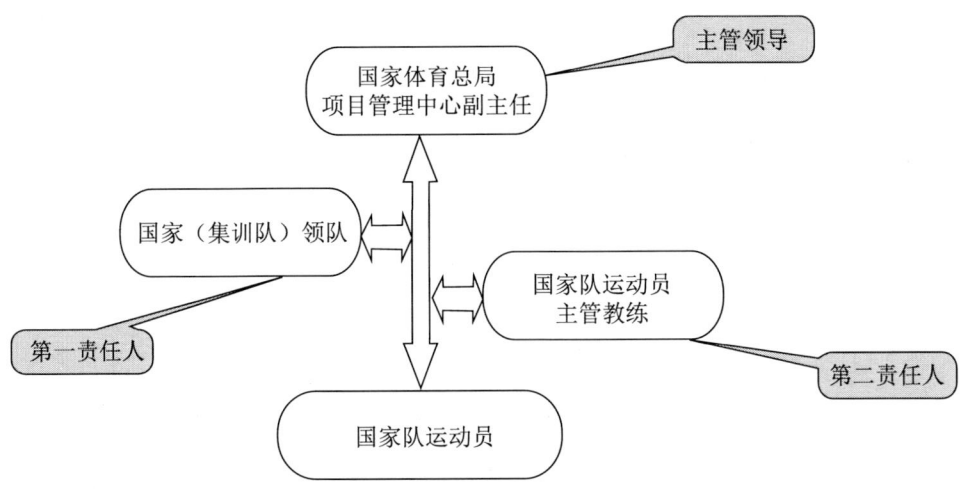

图6-3 国家（集训队）运动员素质教育组织机构

（四）保障系统

国家队运动员文化素质教育运行的保障机制，为运动员文化素质教育的实施给予了最基本的前提。具有健全的素质教育保障机制，也为素质教育的正常运行提供了必须基础的前提。

国家队运动员素质教育保障机制最重要的三个步骤：第一，经济基础决定上层建筑，经费的投入和设备的完善要达到标准要求；第二，要尽早营造有利的舆论氛围；第三，要提供有效的技术保障。国家队运动员素质教育保障系统如图6-4所示，国家队运动员文化教育中心和国家队运动员是素质教育的教育主体。其中国家体育总局办公厅负责国家队运动员素质教育的组织保障；国家体育总局人事司负责国家队运动员素质教育的社会保障；国家体育总局机关党委、国家体育总局社会体育指导中心和国家体育总局人力资源开发中心负责素质教育的技术保障；国家体育总局经济司负责素质教育的财政保障；国家体育总局宣传司负责素质教育的舆论保障；国家体育总局政法司负责素质教育的法规保障。

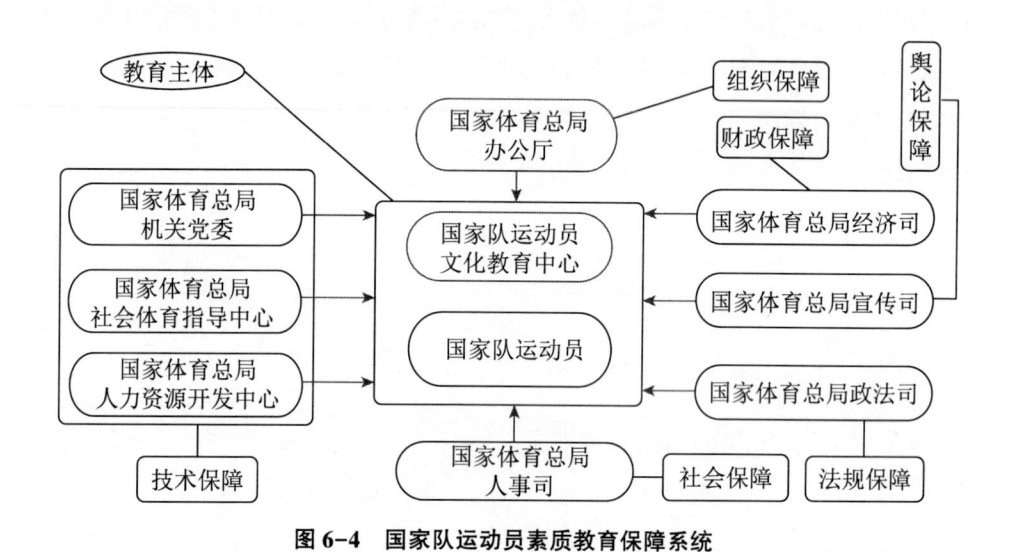

图6-4 国家队运动员素质教育保障系统

三、国家队运动员素质教育运行机制

（一）机制构建

运行机制是指在人类社会有规律的运行过程中，影响其运行的各类因素的结构、性能、相互关系，这些因素产生的原因、发挥功能的作用和原理及其运行模式。是对人、才、物等各项活动的基本规则和相关制度的引领和限制，是各类行为的要素与相互关系的总和。它们之间的各类关系相互作用、相互联系、要确保社会各类工作的目的和职责的真正实行，务必创建一套和谐、活跃、高效的运行机制。

而对机制的理解，重点抓住两方面：首先，各事物的组成部分的保存是机制存在的基础，正因为有它们的存在，才使对它们相互关系协调问题的存在；其次，各方面相互关系的调和必须是一种具体化的运行模式。机制是把它们相互关系的各个部分联结起来的一种运行手段，使它们调和运作并行使作用。

对于机制的创建，第一是依靠体制，第二是依靠制度。而这里的体制主要是对组织职能和职位权利的整合与设置；所谓制度，从广义上讲包含了国家、地方的法律法规和其他组织的制度章程。通过相应体制或制度的创建，机制才在实践过程中得到体现。从机制的作用来看，有激励型机制、制约型机制及保障型机制。激励型是对管理的主体积极性的调动；制约型是使管理得以有条不紊的实施，对管理规范化；保障型是对管理活动给予的物质基础及精神食粮。

建构素质教育良性运行机制是素质教育从图纸到实践的桥梁，形成素质教育运行机制，是实施素质教育的根本措施和关键环节。国家队运动员素质教育运行机制如图 6-5 所示，运行机制归分到行政主管部门、业务主管部门和素质教育执行部门。其中行政主管部门负责宏观指导和综合管理，包括《素质教育管理条例》的发布，《国家资格证书制度》的制定及国家资格证书的供给，同时负责信息平台和诚信档案的管理与搭建。业务主管部门负责素质教育联席会议制度的组建。素质教育执行部门负责素质教育管理委员会的监管以及行业资格证书的供给，同时监管素质教育所需的教材、培训及考试考核。其中教材部分，包括素质教育规划的编制及发布、岗位标准的制定、大纲和进度的制定、教材与师资的推荐及教材和讲义的编制；培训部分，包括教材和讲义的编制、培训服务的提供、培训机构基本情况的发布；考试考核部分，包括考试题库的制订、考试考核的组织工作及考试信息和成绩的发布。以上运行机制用于满足国家（集训）队和运动员的需求，并发布于公共信息平台上。

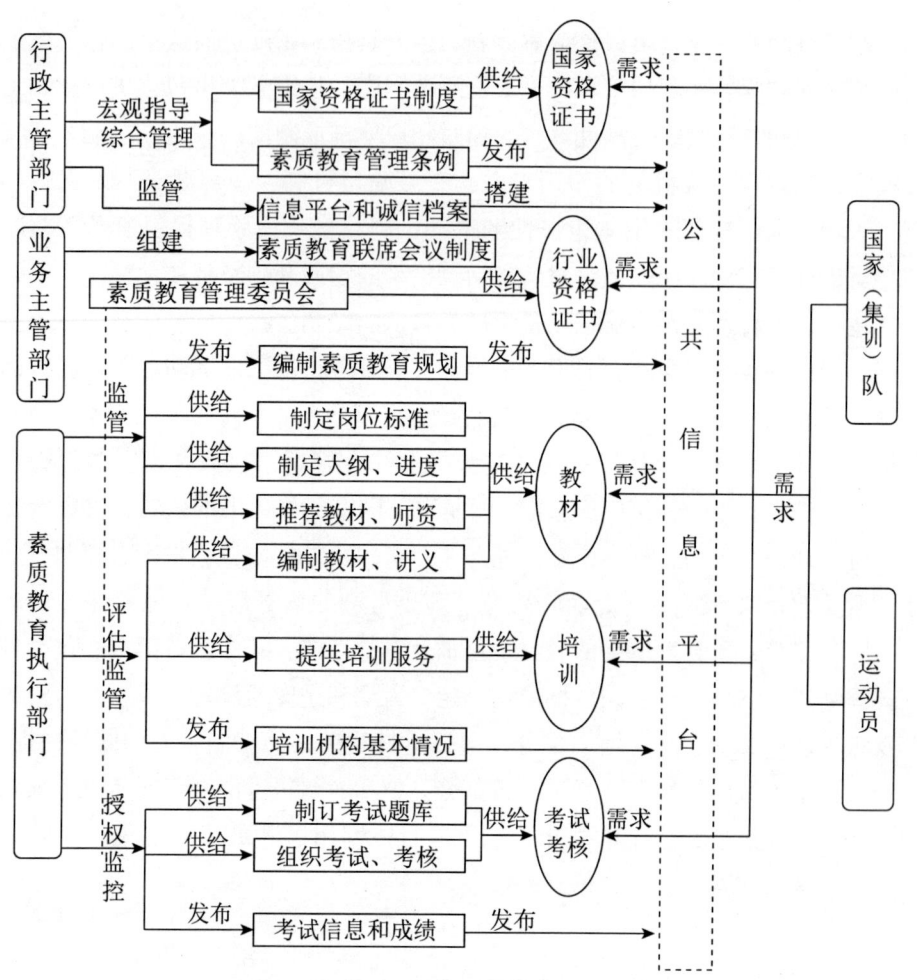

图 6-5 国家队运动员素质教育运行机制

(二) 素质教育工作管理委员会

由总局科教司牵头组建国家队运动员素质教育工作管理委员会,在总局科教司综合处设立国家队运动员素质教育工作管理委员会办公室。国家体育总局主管副局长任委员会主任,训练局分管领导、科教司分管领导、各项目中心主任为副主任委员,国家队运动员文化教育中心主任任常务副主任,总局科教司综合处处长任办公室主任,各级专家组成员、各支国家队领队、文化教育中心处室负责人为委员会成员如图 6-6 所示,各部门委员由各部门副主任委员、常务副主任或办公室主任管理,由主任担任总负责人。国家队运动员素质教育工作管理委员会一经成立，就全权行使国家队运动员素质教育的相关业务管理工作。

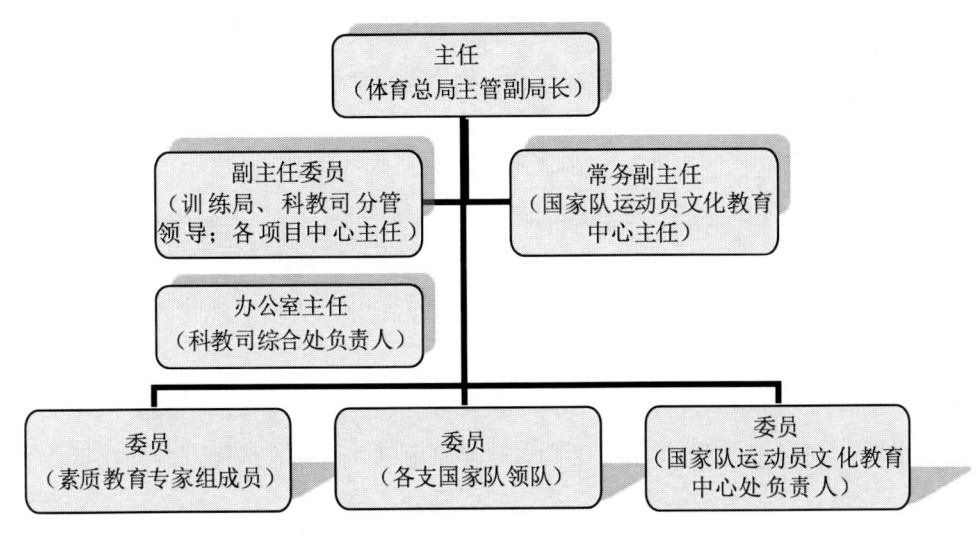

图 6-6 素质教育工作管理委员会组成

（三）考评机制

推行素质教育是一项系统工程，不同的部门、岗位拥有不同的工作职责，只有对不同部门和岗位制定明确的工作职责，才能达到各部门之间、岗位之间的整体协作能力，才能达到素质教育的有序推动，这就对评价体系提出了要求。要确保评价体系的完整，包含所有部门、所有岗位以及所有人。由此，国家队应从纵向和横向两个维度建立一个由多层次、多层级组建的全方位评价机制：

纵向构建，层层贯通。从四个层次对五个不同的部门或主体产生的评价。第一层，以素质教育管理委员会为评价主体，以国家队运动员文化教育中心为评价对象，以文化教育中心、科教司、训练局主要负责人为责任人，形成《国家队运动员素质教育工作目标管理评价方案》；第二层，以国家队运动员文化教育中心、科教司、训练局为评价主体，以运动队为评价对象，以项目管理中心分管素质教育的相关领导为责任人，制定《项目管理中心推行素质教育目标管理评估方案》和《项目管理中心素质教育评估方案》；第三层，以运动队为评价主体，以主管教练员和素质教育教师为评价对象，以运动队领队为主要责任人，制定《运动队实施素质教育目标管理评估方案》；第四层，以主管教练员和素质教育教师为评价主体，以运动员为评价对象，以主管教练员为主要责任人，制定《运动员综合

· 181 ·

素质评价方案》。运动员综合素质评价方案的制订，其核心是将培养目标进行逐一概括，也就是对素质教育的根本指向作出较精准的描述。因此，建立纵向结构分层评价体系，为素质教育系统工作的稳步进行打下了坚实的基础。

横向构建，项项分明。将素质教育的内容看作一个相关联的整体。对素质教育中的各项内容的具体推进进行专项评价，达到深化改革，确保素质教育能达到真正的目的。目前，国家队运动员素质教育内容为"4+X"的形式。"4"是国家体育总局规定的4个方面，即基础训练知识，体能训练，运动损伤的预防和运动伤病的康复训练，励志、文明礼仪和就业指导。"X"是广泛征求运动队和专家的意见后，提出的有关文化教育方面的需求。基于此，从横向开展的素质教育内容评价体系也是由"4+X"模式中的5个独立的评价课题组成。这5个独立的评价项目分别为：基础训练知识的评价，体能训练的评价，运动损伤预防的评价以及运动伤病康复的评价，励志、文明礼仪和就业指导等相关文化方面的评价。独立的评价模式也是分层综合评价的有机组成部分，两者联系在一起，建立起完整的评价体系。

突出重点，把握关键。无论是从五个层级评价来说，还是从五个方面独立评价来看，他们的主旨都是素质教育，评价的目标和主体是一致的，不同的是要把握实行素质教育在各个方面的主要矛盾，从而进行向心突破。

（四）全过程跟踪，形成素质教育的全程监控机制

如果说全员目标导向机制为不同层次、不同机构、不同部门、不同人员点亮了素质教育前进的路灯，为教育系统有条不紊的实施打下了坚定的基础，那么对于素质教育过程的全程评价则是他们顺利进行的遥控器，只有关注全程，才能及时纠正错误，确保教育行为不脱离素质教育的轨道。

首先是对重点内容评价的全程监管。如何推行课程计划是运动队实行素质教育的重点内容之一，那么在对内容进行评价时，就不能仅从课程表出发，而是对各学科教师的设置、教学规划、学生作业、考试结果、巡堂发现、访问等各个方面进行检索式的全程评价，其他重点内容的评价都要参照此模式进行。

其次是对重点活动评价的全程监测。例如，运动队的重大活动，旨在引导运动队开展经常性的活动，提高运动员发展的积极性。由此来看，就不能仅对运动员获奖的情况进行评价，而是要将运动员平常上课、训练、参与活动的积极性和组织能力以及比赛结果做为整体来进行评价。整体的过程性评价是有效提高运动

员素质教育的优化过程。

最后是对重点项目评价的全程指导。评价的目的是促进发展，而这种发展的实质是评价对象在评价指标的导引下追求自我完善、自我超越的过程。因此，关注、指导评价对象的变化过程是非常重要的。这是对于评价另一种模式的过程监管，进而进行终结性的评价验收。总之，对教育过程进行全程监管，教育行为才能达到全面化、规范化，素质教育才能真正落到实处。

全系统运作，形成素质教育的多级多重激励机制。要建立健全评价体系，仅仅依靠专门的评价机制和少量专职人员是无法达到预期效果的，只有全部的管理机制和人员都承担起一定的评价责任，每个人都成为评价的主体，全系统运行的宏观场面才会真正达到目的，这也是运动队实施素质教育所必须的。将每一名运动员、每一位教师、每一位教练员及各级主管部门都包含其中，担任评价的主体和对象，推动素质教育的全面落实。

一是逐级他评与同级自评相结合。这样的组成方式将使外部激励与内部自我激励形成统一的整体，有利于达到外部驱动向内部驱动的结果。

二是综合评价与单项评价相结合。这两者的集合首先对时间和人员的调配达到优化，其次让教育工作在实施的过程中形成鲜明的特色，使评价对象在不同的范围与领域上受到鼓励和推动。

三是滚动评价与阶段性评价相结合。进行多样化的教育评价，大幅开拓了评价的激励点以及来自不同层级、不同方向、不同侧面的激励数量，对接运动员素质教育这一总体目标，从而形成素质教育的有效激励机制，为确保素质教育的实施汇入强大的改革动力。

第二节　地方队（省队）运动员素质教育权责划分

地方队汇集全省市顶端运动员，代表全省顶端竞技水平，以参加全国比赛为主，省级比赛为辅，极少数运动员被纳入国家队参加世界性比赛。地方队相比国家队在培养目标、培养内容和培养价值方面有一定差异。通过对四川、重庆、云南、贵州、宁夏、甘肃、湖北、辽宁、山东10个省市运动队（省队）调查得知（见图6-7），地方队与国家队在教育层面存在差异。

首先，国家队设有专门文化素质教育中心，负责运动员素质教育，同时也保证运动员的学历教育，使运动员全方位、多角度发展。地方队未设置专门的素质教育，大多数省市相关管理部门将学历教育与素质教育概念混淆，促使学历教育等同于素质教育，导致在培养运动员方面存在盲点，使得运动员素质教育滞留在教育层面的初级阶段。

其次，地方队将素质教育直接纳入学历教育或者职业教育中，一般有两种形式，一种是省体育局直属运动技术学校或学院，主要负责初级教育、中等教育、高等教育年龄层次的运动员学历教育，该学校具有独立办学资格、师资、管理运行模式、实施设备以及颁发证书资格，学生集中在此类学校中进行学习。如四川省体育职业技术学院，该学校具有中等教育和高等教育独立办学资质，接受九年义务教育后可继续在学校就读中等教育、高等教育。另一种是将运动员就近或指定安排至相应普通中小学、高职、大学学习，运动员通过学校组织的考试，达到相应学业绩点，从而取得相应学历学位证书，该证书由学校颁发。

最后，地方队学历教育和文化素质教育管理人员和部门。地方队与国家队存在差异，国家队设有专门素质教育文化中心，有专门人员负责运动员素质文化教育。地方队各项目集训队仅设有相应领队1~2名，主要负责运动员训练、比赛、差旅、装备、教育等；因此，地方队运动员文化学习、文化梳理、学历深造等都

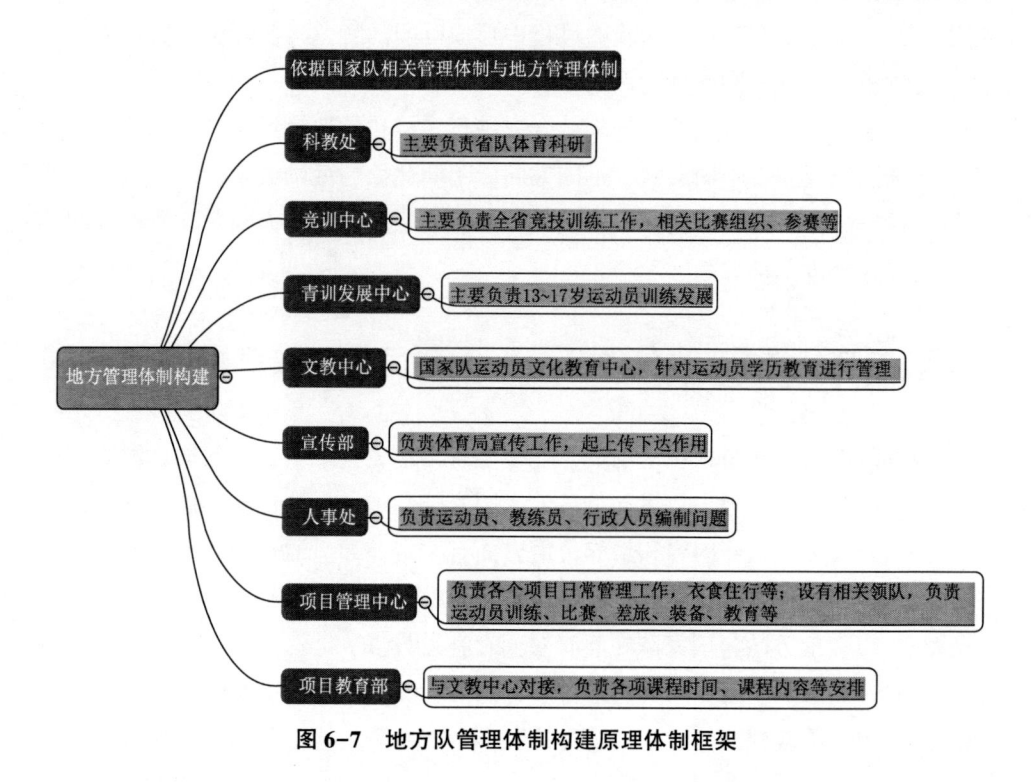

图6-7　地方队管理体制构建原理体制框架

隶属于领队管理范畴，领队是运动员的全权支配者，即领队通过与相关学校、部门联系，规划队伍文化教育课程时间、课程目标、课程内容的安排。

综上所述，关于运动员文化教育的发展的部门有文教中心、项目教学部和各项目领队。

一、地方队（省队）运动员素质教育管理体制

管理体制主要是指地方层面对优秀运动员管理的各种机构设置、权限使用、运行机制等方面的体系和制度的总和[1]。详细来讲，地方队管理体制是规定省体育局、各分管部门及项目教学部（包括地方专业培训院校、高校竞技体校）在各自的管理范畴、权限设置、利益和其他准则的标准，其重心是管理机构的设置。各级各类地方管理机构职权的分配、相互关系对管理的成效造成的重要影响，在各省体育局、各个部门分管以及项目教学部的管理过程中起着至关重要的作用。

地方队运动员素质教育管理体制即地方队运动员素质教育管理系统内部结构和组成方式，将素质教育各管理部门有机整合，组成一个合理运行的有机系统，该系统通过接受任务、分发任务、实施任务、实现目标、整合任务等环节，促进整个系统有效运行。就系统而言，地方队运动员素质教育管理体制是省体育局以及和机关单位在各方面的管理范围，管理职责及相互关系的准则，地方队运动员素质教育管理机构的设置是该体系的核心。地方队运动员素质教育管理系统需要内部各部门间相互协调，相互支持，该协同对管理成效以及管理效率起到至关重要的作用。在管理系统中起核心作用。纵向分析地方队运动员素质教育管理系统，初步构建了地方队运动员素质教育管理体制框架（图6-8）。

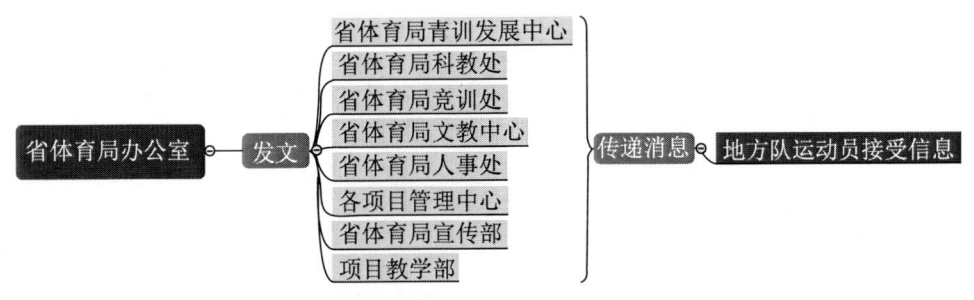

图 6-8 地方队运动员素质教育管理体制框架

[1] 李建设. 竞技体育人才培养与管理体制转型的"浙江实践"探索[J]. 体育科学, 2012, 32 (6)：3-13.

(一) 主管行政部门

地方队运动员素质教育体系是一个庞大系统，紧密联系各部门运行。可将该系统看作信号系统，主系统接受命令后将信息分散至各子系统，各子系统接受相应命令，立即组织各部门分工协作，传递信息给接受者。省体育局办公室发挥着中枢作用，接受省体育局领导班子对地方队运动员关于如何培养、怎样培养、培养成什么样的人以及培养方式等综合信息，将接受的信息分散至体育局科教处、竞训处、青少年发展中心、文化教育中心、宣传部、人事处、各项目管理中心主任、各教学部主任；各子系统接受信息，传递上级命令，将信息传递给各部门的授课教师，就地方队运动员培养问题提出策略。

(二) 执行部门

执行部门主要职责在于就如何培养运动员及培养运动员的模式做出相应的培养方案。执行部门主要在各项目管理中心，管理中心领导班子接受上级命令，将任务分发至办公室，办公室通知各部门负责人分管、制订方案、执行方案。地方队运动员素质教育执行部门框架如图6-9所示，项目中心主任为素质教育执行部门的总负责人，办公室科员负责辅助工作，下设有教务科、竞训科、财务科、物资科和后勤科，负责素质教育的具体执行工作。

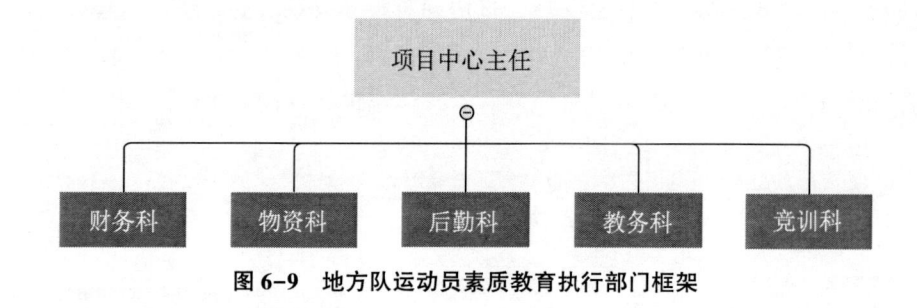

图6-9 地方队运动员素质教育执行部门框架

(三) 保障部门

地方队运动员素质教育运行的保障机制即针对运动员训练、学习、退役等方面提供必要的基础条件设施。

保证地方队运动员素质教育的正常运行，必须提供运动员基本保障条件。竞训科作为运动员竞技训练和竞技管理的核心部门,对运动员竞训发展起着重要的作用;教育科对运动员素质文化的发展起到了关键作用,是运动员素质教育发展的枢纽部门;就业发展中心是运动员退役后的安置部门,对运动员职业发展起着引导作用。地方队运动员素质教育保障部门框架如图 6-10 所示,训练科、教务科、就业发展中心和后勤中心是素质教育的保障部门。

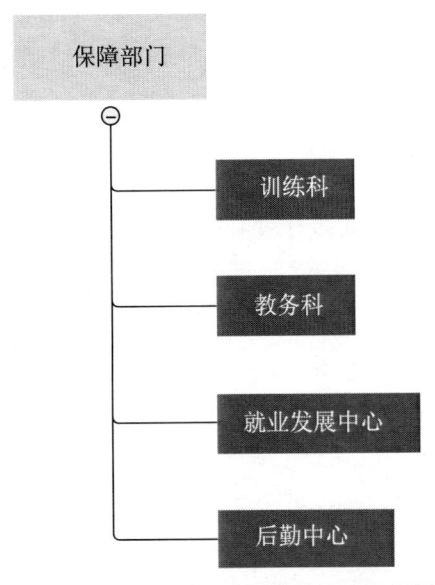

图 6-10 地方队运动员素质教育保障部门框架

二、地方队(省队)运动员素质教育管理运行机制

(一)机制构建

地方队运动员素质教育运行机制如图 6-11 所示,运动员的素质教育首先由行政部门负责接受上级命令并发布消息,业务部门负责主管工作,教育部门负责教育计划及实施方案的规定,教学分部负责相应标准、大纲及教材的制定,授课教师负责授课信息的传递,最后由运动员接受学习任务再将素质教育的成效和问题反馈给行政部门。

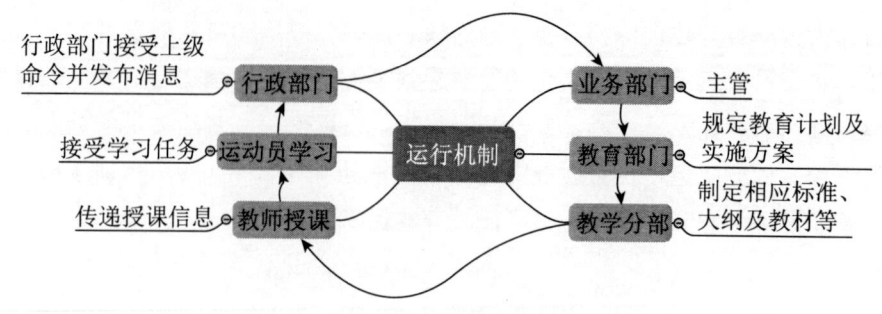

图 6-11 地方队运动员素质教育运行机制

（二）构建素质教育考评机制

素质教育具有导向性、可操作性和全覆盖性特点。地方队素质教育考评机制的构建，要结合地方队运动员的实际情况，通过地方各部门的协同合作完成。这就要求考评机制要对地方队运动员全方位、多层次的管理监控，结合专业教育计划的实施，全方位开展素质教育工作，为加速提高运动员的综合素质而努力。因此，考评机制必须涵盖行政部门、业务部门和教育部门，构建一个多维度评价机制。

第一维度，以省体育局为评价主体，以地方队运动员项目管理中心为评价对象，以体育局科教处、竞训处、青少年发展中心、文化教育中心、宣传部、人事处主要负责人为责任人，构建《地方队运动员素质教育管理考评方案》；第二维度，以体育局科教处、竞训处、青少年发展中心、文化教育中心、宣传部、人事处为评价主体，以地方队运动员为评价对象，以项目管理中心分管素质教育的相关领导为责任人，制定《项目管理中心素质教育管理考评方案》；第三维度，以地方队运动员为评价主体，以管理中心及教学部的主管教练员和素质教育教师为评价对象，以地方队领队为主要责任人，制定《地方队运动员实施素质教育管理考评方案》；第四维度，以地方队领队为评价主体，以地方队运动员为评价对象，以管理中心及教学部的主管教练员和素质教育教师为主要责任人，制定《地方队运动员综合素质教育考评方案》。地方队运动员素质教育管理考评方案以全面提高运动员的基本素质为根本目的，有效提升运动员综合素质为最终目标，需对考评体系精准定位，建构完整评价系统，为运动员素质教育体系的有序构建奠定扎实基础。

地方队运动员素质教育综合评价体系要以素质教育为核心，覆盖一级指标体系，包括思想政治与道德素质、身心素质、审美素质、职业素养与技能素质四个方面；二级指标体系，包括政治素质、道德素质、身体素质、心理素质、人文修养、艺术素养、职业素养、职业技能八个方面。考评机制的构建，必须突出重点，落实到位，从每一级指标出发，建立和健全运动员素质教育的方式，兼顾素质教育的关键点，全面提升评价体制，真正促进运动员整体素质的培养与提高。

(三) 构建素质教育监管机制

从目前地方队运动员素质教育部门体制整体构成要素来看，可将地方素质教育监管机制分为主体监管、客体监管、监管体系三个部分。

一是主体监管。通常以制定、组织和实施管理机制的各部门作为监管机制的主体，而主体的职责范围与作用的实施直接影响着管理的成效。项目管理中心作为执行部门，是地方队运动员素质教育机制协调、议事和决策机构，充分发挥管理体制的垂直化特征和优势，完善地方队运动员素质教育机制的构成和运转，这类行政部门职责的有效扩充为主体监管机制的成功开展奠定了坚实的基础。

二是客体监管。通常以被监管的对象作为监管机制的客体，它是监管主体实施管理手段的目标。在地方队运动员素质教育监管机制中，除了下级监管主体是上级监管的客体外，最终的监管客体是运动员的素质教育。一个完整的监管体系，依据考评结果还要构建退出机制，对其全方位的监管责任非常繁重。监管客体的监管与评价指标从诸多因素中得到体现，如训练参与者、训练场地、训练器材、训练经费和运动员教学训练竞赛等。其中参与者包括以下部分：首先是地方队运动员，其次是地方队领队，最后是教练员，他们是地方队运动员素质教育的组织者和实施者，协助完成教学、训练及竞技比赛等重要任务，是素质教育水平是否可以顺利提高的关键。组织地方队运动员素质教育的领导者，负责制定素质教育机制、未来发展规划及规章制度等保障措施，管理地方队运动员素质教育的开展，一般以各项目中心领导小组集中体现。训练教学、课余训练、组织活动和运动竞赛是地方队运动员素质教育监管的四个重要环节，是监管客体质量评价的主要指标。

三是监管体系。制度管理是保障监控机制正常运转和充分发挥作用的关键方式。要构建与运动员素质教育相联系的各类管理、组织、实施的规章制度。各项目中心领导小组应主导成立地方队运动员素质教育考评委员会，采取规定人员以及临时小组相结合的方式进行管理工作。各委员会采取定期对各省市训练中心以及各高校优秀运动员训练队的素质教育情况进行实地访问，根据地方队运动员素质教育考评机制对各项指标进行评价，依据评价结果对各级训练中心以及各类高校的素质教育情况进行奖惩制度。对实施较好的部门给予表扬和鼓励，对情况相对较弱的部门进行调查访问，提出意见与建议并进行严肃整改，做到奖惩分明，监督与指导并进。

地方队运动员的素质教育管理是推动运动员综合发展的有效保障，因此，地方队运动员的素质教育管理系统的建立必须要相关的监控机构采取切实的监管手段来实现，为运动员素质教育质量管理提供有力保障。监管考评的目的是在运动员素质教育的开展过程中发现矛盾、寻找差距、总结经验并解决矛盾，切实有力地提升运动员素质教育的科学发展[1]。因此，管理者要及时将被管理方和被监管群体的评价结果和修正意见反馈给他们，使各部门运动员素质教育的组织、执行和操作者及时修正问题，制订出更为合理的教育推动方案，推动运动员素质教育的深入开展。科学的考评需要适时反馈作为保障，建立一套完整的评价反馈机制对运动员素质教育的推动至关重要。

（四）构建素质教育监管机制

由于地方队运动员人数较多、体系庞大，而传统管理机制的监管工作大多借助于自下而上的报表，该方式对素质教育的监管效果具有一定的约束性。随着科技的进步及信息时代的发展，云计算、大数据、网络平台被广泛应用，信息的实时监控、共享、贮存及交换将有效地提高地方队运动员素质教育考评机制的成效。监控体系以信息平台为依托，主体监管为主导，结合有效监管手段，将素质教育的开展、推进及发展的全面落实变为可能。

一是网络平台的建立。建立健全的地方网络监管体系，应由省体育局办公室联合技术公司或媒体实业统一发展运行。为地方的优秀运动员创建一个完整的云计算平台用于监管数据的统计及处理。云计算平台可由各中心办公司下放到下一级的专职部门进行组织、运营及维护工作。该平台负责地方各部门运动员的质量监控，包括设计制定考评机制、把控监管机制的正常运转及素质教育质量的评估等。该平台的及时性、专业性、可靠性和服务系统的实用性都有着他自身的特色与优势。

---

[1] 张志刚, 高峰. 我国校园足球监控体系构建研究 [J]. 体育文化导刊, 2018 (4)：104-109.

二是建立不同的评价监管板块。依照不同的评价目的和监管体系，在数据处理平台与网络通讯平台创建不同的考评监管模块，从而实现多角度全方位的监管地方队运动员素质教育。考评监管模块可分为主体考评监管模块和特色考评监管模块。前者是以上下级所属关系管理的责任确切的行政区域为单位，通常教育部门为主导部门，对每一级区域中各个项目中心以及下级主管部门的监督管理以及评价、数据的采集和上传，同时也要积极应对上级部门的质量考察。被管理部门则依照考察指标和要求将所有结果上传到指定区域，依据评价结果进行监督修整。特色学校是整个监督小组的重中之重，它的下级模板包含了素质教育开展模板、目标完成模板，督导管理模板以及评价反馈模板。这些模板的存在，包含了所有必要的对地方队运动员素质教育开展质量的监管。

三是建立实时数据传输制度和有效途径，只有保证评价管理指标数据的及时收取，才能让监督管理部门及时掌握素质教育质量的发展趋势。各类数据和要求要紧密结合地方队运动员素质教育考评指标，将监管部门制定的各项考评指标按期上传。

四是信息数据公开使用。通过平台整理采集的素质教育评价信息数据，全部要经过平台的整理、通过管理员的核查并储存后，在网络平台界面公开发布，并允许相关人员公开使用。地方队运动员素质教育考评信息的公开使用，能够使各分管部门形成完整的评价报告，通过比较不同区域工作的开展质量调整自身的不足，方便学习、借鉴先进的监管考评方法，确保地方队运动员素质教育考评工作的开展质量。

第七章 我国优秀运动员素质教育实施方案和发展规划

为进一步深化优秀运动员素质教育工作，全面提升优秀运动员综合素质水平，更好地服务于优秀运动员的训练、备战工作，加快体育强国建设进程，结合前期关于优秀运动员素质教育基本理论、优秀运动员素质教育课程体系与课程标准、优秀运动员素质教育管理体制与运行机制的研究，以调查结果为实证支撑，本着增强可操作性、简化操作的原则，特制订本实施方案和发展规划。

第一节 国家队运动员素质教育具体实施方案

一、构建国家队运动员素质教育基本理论体系

国家队运动员素质教育基本理论体系，是基于对我国优秀运动员素质教育指标理论体系、课程体系、管理体制和课程机制等相关内容的提炼、梳理。有选择地应对国家队运动员素质教育理论中的某些针对性问题，如国家队运动员素质教育概念、内容等问题。

（一）国家队运动员素质教育的概念

国家队运动员是专门人才，国家队运动员的素质教育即在全面教育基础上实施的专门人才素质教育。其目的是使国家队运动员在比赛能力得到保证的同时各方面综合能力得到全面发展，正是基于对以上的考虑，根据课题组对优秀运动员素质教育概念的界定，认为国家队运动员素质教育，即是"以增强国家队运动员专业素质为重点，以完善和提升国家队运动员一般（综合）素质为核心的教育"。

(二) 国家队运动员素质教育的主要内容

经过前期的理论梳理和广泛的征求意见，课题组制定了运动员、教练员（领队）、专家三类问卷，对国家队运动员素质教育内容进行调查，从优秀运动员素质教育内容构成中选取部分内容，从专业素质和一般素质（综合素质）两个方面，明确了国家队运动员素质教育的内容（图7-1）。

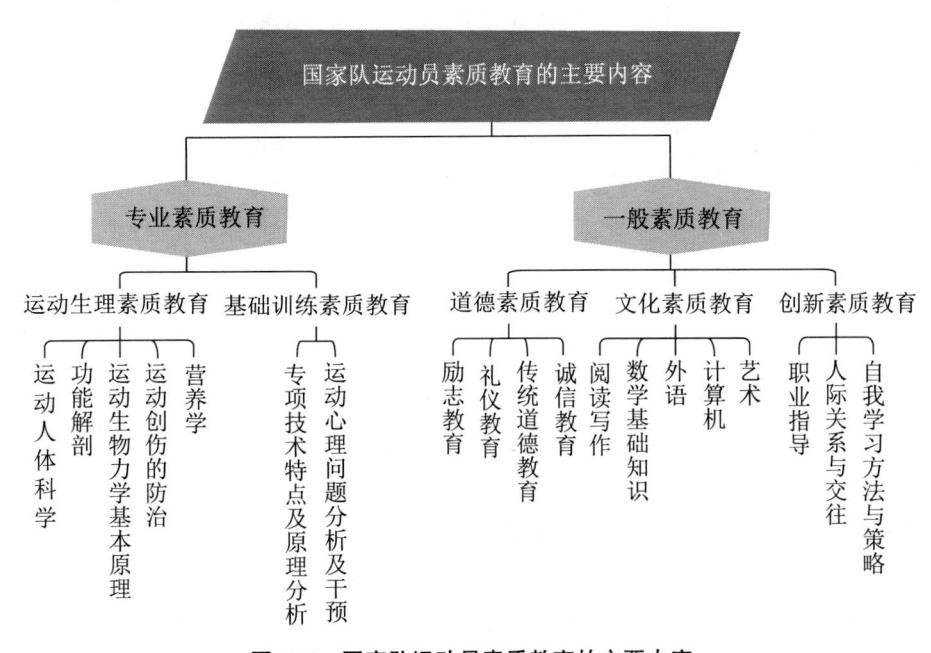

图7-1 国家队运动员素质教育的主要内容

国家队运动员素质教育的主要内容
- 专业素质教育
  - 运动生理素质教育
    - 运动人体科学
    - 功能解剖
    - 运动生物力学基本原理
    - 运动创伤的防治
    - 营养学
  - 基础训练素质教育
    - 专项技术特点及原理分析
    - 运动心理问题分析及干预
- 一般素质教育
  - 道德素质教育
    - 励志教育
    - 礼仪教育
    - 传统道德教育
    - 诚信教育
  - 文化素质教育
    - 阅读写作
    - 数学基础知识
    - 外语
    - 计算机
    - 艺术
  - 创新素质教育
    - 职业指导
    - 人际关系与交往
    - 自我学习方法与策略

1. 国家队运动员的专业素质教育

——运动生理素质教育

实施必要性：运动生理素质是运动员发展的生理基础，对于国家队运动员而言，如何有效地提升其对自身身体结构的了解，增强运动员的自我保护能力，对于其延长运动生涯和巅峰期，获得优异的成绩尤为重要。运动生理素质教育就是通过运动生理学等方面的课程或者讲座，使国家队运动员对人体科学方面的知识有一定的了解，科学认识自身运动生理素质，有利于有效防止运动伤病，提升比赛成绩。

主要内容包括运动人体科学、功能解剖、运动生物力学基本原理，运动创伤的防治、营养学等方面的相关知识。

——基础训练素质教育

实施必要性：对于按专项进行培养的国家队运动员而言，认识和了解专项技术特点等基础训练知识，对于运动员成绩的提高起着十分重要的作用，本部分教育即针对以上问题展开。

主要内容包括各专项主要技术特点及其基本原理以及专项技术掌握的基本素质要求，运用知识和信息，分析和解决运动训练比赛中各种实际问题的能力的培养以及如何对训练和比赛中出现的各种心理问题进行干预和自我调节。

2. 国家队运动员一般素质教育

国家队运动员一般素质教育是指国家队运动员作为社会个体在自身成长过程中所应具备的基本素质，主要包括以下几个方面的内容。

——道德素质教育

实施必要性：国家队运动员作为特殊的群体，加强励志、礼仪、诚信以爱国主义教育，使其能够应对当前出现的兴奋剂等各种不良现象，同时使其更好的代表国家形象，形成良好的团队意识和集体意识。通过调查课题组发现，教练员和领队对于加强道德教育方面需求显得尤为迫切，部分领队直接提出要加强作风方面的教育。

主要内容包括励志教育、礼仪教育、诚信教育以及传统道德教育等方面的内容。

——文化素质教育

实施必要性：通过调查课题组发现，文化素质方面的教育是现行国家队运动员教育中比较薄弱的环节，而且此部分的教育不仅对于运动综合素质的提升具有重要的作用，同时能够加强运动员对于比赛的阅读和教练员意图的了解，具有十分积极的作用。

主要内容包括阅读写作、外语、计算机、艺术等工具应用能力培养等方面。

——创新素质教育

实施必要性：国家队运动员作为特殊的群体，相对封闭训练比赛环境使其在人际交往方面存在一定的缺陷，并且由于其特殊的角色，使其在很大程度上代表着国家的形象，需要加强应对媒体和应对相对单一的训练生活，本部分教育即针对以上问题展开。

主要内容包括职业指导、人际关系与交往，运动员自我学习方法与策略等方面。

从目前调查的情况来看，运动员素质教育中较为缺乏的包括运动生物力学、解剖学相关知识学习、数学等逻辑思维能力培养方面的教育和运动员自我学习的方法和技巧方面的教育，运动员传统道德方面的教育也需要进一步加强。

二、构建国家队运动员素质教育课程体系

国家队运动员素质教育课程体系是指国家队运动员素质教育所应学习的知识总和及学习进程与安排，有着系统构成、特定功能的课程有机整体。

（一）课程的设计思路

国家队运动员文化教育中心在两年多的国家队运动员素质教育实践中总结出了一套"4+X"素质教育课程方案（图7-2）。

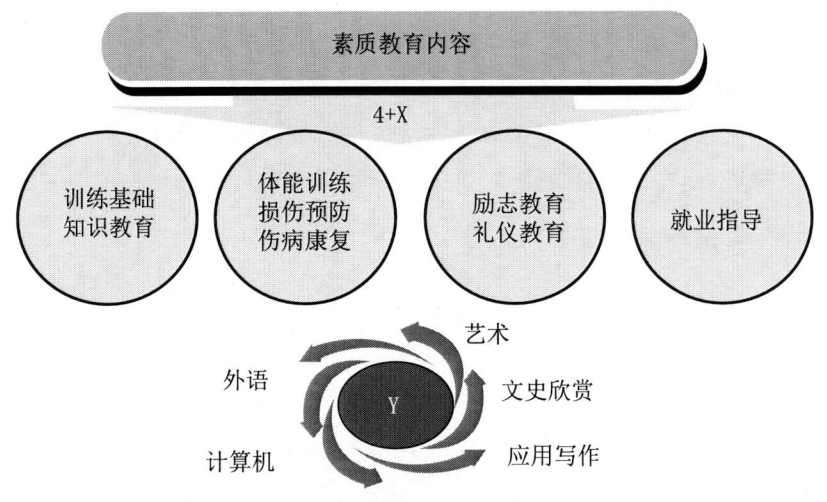

图7-2　国家队运动员素质教育"4+X"课程方案

课题组通过对国家队运动员、教练员、领队、素质教育教师等人的现场问卷调查和访谈发现"4+X"素质教育方案在实施过程中，得到了运动员和教练员的

肯定，并且这种方案本身是建立在一定的理论基础之上的，是切实可行的，只是需要进一步完善。根据第一部分对国家队运动员素质教育内涵的定义，课题组从专业素质和一般素质两个角度，对国家队先行的"4+X"方案的理论框架进行了构建（图7-3）。

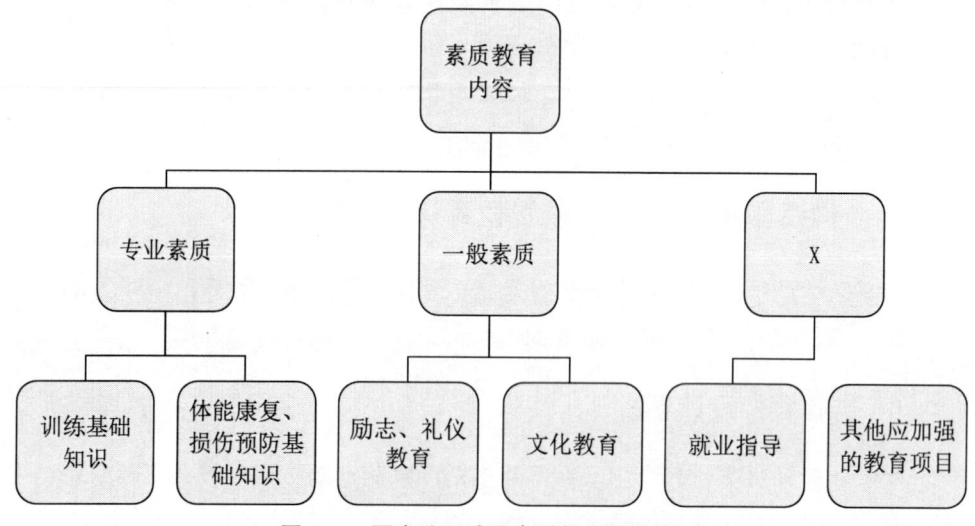

```
                    素质教育内容
        ┌──────────────┼──────────────┐
      专业素质        一般素质          X
      ┌──┴──┐      ┌────┼────┐      ┌──┴──┐
    训练   体能康复、 励志、  文化   就业   其他应加强
    基础   损伤预防  礼仪    教育   指导   的教育项目
    知识   基础知识  教育
```

图7-3 国家队运动员素质教育课程体系

为进一步完善事实方案，课题组以重新构建的国家队素质教育"4+X"课程实施方案为基础，通过对现有国家队运动员和教练员的问卷调查结果及专家研讨、问卷调查等多种方式，对国家队运动员素质教育的内容进行扩充和完善，形成目前国家队运动员素质教育的主要内容和课程体系。

(二) 课程目标

课程标准分为总体目标和局部目标，分别体现了素质教育的整体性和局部性。

1. 总体目标

本课题组将课程总目标界定为：以增强国家队运动员训练水平、比赛水平为重点，以完善和提升国家队运动员综合素质为核心，以促进国家队运动员长远发展为目的的教育。

2. 局部目标

A. 基础知识素质教育目标：运动员在素质教育过程中，理解力、沟通力得到提升，并最终达到在体育训练中能够准确理解教练员意图，提升训练质量的目的。

B. 运动生理素质教育目标：运动员在素质教育过程中，体能训练更加科学，体能训练的质量得以提高，伤病预防能力得到增强。

C. 道德素质目标：通过素质教育，提高运动员的道德水平，提升运动员的公众形象，提高运动员艰苦奋斗、为国争光的集体荣誉感。

D. 创新素质目标：通过国内外运动员退役后的成功转型案例及系统的教学，对运动员进行职业生涯规划，为运动员退役后适应社会提供良好的条件；同时提升运动员人际关系处理和应对媒体等方面的能力。

E. 文化素质教育目标：围绕运动员的兴趣爱好，开设形式多样的文化学习班，满足运动员的文化学习需要，丰富运动员的业余生活。

3. 国家队运动员素质教育课程实施的具体措施和建议

课题组整理了国家队运动员素质教育课程设计总体情况（表7-1）。

表 7-1　国家队运动员素质教育课程设计总体情况

素质教育内容	课程名称	课程类别	教学对象	学时	学分	教学方式	考核方式	开课时间
运动生理素质教育	运动人体科学基本原理	必修	全体运动员	12	2	班级授课与网络教学相结合	闭卷考试	第一年第一学期
	功能解剖	必修	全体运动员	9	1.5	班级授课与网络教学相结合	闭卷考试	第一年第二学期
	运动生物力学	选修	部分运动员	6	1	网络教学	作业	第二年第一学期
	运动创伤防治	必修	全体运动员	12	2	班级授课与网络教学相结合	闭卷考试	第一年第一学期

续表

素质教育内容	课程名称	课程类别	教学对象	学时	学分	教学方式	考核方式	开课时间
基础训练素质教育	营养学	必修	全体运动员	9	1.5	班级授课与网络教学相结合	闭卷考试	第一年第二学期
	专项技术特点及原理分析	必修	全体运动员	12	2	班级授课与网络教学相结合	闭卷考试	第一年第一学期
	运动心理问题分析及干预	必修	全体运动员	9	1.5	班级授课与网络教学相结合	闭卷考试	第一年第二学期
道德素质教育	励志教育	必修	全体运动员	9	1.5	专家讲座与网络教学相结合	作业	第一年第一学期
	礼仪教育	必修	全体运动员	6	1	专家讲座与网络教学相结合	作业	第一年第一学期
	传统道德教育	选修	部分运动员	6	1	专家讲座与网络教学相结合	作业	第一年第二学期
	诚信教育	必修	全体运动员	6	1	班级授课与网络教学相结合	作业	第一年第一学期
文化素质教育	阅读写作	必修	全体运动员	9	1.5	班级授课与网络教学相结合	作业	第一年第二学期

续表

素质教育内容	课程名称	课程类别	教学对象	学时	学分	教学方式	考核方式	开课时间
	数学基础知识	必修	全体运动员	6	1	班级授课与网络教学相结合	作业	第一年第一学期
	外语	必修	全体运动员	12	2	班级授课与网络教学相结合	闭卷考试	第一年第二学期
	计算机	必修	全体运动员	9	1.5	班级授课与网络教学相结合	闭卷考试	第一年第二学期
	艺术	选修	部分运动员	6	1	班级授课与网络教学相结合	作业	第一年第一学期
	职业指导	必修	全体运动员	9	1.5	班级授课与网络教学相结合	作业	第一年第二学期
创新素质教育	人际关系与交往	选修	全体运动员	6	1	班级授课与网络教学相结合	作业	第二年第一学期
	自我学习方法与策略	选修	全体运动员	6	1	班级授课与网络教学相结合		第一年第一学期

具体措施：

——就课程教学对象而言：对国家体育总局训练局国家队的运动员以专项为基础进行阶段性的划分。划分标准可以按照运动员的年龄阶段进行划分，并可以根据运动员进入国家队时间的长短进行调整。几个需要考虑的因素是年龄、进队时间、文化基础、比赛任务。

——就课程内容而言：对课程内容进行划分，明确必修内容和选修内容。

——就课程实施方式而言：

A. 对于年龄较小，长期驻局的国家队运动员，严格按照系统授课的方式进行教授，每门课程教学学时数不得超过 12 学时，周学时为 4 学时左右。（调查问卷显示大多数运动员和教练员希望周学时为 5 学时左右）

B. 对于比赛任务较重，长期在外比赛的国家队运动员，采用分散学习和集中学习的方式进行，集中学习时间安排在冬训等各种集训前或者集训期间对于必修内容进行集中讲解，方式可多元化，讲座等多种方式都可以灵活采用。分散学习是指充分利用网上教学和各种视频光盘类的多媒体教学媒介，利用闲暇进行学习。同时也可以采取按照各队需求灵活安排教学时间。

——就课程考核方式而言：课程采用学分制，国家对运动员素质教育应该达到 24 学分，每门课程 1~2 学分，原则上 6 个学时为一个学分，课程考核原则上采取文化教育中心统一集中考核的方式，以此确立素质教育的地位和重要性。考试合格后颁发国家队运动员素质教育合格证书。

——素质教育和基础教育、学历教育的衔接可以主要通过两个方面进行，第一，将获得素质教育合格证书作为基础教育和学历教育合格的必要条件，第二，素质教育方面的所修课程获得的学分可以纳入学历教育和基础教育。

——师资不足是素质教育难以开展重要的重要原因，建议采取专职教师和兼职教师相结合的方式，进一步扩充师资力量。

三、构建国家队运动员素质教育管理体制与运行机制

为深入推进国务院办公厅《关于进一步加强运动员文化教育和运动员保障工作的指导意见》，国家体育总局对运动员素质教育高度重视并于 2010 年在训练局挂牌成立"国家队运动员文化教育中心"以切实提升国家队运动员的素质教育水平。国家体育总局充分调动人、财、物等资源，支持"国家队运动员文化教育中心"的发展。各运动项目管理中心应从贯彻落实党的十八大精神、全面落实科学发展观的全局高度，充分认识运动素质教育的重要性，积极支持与配合"国家队运动员文化教育中心"的相关工作，使"国家队运动员文化教育中心"成为提升国家队运动员素质教育的教育高地。

(一) 体系现状及存在问题

在国家队运动员素质教育试点工作深入开展的实践中遇到了一个瓶颈，即国家队运动员素质教育的组织管理体系尚不健全，存在多头管理、管理程序不符合行政程序、国家队运动员文化教育中心地位尴尬、相关单位权责划分不明等诸多情况。

1. 管理涉及多个部门，未形成协调机制

目前国家队运动员素质教育工作呈现多头管理情况。国家体育总局层面，科教司、人事司、青少司等部门均有部分职能涉及国家队运动员素质教育工作。

这种涉及多头的国家队运动员素质教育管理，最后落脚点均在国家队运动员，容易造成各国家队运动员无所适从，不知道听谁的好；造成了多个部门都在管、各管各的、都管不好的现状，不利于国家队运动员素质教育工作的实施。

从国家队运动员素质教育工作顺利实施的角度出发，亟需解决多头管理的问题，改多头管理为一头管理，明确具体的部门管理，尽快确立一个管理协调运行机制。

2. 国家队运动员素质教育相关工作无明确的规章制度可依，缺乏约束力和制度张力

2008年北京奥运会后，运动员文化教育、运动员保障工作被提到了一个前所未有的高度。加强运动员文化教育、切实做好运动员保障工作，是体育事业深化改革、创新发展的重要命题之一，对体育事业的全面协调可持续发展具有重要意义[1]。作为运动员文化教育的一个突破口和示范窗口，国家队运动员素质教育工作到目前为止尚未有相对完善的规章制度体系来保障工作的具体实施，直接导致了目前相关工作的实施无章可依，缺乏制度约束与制度张力。

3. 国家队运动员文化教育中心行政归属和管理职能不明确

国家队运动员文化教育中心成立以来，没有明确的行政归属和管理职能，地位尴尬，难以顺畅开展运动员素质教育工作。主要表现在以下几个方面：

一是国家队运动员文化教育中心除了需要履行驻训练局国家队运动员的素质教育的职责，同时还身负非驻局国家队运动员素质教育的职责。

二是国家体育总局训练局是一个为驻局国家队提供训练服务的服务性机构，

---

[1]李思民. 我国竞技体操运动的发展特征、影响因素及发展规律研究［D］. 曲阜：曲阜师范大学，2010.

但驻局国家队的行政管理仍归各个运动项目中心。

三是国家队运动员文化教育中心一直设在国家体育总局训练局中,没有正式的行政编制和归属,没有专职工作人员,与原来的训练局运动员学校属于一套人马两块牌子,难以长时间承担繁重的国家队运动员素质教育工作。

(二) 新组织管理体系的构建

1. 组织管理体系构建的原则

按照党的十八大以来提出的关于建设"服务政府、责任政府"的要求,着力转变职能、理顺关系、优化结构、提高效能,遵循"权责一致、分工合理、决策科学、执行顺畅、监督有力"的原则对国家队运动员素质教育的组织管理体系进行合理设计。

2. 管理体制与运行机制

根据《国务院办公厅关于印发国家体育总局主要职责内设机构和人员编制规定的通知》(国办发〔2009〕23号)的要求,结合国家队训练、管理的实际情况进行科学设计,进一步理顺关系。

——明确管理层级

管理层级是指组织在管理过程中,所遵循的管理的程序、权力分配、岗位责任的层级结构。

根据国家体育总局职责分工的安排,进一步明确国家体育总局(决策层)为运动员文化教育的指导与协调机构。由国家体育总局科教司负责对国家队素质教育工作进行整体规划与指导(管理层)。由教育处及其下设在训练局的国家队运动员文化教育中心进行具体的执行(执行层),各运动项目管理中心所属的国家队负责运动员文化教育的相关部门及人员应积极与国家队运动员文化教育中心共同做好本队的素质教育工作(操作层)。

通过明确管理主体与管理层级,彻底改变运动员文化教育的"多头管理"现状,扭转"谁都管都管不好"的状态,使责任更加明确、管理更加到位而不越位、执行顺畅而有力,使运动员的文化与素质教育步入合理的组织管理构架当中,促进国家队运动员素质教育的全面、协调与可持续发展。

——成立国家队运动员素质教育委员会

为扎实推进国家队运动员素质教育,考虑到国家队素质教育工作头绪繁多并且在执行过程中会与相关司局（如青少司、人事司等）也发生联系，与各运动项目管理中心更是休戚相关的情况。特别需要各个部门密切配合、集思广益以利于国家队运动员素质教育工作开展，经前期论证及研究，建议成立"国家队运动员素质教育委员会"（图7-4）。

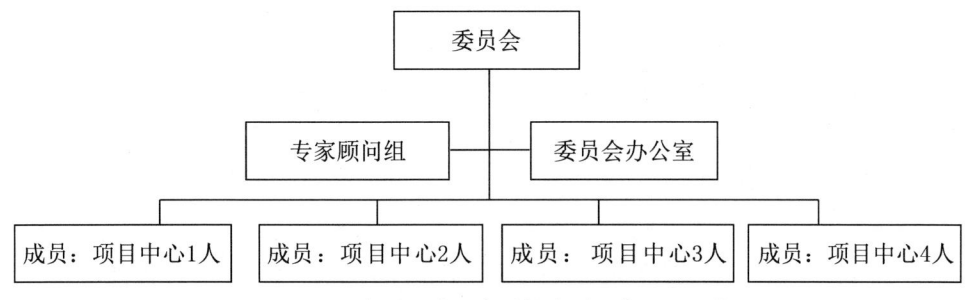

图7-4 国家队运动员素质教育委员会组织机构

委员会人员组成

委员会主任：总局主管副局长。

委员会副主任：总局科教司（副）司长、训练局（副）局长。

主任委员：青少司（副）司长、人事司（副）司长、各运动项目管理中心主管副主任各1人。

委员会办公室，设在国家队运动员文化教育中心。

办公室主任：总局科教司教育处（副）处长、国家队文化教育中心主任。

专家顾问小组：拟聘请相关领域的知名专家学者。

委员会委员：国家队运动员文化教育中心副主任、主管科员、各支国家队主管运动员文化教育人员各1人。

——工作职能

A. 国家队运动员素质教育委员会主任、副主任、主任委员：负责对国家队运动员素质教育的工作进行全局性的规划与发展指导；拟定国家队运动员素质教育的发展规划与相关制度；协调国家队素质教育工作所需的人、财、物等资源的配置；

B. 国家队运动员素质教育委员会办公室：负责国家队运动员素质教育的具体事项的管理与执行工作，包括软、硬件设施的建设；制订行之有效的教学方案；组织国家队运动员的教学工作；开展形式灵活多样的教学活动；师资力量的评聘与优化等。

C. 国家队运动员素质教育委员会成员：负责配合委员会办公室有效传达、协调与组织好本部门的运动员，按照要求参加素质教育工作，使运动员的素质教育真正落到实处并产生良好的效益。素质教育委员会成员的确定将使这项工作深入国家队一线，真正做到"落实到（岗）位、责任到人"。

D. 专家顾问组：由相关领域的专家学者组成，定期或不定期对国家队素质教育工作进行研讨，为今后工作出谋划策。负责就国家队运动员素质教育的重要问题进行专家会诊与指导，为运动员素质教育的实施提供重要的智力支持。

综之，通过明确管理层级与成立国家队运动员素质教育委员会，最终形成归口明确、职责清晰、执行顺畅的国家队运动员素质教育组织管理体系，使之既能有效发挥政府行政管理的作用，又能充分调动相关司局、运动项目管理中心及其所辖国家队的积极性和主动性。国家队运动员素质教育工作的组织管理体系详细情况（图7-5）。

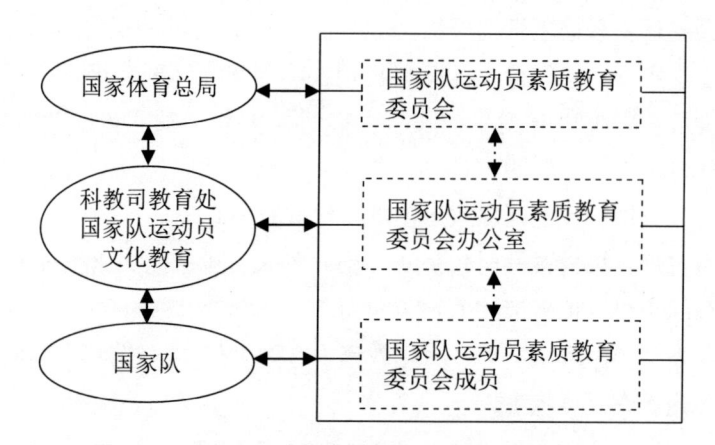

图7-5 国家队运动员素质教育工作的组织管理体系

3. 有关建议

协调总局领导、相关司局及各运动项目管理中心召开专题工作会议，成立国家队运动员素质教育委员会，明确国家队运动员文化教育中心归属，尽快完善并最终形成国家队运动员素质教育的管理体制与运行机制，使该项工作顺利推进。

——加快相关制度建设，保障国家队运动员素质教育的科学化管理，提高运转效率。在明确分工与职责的基础上，制定一系列行之有效的管理制度，形成制度体系，使运动员素质教育沿着既定轨迹深入推进，促进运动员素质教育的可持续发展。

按照素质教育工作开展的阶段，制定相应的规章制度，具体包括：

A. 入学阶段：入学规定、报名及选拔办法等，原则上所有国家队运动员均需参加素质教育学习。

B. 学习及教学阶段：按照教育、教学原则及办学规律，制定教育管理制度、教学目标、教学大纲、课程设置、教学安排、师资评聘等规章、办法，突出科学性、多样性与灵活性的特点，提高教育质量，实现"要我学"向"我要学"转变，激发运动员相关课程学习的积极性，提高素质教育质量。

C. 考核阶段：制定考核办法、规定考核内容，对学生的学习成绩进行规范化管理。

D. 结业阶段：制定档案管理办法、奖惩制度、颁发结业证书并进行庄重的结业典礼，不同阶段的具体制度及核心观点（如图7-6所示）。

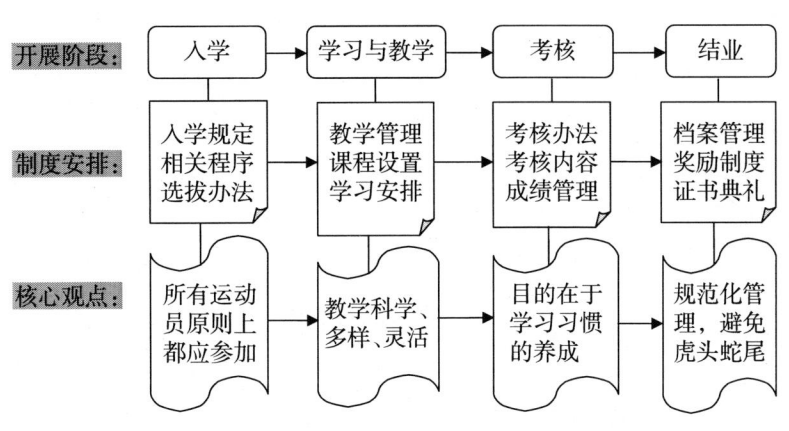

图7-6 素质教育开展的不同阶段的制度框架

——加强实证研究力度

为加快推动国家队运动员素质教育工作，建议集中优势力量组织相关实证研究并定期召开相关专题会议，积极出谋划策。

——设立或增加专职国家队运动员文化教育中心工作人员

拆分国家队运动员文化教育中心和训练局运动员学校职能及人员设置，或采取增加编制、外聘、招募志愿者等多种方式增加国家队运动员文化教育中心工作人员的数量，以承担日益繁重的国家队运动员文化教育工作。

四、奥运备战期国家队运动员素质教育方案

为进一步深化国家队运动员素质教育工作，全面提升备战运动员的素质水平，更好地服务于备战里约奥运会的各项工作，配合国家队的备战目标和任务，特制订本实施方案。

（一）指导思想

从服务于奥运会的备战任务和目标出发，从备战里约奥运会的具体实际出发，着眼于发挥里约奥运会期间国家队运动员素质教育的示范和辐射作用，依据国家队备战里约奥运会的实际情况，充分考虑国家队运动员奥运备战的特殊性。

（二）目标要求

1. 总体目标

奥运备战期国家队运动员素质教育工作的实施，结合国家队运动员备战奥运会的目标、任务，以增强国家队运动员训练、比赛水平为重点，以培养优秀运动员综合素质为核心，以促进国家队运动员在奥运会上获得竞技成绩和精神文明双丰收为最终目的。

2. 具体目标

——立足当前，服务备战。在国家队运动员"4+X"素质教育主体内容框架下，依据奥运备战期素质教育的总体目标，筛选奥运备战期素质教育内容，进而形成一套大赛备战期素质教育的内容体系。

——加强针对性，突出实效性。结合奥运备战的实际，选择适宜的课程、授课教师、授课方式和考核标准。

——着眼长远，加强队伍建设。通过备战期素质教育的实践，形成一支相对稳定、有实践经验的素质教育专业队伍，为国家队大赛备战期素质教育的实施提供人才保障。

——加强管理，注重评价。理顺备战期相关环节的权责关系，对备战期素质教育各个环节进行监控、反馈、考评，形成一套较为完善的大赛备战期素质教育管理体系和考评机制。

（三）基本原则

1. 服务备战，满足需求

奥运备战期国家队运动员素质教育应紧紧围绕备战的实际需求，切实服务于国家队运动员备战目标、任务的实现。

2. 以点带面，注重实效

以"4+X"为主体框架，知识注重"点"而不强调"面"，依据备战期的特殊性，强调素质教育的可接受性和实用性。

3. 见缝插针，灵活机动

根据备战期各运动队训练、竞赛的具体时间安排，灵活、机动地安排素质教育；根据不同运动项目的特点和队伍的需求，随时调整教学内容。

4. 方式灵活，注重案例

除了课堂教学、专题讲座、现场教学、交流学习外，还可以利用车载电视、运动员公寓电子宣传牌和闭路电视来宣传素质教育的内容。倡导以国家队运动员在训练、比赛和生活中的正反典型事例进行现身说法的案例教学。

（四）主要内容

1. 知识体系

依据国家队运动员素质教育内容"4+X"模式，结合备战实际，选择切合奥运备战期国家队运动员素质教育的知识体系，重点包括以下五个模块的内容：

——训练基础知识：结合项目训练特征，围绕促进运动员技战术的理解力、参赛能力和提高训练质量来选择内容。

——损伤预防和伤病康复：结合项目特点和运动员实际，重点围绕备战期间运动员伤病的预防和康复的需求来加以选择。

——励志教育：内容选择以促进运动员刻苦训练、为国争光和心怀感恩为目的。

——文明礼仪：围绕提高运动员文明水平和公众形象来开展，以礼义廉耻之道德规范，习之于衣食住行之中。

——按需而设：为满足运动员与其他国家的运动员、教练员、赛会工作人员沟通、交流，面对国内外新闻媒体等的需要而设，重点提高运动员的语言表达能力和英文的听说能力。

2. 授课方式

——以针对性教学为主，以兴趣教学为辅

开展备战期素质教育的过程，要针对不同项目、不同年龄、不同性别的运动员进行不同的课程设计，让运动员在学习的过程中学到和自己有关的知识，让运动员学起来有趣、有用、有效。

——以案例教学为主，以知识教学为辅

在开展素质教育的过程中要把案例教学作为主要的教学形式。以国家队运动员在训练、比赛和生活中的正反典型事例进行现身说法的教学，把知识融入案例中去，用鲜活生动的案例解读知识、领悟人生。让知识的教学通俗易懂，便于运动员的理解。

——以知识点教学为主，以模块化教学为辅

将系统知识分解成为相对独立的知识点，采取"一点一堂课"的授课方式，不求系统，只求实效，使运动员在无法保证连续、系统的学习时，也可以学懂、学会。在此基础上，以"4+X"为框架，将知识点模块化，从而使每个模块知识点有机地形成一个完整的满足备战需求的素质教育知识体系。

——以下队教学为主，以网络教学为辅

以下队送教为主，将课堂教学延伸到训练场馆、康复中心、运动员班车、公寓和餐桌上。此外，辅以远程教育平台给运动员提供网络化教育，让运动员在任何时间、任何地点都可以进行网络学习。

3. 教师遴选

在以"先筛后选、先试后讲、先看后教、先做后调"为原则初步选择的国内外知名专家学者的基础上，根据备战工作的实际需要，加以选择或增补。

遴选的备战期国家队运动员素质教育教师，应尽可能满足以下三个条件：

——有丰富教学经验和下队实践，熟悉运动队管理、训练工作的知名专家。

——有亲和力、影响力、号召力的优秀现役、退役运动员。

——某个领域的专家，懂体育、懂运动员，最好是名家名人。

（五） 实施步骤

1. 准备阶段

2015 年 12 月底前完成国家队备战奥运会素质教育的招投标工作。各立项单位或个人须于运动队冬训前做好实施素质教育的启动工作。

2. 实施阶段

第一阶段：冬训期。根据各队冬训的具体时间，各个立项项目开始实施冬训期间的素质教育工作。

第二阶段：参赛期。根据这一时间段各队伍外出比赛和训练较多的特点，素质教育主要是开展送教下队和远程教育的工作。

第三阶段：奥运会期间。各立项项目需运动队根据实际情况，配备一名及以上素质教育教师跟队，专职负责该运动队奥运参赛期间的素质教育、指导和咨询工作。

3. 总结阶段

各立项项目在奥运会比赛任务完成后，及时总结素质教育的实施情况。采取座谈、讨论、点评等多种方式，全面评价素质教育的得与失，并形成总结报告，于奥运会结束的一个月内，送交国家队运动员文化教育中心。

（六） 项目招标

1. 申报范围

请各单位和个人严格按照本实施方案的指导思想、目标要求、基本原则、主要内容进行申报，与之不符的，原则上不予受理。

2. 申报条件

——申报单位条件

全国范围内具备为国家队运动员提供素质教育能力的、能为招标项目实施提供必要条件保障的各大专院校、科研院所等法人单位。申报单位可单独申请，也可多个单位联合申请。

——申请人条件

A. 具有较全面的优秀运动员素质教育理论知识和实践经验，并有相应的研究成果或实践成果。

B. 申报项目的负责人应具备副高级以上专业技术职称，原则上需同时具备硕士以上学位（含硕士）。

C. 申报项目的负责人必须从事实际研究工作并真正承担和负责项目的组织与实施。

——课题组成员

除素质教育专家外，课题组需吸纳所服务运动队的主（总）教练或领队加入。

3. 投标方式

以课程为单位投标与以运动项目中心或运动队为单位投标相结合。

申报人可同时申报承担多个运动项目中心的素质教育任务。其中，以课程为单位投标，一般不超过 4 项；以运动项目中心或运动队为单位投标，一般不超过 2 项。

4. 立项原则

——目标明确。立项工作应紧紧围绕奥运备战期国家队运动员素质教育的目标要求进行。

——按需而设。国家体育总局配套"奥运备战期国家队运动员素质教育"专项经费。按照国家队备战奥运会的整体布局，根据各运动项目管理中心的实际需求，对立项项目予以经费支持。

5. 项目评审

——成立评审领导小组。成立由国家队运动员文化教育中心主管领导牵头负责，科教司、训练局、运动管理中心等有关职能部门主管领导参与的评审工作领导小组，负责聘请专家并成立专家评审组，制定评审程序，设计评审方案，讨论专家组的评审意见并提出立项建议和经费预算；统筹协调、组织管理奥运备战期各项运动员素质教育的实施工作。

——成立专家评审组。为保证评审工作的质量，根据投标情况，成立相应的评审专家组，每个专家组设置组长、副组长各一名（不得为同一单位），组成人员应不少于 7 人，其中须有相关国家队主（总）教练和领队各 1 人，其余由有关专家组成。专家组负责论证申报项目的科学性、可行性和必要性，并审核项目经费概算。

——召开专家评审会。国家队运动员文化教育中心负责牵头召开评审会，评审会时间计划安排在备战周期之间。评审工作领导小组对专家评审会进行监督。

——审批立项。专家评审会后，国家队运动员文化教育中心根据国家队备战奥运会素质教育专项经费的划拨情况，结合专家评审意见，研究确定立项建议及各项目经费预算，以公文形式报总局审批，并将对通过审批的项目下发《立项通知》，各项目负责人按要求填报《计划任务书》，并报国家队运动员文化教育中心备案。

6. 经费管理措施

——投标项目一经批准，即向项目承担单位拨付项目经费（包含奥运会备战期、参赛期、总结期所有预赛经费）。首批拨付经费为项目经费总额的二分之一，奥运会后经项目验收专家小组验收合格后，于 2016 年 10 月底前拨付全部余款。

——国家队运动员文化教育中心要制定有效的措施，加大对项目承担单位经费使用情况的监督、检查力度，对攻关研究经费进行检查和审计，以确保专款专用。

7. 项目验收工作

——验收时间

奥运会后两个月内，由国家队运动员文化教育中心牵头，组织召开国家队备战奥运会素质教育专项课题的验收工作。

——验收专家组组成

各验收专家组成员原则上由该项目所在的专家评审组组成，可适当吸纳社会知名人士和新闻界人士参与验收。

五、保障措施

（一）成立专门领导小组

为保障国家队备战奥运会素质教育实施方案的贯彻落实，需建立专门的领导小组。建立总局分管领导亲自抓，训练局、国家队运动员文化教育中心直接抓，各个管理中心配合抓，各个运动队共同抓的良好格局，从而形成合力，促进素质教育的落实。

（二）素质教育的评价反馈

奥运备战期国家队运动员素质教育实施过程及效果的评价，要求一是运动员素质工作评价与运动队行政管理符合，二是运动员素质教育和运动队在奥运会上的表现挂钩，包括竞技成绩和精神文明状况。评价队伍以行政人员为主体吸纳素质教育专家和社会各界人士参加的复合型队伍。

建立反馈渠道，及时了解备战期国家队运动员素质教育的预定方案是否正确，素质教育是否收到阶段性预期效果，整个素质教育过程能否良性运转。通过反馈获得确切信息，以便对方案、实施、监控等环节做进一步调整。可采取每周（或每月，根据备战具体情况）开一次会，碰一次面来交流素质教育的心得体会；采取周报（或月报），汇总各运动队素质教育的信息，交流经验，发现不足，取长补短。

第二节 地方队（省队）运动员素质教育具体实施方案

一、构建地方队（省队）运动员素质教育基本理论体系

地方队（省队）运动员素质教育基本理论体系，源于教育学、教学论、教育基本理论内涵，结合优秀运动员素质教育理论体系、素质教育实践课程与科研成果，通过对地方队（省队）运动员实际调查，结合地方队（省队）运动员学习、生活、竞训等实际方面需求，有选择性地制定和修改我国优秀运动员素质中的理论部分形成，促使实践更好作用于理论，针对地方队（省队）运动员素质教育概念、内容等基本问题采取有效性措施。

（一）地方队（省队）运动员素质教育的概念

地方队（省队）运动员代表省市最高级别的专门运动人才，作为国家运动员的梯队后备人才，地方队（省队）运动员需要具备普通人的一般素质教育，更需要具备不同于常人的专业素质教育。其目的是保证运动员竞赛能力逐步提升的同时、综合能力得到全面发展。通过前期对专家、管理人员、教练员和运动员

访谈的基础上，研究组认为应保证地方队（省队）运动员素质教育，即"保证地方队（省队）运动员专业能力（素质）可持续发展，以完善和提高地方队（省队）运动员综合素质为核心的教育"。

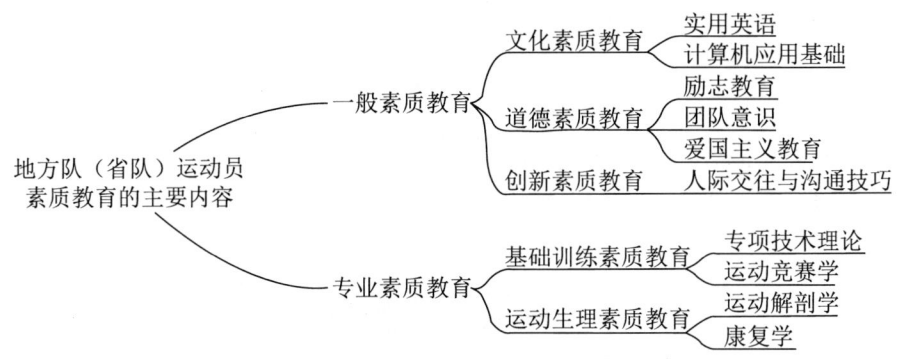

(二) 地方队（省队）运动员素质教育的主要内容

通过前期理论和数据分析，广泛征求专家、教练员和运动员意见，课题组以教练员、运动员、专家为调查对象，制定相应问卷，针对地方队（省队）运动员素质教育内容进行问卷调查。根据国家队素质教育内容中的构成部分和地方队（省队）运动员的学习、生活、竞训实际需求着手，从一般素质和专业素质两个方面制定地方队（省队）运动员素质教育内容框架（图7-7）。

```
                                    ┌─ 文化素质教育 ─┬─ 实用英语
                                    │                └─ 计算机应用基础
                    ┌─ 一般素质教育 ─┼─ 道德素质教育 ─┬─ 励志教育
地方队（省队）运动员 │                │                ├─ 团队意识
素质教育的主要内容  ─┤                │                └─ 爱国主义教育
                    │                └─ 创新素质教育 ─── 人际交往与沟通技巧
                    │
                    └─ 专业素质教育 ─┬─ 基础训练素质教育 ─┬─ 专项技术理论
                                     │                    └─ 运动竞赛学
                                     └─ 运动生理素质教育 ─┬─ 运动解剖学
                                                          └─ 康复学
```

图7-7　地方队（省队）运动员素质教育的内容框架

二、构建地方队（省队）运动员素质教育课程体系

地方队（省队）运动员素质教育课程体系即地方队（省队）运动员素质教育课程所学知识由课程的设计思路、课程目标等构成。

(一) 课程的设计思路

地方队（省队）运动员作为国家队梯队建设的后备人才，是国家队的储备力量，该群体既低于国家队，又高于业余队。除国家队外，地方队（省队）运动员和其他业余运动员均无专门"素质教育"的部门和机构，主要以传统的"学历教育"为主，因此，构建该队伍"素质教育"体系，有利于促进地方队（省队）与国家队之间密切联系。根据国家队运动员文化教育中心在教育实践中

总结的"4+X"素质教育课程方案原则,提出了地方队(省队)运动员的素质教育课程"3+2"方案,该方案既不同于"4+X"课程方案,又不同于当下"学历教育"方案(图7-8)。

图7-8 地方队(省队)运动员的素质教育课程方案

该方案以教学理论为研究基础,结合素质教育专家、教练员、运动员、领队的访谈结果进行制订,理论层面切实可行(图7-9)。

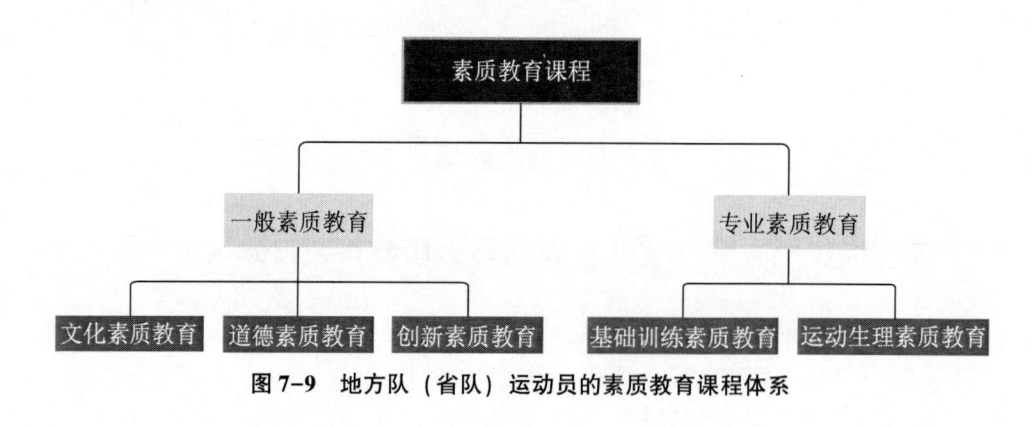

图7-9 地方队(省队)运动员的素质教育课程体系

针对课程方案,课题组从理论联系实践出发,以素质教育基本体系为引导,以专家、教练员、运动队管理人员为指针,以运动员生活、学习、竞训实际状况为核心,完善构建地方队(省队)运动员素质教育课程"3+2"方案,形成目前地方队(省队)运动员素质教育的主要内容和课程体系。

（二）课程目标

课程目标由总体目标和局部目标构成，体现了素质教育的整体性和局部性。

1. 总体目标

通过课题组研讨制订地方队（省队）课程总体目标为：以地方队（省队）运动员选材基础、训练水平、竞赛能力为重点，发展运动员专项素质；以提升运动员综合素质为核心，促进地方队（省队）运动员可持续发展为目的的教育。

2. 局部目标

A. 文化素质教育目标：在地方队（省队）运动员继续"学历教育"的前提下，将学历教育内容实用化；将实用英语作为运动员课程的必修课，提升运动员在竞赛方面的英文口语能力、英文交际能力等。通过文化素质教育内容，提高地方队（省队）运动员运用计算机的实用性，树立运动员正确的网络观，让运动员熟悉计算机软件技术。

B. 道德素质教育目标：通过课程实施方案结合"爱国主义"情怀和"为国争光战略"，培养地方队（省队）运动员刻苦训练、积极应战的意志品质；通过运动队集体生活，培养运动员团结一致的精神；通过每周一定期升国旗等活动培养地方队（省队）运动员的爱国主义情怀。

C. 创新素质教育目标：创新素质教育主要以培养地方队（省队）运动员的人际交往能力，通过国内外退役运动员的成功案例来进行教学，培养地方队（省队）运动员的正能量；邀请高校心理专家定期进队进行心理辅导与教学，从生活、学习、竞训等方面与运动员进行交流，培养地方队（省队）运动员沟通技巧。

D. 基础训练素质教育目标：通过对地方队（省队）运动员进行"专项理论技术"和"运动竞赛学"教学，从理论层面上培养地方队（省队）运动员专项理论技术知识，丰富运动员专项技术、战术、心理知识，促使运动员在训练和竞赛中能够理论联系实践；通过运动竞赛学习，丰富运动员竞赛方面知识，培养运动员敢于拼搏、敢于奋进的精神。

E. 运动生理素质教育目标：通过对地方队（省队）运动员进行生理生化基础知识教学，培养运动员反兴奋剂意识，从生理生化理论层面教会运动员营养知识，提升自我保健意识，为稳步提升运动员竞技能力打下理论基础。

3. 地方队（省队）运动员素质教育课程实施的具体措施和建议

课题组对地方队（省队）运动员素质教育课程的具体措施进行了调研（表7-2）。

表7-2 地方队（省队）运动员素质教育课程设计总体情况

素质教育内容	课程名称	课程类别	教学对象	学时	学分	教学方式	考核方式	开课时间
文化素质教育	外语	必修	全体运动员	12	2	班级授课与网络教学相结合	闭卷考试	第一年第一学期
	计算机	必修	全体运动员	9	1.5	班级授课与网络教学相结合	闭卷考试	第一年第二学期
道德素质教育	励志教育	必修	全体运动员	9	1.5	专家讲座与网络教学相结合	作业	第一年第一学期
	团队意识	选修	部分运动员	6	1	班级授课	作业	第一年第二学期
	爱国主义	必修	全体运动员	6	1	班级授课与网络教学相结合	作业	第一年第一学期
创新素质教育	人际交往与沟通技巧	必修	全体运动员	6	1	班级授课与网络教学相结合	作业	第二年第一学期
基础训练素质教育	专项技术理论分析	必修	全体运动员	12	2	班级授课与网络教学相结合	闭卷考试	第一年第一学期
	运动竞赛学	必修	全体运动员	9	1.5	班级授课	闭卷考试	第一年第二学期

续表

素质教育内容	课程名称	课程类别	教学对象	学时	学分	教学方式	考核方式	开课时间
运动生理素质教育	运动解剖	必修	全体运动员	12	2	班级授课为主，网络教学为辅	闭卷考试	第一年第二学期
	康复学	必修	全体运动员	9	1.5	班级授课为主，网络教学为辅	闭卷考试	第二年第二学期

具体措施：

——针对地方队（省队）运动员素质教育课程的教学对象，第一层面，省体育局根据运动员项目进行性质划分；第二层面，根据运动员年龄结构进行阶段性划分；第三层面，根据运动员文化基础进行教育层次划分；第四层面，根据运动员比赛任务，进行班级授课或网络教学划分。

——针对课程内容而言，对课程内容首先进行实用性和理论性划分；其次鉴定课程性质，分成必修课或选修课。

——课程实施方式：

A. 针对项目性质相同的运动项目进行集中授课，如水上项目、陆上项目、空中项目，严格按照系统授课的方式进行教授，每门课程教学学时至少为6学时，至多为12学时，学分至少为1学分，至多为2学分，周学时为4学时左右。学时部分按照课程实施的课程安排进行教学，在实际操作中立足实际、满足备战要求，对原有学时安排进行简化。

B. 针对运动员年龄结构，对九年义务教育阶段的运动员置于就近学校进行"学历教育"，对中等教育阶段运动员进行初期素质教育，对高等教育阶段的运动员进行中后期素质教育及与高校结合的教育。

C. 针对比赛任务重、竞赛时间长的运动员采取集中学习和分散学习两种方式进行教学，授课方式采用网络教学为主，训练基地班级教学为辅，同时也可以采取按照各队需求灵活安排教学时间。

——课程考核方式：课程采用学分制，对运动员素质教育的课程应该达到15学分，每门课程1~2学分，原则上6个学时为一个学分，课程考核原则上采取文化教育中心统一集中考核的方式，以此确立素质教育的地位和重要性。考试合格后颁发教育合格证书。

——素质教育和基础教育、学历教育的衔接，针对三种教育采用晋级制度，地方队（省队）运动员通过九年义务教育取得相关证书后，进入中等教育和素质教育初级阶段，取得中等教育毕业证书后，方可进入高等教育和素质教育高级阶段。

——针对素质教育师资不足的现状，邀请专家、高校教师和退役运动员作为教师团队，来提升教师队伍的整体素质。

三、构建地方队运动员素质教育管理体制与运行机制

为更好地执行国务院办公厅《关于进一步加强运动员文化教育和运动员保障工作的指导意见》文件精神，各省市体育部门对运动员素质文化教育方面都高度重视，纷纷成立相关部门和组织对地方队（省队）运动员素质文化教育、学历教育进行监管和辅佐，在保证运动员竞技能力提升的同时，素质教育和文化教育也能得到保障。国务院、国家体育总局对各省市体育部门的做法予以充分认可，在人力、财力、物力、政策等相关方面给予大力支持。各省市体育部门积极贯彻党的十八大精神，全面落实科学发展观，从素质教育和学历教育的理论层面和实际发展需要出发，结合各类文件精神，积极开展素质教育和学历教育，让"地方队（省队）运动员文化教育中心"成为运动员学习、学历晋升的教育基地。

（一）体系现状及存在问题

地方队（省队）运动员初始期并无素质教育专项任务，该阶段和层次注重的是学历教育，经过统计得知多数地方队（省队）运动员退役后因学历教育低、素质教育精神匮乏，对其职业生涯等方面影响很大。各省市初步建立文化教育中心部门的试点，理论上能够有效缓解当前运动员文化教育问题，但实际操作中课题组遇到了瓶颈，即地方队（省队）运动员文化教育中心体系不健全，多头管理、权责规避、部门之间不协同工作，运动员文化教育中心所处位置尴尬等情况。

初步建设地方队（省队）运动员文化教育中心，各级局领导和相关部门有责任和义务对该部门进行管理，由于体育部门分工仔细，部门众多，运动员年龄阶段呈梯队化，管理部门的职责随年龄结构而进行分层管理，"交叉管理"的现象导致该部分前期存在多头管理、权责规避的现象；运动员常年在外集训，导致

"学训矛盾"恶化,教学部门和竞训部门长期存在"推诿扯皮"的情况,运动员文化教育中心部门的设置处在尴尬局面。该中心具有双重身份,从建设性质而言,该部门受省教育部管理;从授课对象而言,该部门受体育部门管理。双重性作为一把双刃剑,既为地方队(省队)运动员文化教育中心提供机遇也为该部门带来挑战。

(二) 新组织管理体系的构建

地方队(省队)运动员素质教育管理体制,即地方队(省队)运动员素质教育管理系统内部结构和组成方式,将素质教育各管理部门有机整合,组成一个合理运行的有机系统,该系统通过接受任务、分发任务、实施任务、实现目标、整合任务等环节,促进整个系统有效运行。就系统而言,地方队(省队)运动员素质教育管理体制是省体育局以及和机关单位在各方面的管理范围,管理职责及相互关系的准则,地方队(省队)运动员素质教育管理机构的设置是该体系的核心。地方队(省队)运动员素质教育管理系统需要内部各部门间相互协调、相互支持,该协同是否顺利对管理成效起着至关重要的作用,在管理系统中起着核心的作用。纵向分析地方队(省队)运动员素质教育管理系统,初步构建了地方队运动员素质教育管理体制框架(见图6-8)。

(三) 新组建运行机制的构建

建立素质教育良性运行机制是素质教育从理论上升到实践中的桥梁,形成素质教育运行机制,是实施素质教育的根本措施和关键环节。地方队(省队)运动员素质教育运行机制如图6-11所示,运动员的素质教育首先由行政部门负责接受上级命令并发布消息,业务部门负责主管工作,教育部门负责教育计划和实施方案的制订,教学分部负责相应标准、大纲及教材的制定,授课教师负责授课信息的传递,最后由运动员接受学习任务,再将素质教育的成效和问题反馈给行政部门。

四、全运会备战期地方队(省队)运动员素质教育方案

为更好备战四年一届的全运会,服务全运会各项竞训工作,深化地方队(省队)运动员素质教育和文化教育工作,提高运动员素质教育和文化教育水平,结合地方队(省队)运动员备战全运会的目标和任务,制订本实施方案。

（一）指导思想

从服务于全运会的备战任务和目标出发，从备战全运会的具体实际出发，着眼于发挥全运会期间地方队（省队）运动员素质教育的示范和辐射作用，依据地方队（省队）备战全运会的实际情况，充分考虑地方队（省队）运动员全运会备战的特殊性。

（二）目标要求

1. 总体目标

全运会作为地方队（省队）运动员层面竞技的核心重点，从各省备战全运会的目标、任务、要求实际出发，增加运动员训练、竞技、康复能力，培养地方队（省队）运动员专业素质教育，从专项技术、运动竞赛、运动解剖和康复着手，保证运动员理论知识学习与训练实践有效地结合。保证运动员在全运会上取得精神文明和竞训成绩双赢、双丰收的成果。

2. 具体目标

竞训目标：依据各省备战全运会需求，认真执行、贯彻各省备战全运会的精神，从饮食、训练方法、训练设备、康复医疗等实际需要着手，保障运动员训练需求，提升运动员竞技能力和竞技状态；另外，加强运动员运动生理、运动心理、运动解剖、康复等专业素质教育，促使运动员在训练中将理论知识得到有效转换。

队伍建设目标：全运备战期，厘清各部门之间的权责要求和权责关系，形成一支"能打仗、打胜仗、打漂亮仗"有实践经验的素质教育队伍，为各省提供高素质、高要求、高品格的人才保障。

队伍管理目标：全运会时期属于特殊时期，运动员、教练员应处于战备状态，从精神层面增强运动员、教练员的爱国精神，严格把控运动员、教练员思想，杜绝运动员、教练员训练走捷径，远离兴奋剂诱惑；从实践层面增强运动员速度、力量、爆发力、耐力、柔韧、肌耐力等专业素质能力；从学习方面应定期定时定点进行素质文化教育，丰富运动员专业知识。

(三) 基本原则

1. 从实战需求出发

全运会备战期间，地方队（省队）运动员素质教育和学历教育的目标、内容、要求仅仅围绕备战实际需求出发，以实战需求备战全运需求。

2. 点面结合共发展

从"3+2"主题框架出发，以"实用英语""计算机应用基础""励志教育""团队意识""爱国主义教育""人际交往与技巧沟通""专项理论技术""运动竞赛学""运动解剖学""康复学"等为重点，带动一般素质教育和专业素质教育全面发展。

3. 灵活机动针对学

全运会项目众多，各项目比赛时间不同，各管理中心应根据运动员训练、比赛时间机动、灵活地安排运动员的学习时间。针对对外竞训队伍，采用网课或微课形式，对集训运动员进行在线教育，运用大数据网络平台实时监控集训运动员的学习动态、学习进程、学习效果，保证运动员专业理论知识与实践训练能够充分转换。以"案例教学"方法为主，教导运动员远离兴奋剂、引导运动员学习科学、健康的饮食方式。

(四) 主要内容

1. 知识体系

以"3+2"素质教育内容模式为基准，结合各省备战全运会要求、目标和任务，切实选择备战全运会期间运动员素质教育的知识体系，主要有两个方面、五个重点课程的内容：

文化教育素质：根据运动员竞赛交流需求，提升运动员英语口语能力、英语交际能力；结合目前大数据网络化，培养运动员计算机应用水平，实时关注竞赛须知和竞赛动态。

道德素质教育：地方队（省队）运动员文化教育偏低，对其进行道德素质教育利于培养运动员刻苦训练、坚韧不拔的意志品质；培养运动员团队意识，团结精神和团队力量；肩负"为国争光"使命，增强运动员爱国主义情怀，使运动员树立正确的人生观、价值观。以礼义廉耻之道德规范，习之于衣食住行之中。

创新素质教育：以"沟通方式""沟通技巧""沟通思维"为主导，促使竞赛运动员之间进行训练方法、训练内容的交流、学习。

基础训练素质教育：从备战实际需要出发，以"一般身体素质""专项身体素质"和"体能"为主导，保证运动员竞技状态。

运动生理素质教育：结合备战要求，从"运动心理""运动解剖""康复学"三个方面对运动员进行理论教育，邀请相关专家对运动员进行学习指导和心理疏导，促使理论与实践之间的转换。

2. 授课方式

针对性教学混合辅助性教学

全运会备战期间，针对不同年龄、性别、层次、项目、阶段的运动员进行因材施教，全运重点队员以专业素质教育课程为主；全运一般队员以专业素质教育课程为主，以一般素质教育课程为辅；未备战全运会运动员按全运会期间相关执行文件上课，混合一般素质教育和专业素质教育，让不同层次的运动员在学习的过程中学到和自己有关的知识，让运动员学起来有趣、有用、有效。

案例教学混同知识教学

"案例教学"针对全运会备战期间的运动员吸引程度强烈。引用国家队、地方队（省队）转型成功的典型案例现身说法教学，增强运动员备战信心，提高运动员备战信念。将知识混同于案例教学中，使理论与实践有效结合，通过实践更明白知识内涵，通过知识表意，付诸于实践行动。

线上教学混同线下教学

全运会备战期间，封闭集训、外出集训是备战需求的常态，组织运动员训练课下进行远程网络教学，有效规避时间、空间两大限制，衔接运动员空闲时间学习，从知识体系和知识结构帮助运动员进行线上学习。

3. 教师遴选

在以"先筛后选、先试后讲、先看后教、先做后调"为原则，初步选择国内外知名专家学者的基础上，根据备战工作的实际需要，加以选择或增补。

遴选全运备战期间素质教育教师，首先应尽可能满足备战全运会重点运动员、其次满足备战全运会的一般运动员，最后满足未备战全运会的运动员。从

"跟队经历""有一定影响力的运动员""体力与领域专家"三要素对全运会备战期间的素质教育教师进行遴选。

第三节　我国优秀运动员素质教育发展规划

一、指导思想

深入贯彻落实科学发展观，坚持优秀运动员素质教育服务于运动训练实践，着眼于发挥优秀运动员素质教育的示范和辐射作用，依据优秀运动员的训练实践，在充分考虑优秀运动员素质教育特殊性的基础上，有重点、分步骤地实施优秀运动员素质教育工作。

二、目标任务

(一) 总体目标

优秀运动员素质教育工作的实施，应结合优秀运动员运动训练、竞赛的目标及任务，以增强优秀运动员训练、比赛水平为重点，以培养优秀运动员综合素质为核心，使运动员成为既能够攀登体育高峰，又能够适应社会发展需要的有用人才。2021年，优秀运动员素质教育工作进一步完善，优秀运动员综合素质进一步增强，基本形成了优秀运动员素质教育理论体系、长效机制和操作体系。

(二) 具体目标

——课程体系进一步完善

依据素质教育的总体目标，逐步完善素质教育内容，进而形成、完善素质教育的课程体系和课程标准。

素质教学内容在素质教育内容框架下制定开设课程，再把课程逐步变成运动员可以学习的教材。首先，紧紧围绕素质教育的目的筛选素质教育的内容；其次，根据素质教育的内容建立素质教育知识库；再次，根据素质教育知识库确立课程体系；最后，根据课程体系建设教材体系。四个环节环环相扣，经过理论探讨，再到实践检验，最终促进素质教育课程体系的进一步完善。

——形成稳定的素质教育专业教师队伍

着眼长远,应加强运动员素质教育专业教师队伍的建设。通过优秀运动员素质教育的实践,研究优秀运动员内在学习规律,探索适合优秀运动员特殊性的教学方式,逐步形成一支相对稳定、有实践经验的素质教育专业教师队伍,为优秀运动员素质教育的实施提供人才保障。

外部助力,遴选经验丰富的专家教师参与素质教育课程教学。在以"先筛后选、先试后讲、先看后教、先做后调"为原则,初步选择的国内外知名专家学者的基础上,根据备战工作的实际需要,加以选择或增补。遴选的备战期优秀运动员素质教育教师,应尽可能满足以下三个条件:第一,拥有丰富教学经验和下队实践经验,熟悉运动队管理、训练工作的知名专家;第二,具有亲和力、影响力、号召力的优秀现役、退役运动员;第三,某个领域的专家,懂体育、懂运动员,最好是名家名人。通过外部专家的助力与支持,为素质教育专业教师队伍提供智力和经验支持。

加强专家教师与运动员素质教育专职教师的交流与合作,在专家教师的指导下,建立优秀运动员素质教育专业教师学习共同体,促进运动员素质教育专业教师在专业理想、专业知识、专业能力、专业自我等方面的进一步提升,在专业教师的招聘、培训、评价环节严格把关,逐步形成稳定的运动员素质教育师资队伍。

——进一步完善管理体系和运行机制

加强教育管理,注重素质教育评价。基于理顺优秀素质教育相关环节的权责关系的基础上,对优秀运动员素质教育各个环节进行监控、反馈、考评,形成一套较为完善的素质教育管理体系和考评机制。通过实践,逐步优化优秀运动员素质教育的管理体系和运行机制。

建立健全优秀运动员素质教育相关制度,确保优秀运动员素质教育工作的顺利运行。从国家、社会、学校三个层面完善相关法律制度政策,从政策上确保运动员素质教育课程体系、教师资源等能够满足运动员素质教育需求,进而推动运动员素质教育管理体系和运行机制的进一步完善。

——优秀运动员素质教育网络更加健全

搭建优秀运动员网络教育平台。利用现代信息技术手段,借鉴成熟慕课、微课平台的成功经验，共享优质课程资源，满足运动员的多元学习需求，同时发挥优秀运动员素质教育教学工作的示范引领作用，不断地整理、更新和完善运动员素质教育网络课程资源，逐步建立起专业门类齐全、课程类型多样的优秀运动员素质教育网络平台。

多重方式促进运动员素质教育的网络化和立体化。除课堂教学、专题讲座、现场教学、交流学习外，构建优秀运动员素质教育网络教学平台，利用网络、电视、电子宣传牌等来进行素质教育，利用远程教育的优势缓解优秀运动员的"学训矛盾"的同时，使素质教育工作真正落到实处，在实践中让优秀运动员的综合素质得以明显增强，进而通过网络手段扩大优秀运动员素质教育工作的影响力和辐射力。

——教学方法和手段不断完善和创新

运动员学习特点的特殊性决定了其教学方法和手段的针对性和多样性。开展优秀运动员素质教育的过程，要针对不同项目、不同年龄、不同性别的运动员进行不同的课程设计，让运动员在学习过程中学到和自己有关的知识，让运动员学起来有趣、有用、有效。为实现上述目标，需要加大教学研究投入，加强对运动员素质教育教学问题的研究，特别是针对运动员学习特点开展教学方法与手段的实验研究，研究目的在于提高运动员的学习兴趣，增强教学效果。随着教学研究的不断深入，使运动员素质教育教学方法和手段不断成熟与完善。

在开展运动员素质教育教学过程中，分步骤将案例教学法、合作学习法、微课教学模式等融入教学中，以优秀运动员在训练、比赛和生活中的正反典型事例进行现身说法的教学，把知识融入案例中，用鲜活生动的案例解读知识，领悟人生，让知识的教学通俗易懂，便于运动员的理解；拥有共同学习需求的运动员分成学习小组，在合作学习中体验学习的氛围和乐趣，同时提高运动员的合作学习能力；借助微课教学模式，将课程内容碎片化，去除优秀运动员对知识学习的复杂、冗长的刻板印象，使优秀运动员灵活利用"微时间"逐步掌握知识点，在此基础上，将知识点模块化，从而使每个模块知识点有机地形成一个完整的满足备战需求的素质教育知识体系。

三、工作措施

（一）转变观念，营造氛围

受传统"金牌至上"的竞技体育思想影响[1]，大部分教练员和管理人员不重视运动员的素质教育工作，甚至运动员自己也认同"项目技能"比"文化素质"更为重要，从观念上导致了运动员重训练轻教育，阻碍了运动员素质教育工作的进一步开展。因此，转变教练员、管理者、运动员的基本观念，树立以人为本的价值追求，以提高运动员综合素质为核心，为运动员素质教育营造学习氛围。具体措施如下：

树立以人为本的价值追求，对运动员素质教育的重要性进行广泛宣传。充分利用广播电视、平面媒体及互联网等新兴媒体，开办专栏，举办讲座，播放宣传片、宣传画，出版科普图书、音像制品等多种宣传手段，对运动员素质教育的重要性进行广泛宣传，从理念上逐步改变教练员、管理者、运动员"重训轻教"的思想，切实提高优秀运动员的综合素质和素养。同时，借助奥运会、亚运会等重大体育赛事及各种活动来强化优秀运动员素质教育工作，倡导文化素质学习，开展素质教育，并在优秀运动员群体中形成崇尚和参加素质教育的良好风气。

开展运动员素质教育文化活动，营造浓厚学习氛围。定期在优秀运动员群体中举办各种类型的文化素质教育讲座，开展素质教育读书活动、展社会实践活动，组织运动员进行志愿服务活动，开展书法、写作、文艺、计算机等各种有利于提高运动员文化素质的竞赛活动，加大素质教育的评优和奖励力度。结合重大节日或传统文化节日，组织开展传统文化教育活动和道德体验活动，凸显素质教育的实践性和生活化等特点，在运动员群体中营造浓厚学习氛围，在多样的实践活动中，帮助运动员树立正确的人生观、世界观、价值观，从而提高优秀运动员综合素质水平。

总而言之，要确保优秀运动员素质教育工作顺利开展，必须要改变教练员、管理者、运动员，以及全社会对于运动员素质教育的传统观念，深刻认识到加强素质教育对于运动员本身、整个社会以及国家都具有重要意义。同时，无论从社会宏观环境，还是从学校、训练队微观环境，都要营造浓厚的学习氛围，提高运

---

[1] 杨利勇. "金牌至上"的伦理审视[J]. 体育科学研究，2018，22（5）：20-24.

动员学习兴趣与学习效果。

（二）整合资源，优势互补

优秀运动员是一种特殊人才，其训练是特殊训练，其教育是特殊教育，两者有机结合，才能形成竞技体育人才高额投入高质量产出的转换。由于大部分优秀运动员需要长期跟队训练，分布相对零散，学习时间、地点难以统一，要对优秀运动员进行有针对性、成体系的素质教育，需要整合包括基础建设、教师资源、课程资源等在内的优秀运动员素质教育资源，统筹规划，最终实现各大资源的优势互补。具体措施如下：

加强硬件资源建设，为促进优秀运动员素质教育创造条件。各级运动管理中心要以素质教育的软硬件建设为重点，统筹规划，加大投入，不断改善素质教育的环境和条件，牵头提供优质素质教育服务。同时，优秀运动员文化教育中心要发挥组织协调作用，建立素质教育指导站、推进素质教育指导站（点）的规范化建设，扶持各运动队提高素质教育能力，并组织开展形式多样、广泛的素质教育活动。

整合运动员教师资源，为促进优秀运动员素质教育提供人才支撑。由于优秀运动员素质教育的涉及面很广，仅依靠体育系统内部的专家是远远不够的。运动员素质教育工作，既需要体育专家的专项指导，也需要社会专家的参与和支持。因此，国家体育总局要整合所辖单位、学校的人才资源，实现优势互补、资源共享，建立和完善运动队、学校、社区、家庭相结合的优秀运动员素质教育网络和联动机制，以推动优秀运动员素质教育的大发展。

强化运动员素质教育课程资源建设，进一步提高运动员素质教育水平。在优秀运动员素质教育体系框架下，根据优秀运动员的学习特点和需求，加强对运动员教学特点和教学规律的探讨，制订符合优秀运动员素质教育特点的课程方案、课程标准、课程质量评估价体系和教材体系，逐步建立起素质教育知识库、精品课程库、试题库等，实现运动员课程资源的共享、共建。

总之，运动员分布的零散性和学习特点的特殊性，决定了要加强运动员素质教育，必须要进一步整合运动员素质教育的硬件资源、教师资源、课程资源等现有资源，形成运动员素质教育资源系统，建立运动员素质教育资源多元互通机制，实现优势互补，加快运动员素质教育进程。

（三）建设课程，改革创新

针对运动员素质教育缺失、学训矛盾突出等问题，构建优秀运动员素质教育课程体系，筛选运动员素质教育课程内容，加快运动员素质教育的课程建设，针对优秀运动员的特点及其未来发展的职业需要，整合运动员素质教育资源，拓展优秀运动员素质教育的新路径。具体措施如下：

从课程实施来讲，结合运动员学习的特殊性，采用多样教学方法与手段。在优秀运动员素质教育实施过程中，坚持硬件建设与软件建设相结合、针对性与兴趣教学相结合、案例教学与知识教学相结合、共性教育与个性教育相结合、模块化教学与系统性教学相结合、课堂学习与网络学习相结合、运动员教育与教练员教育相结合、体育专家与社会专家相结合，在此基础上，充分利用现代教育理念、教育技术和多媒体手段加强素质教育，继续推进优秀运动员素质教育方法体系的改革与创新。

从课程评价来讲，采取诊断性评价、形成性评价、总结性评价相结合，评价主体采取自评与他评相结合。在优秀运动员素质教育课程实施前，开展诊断性评价，了解运动员在学习前的初始状态及学习基础，以此判断运动员是否具备实现当前教学目标所要求的条件，为满足运动员学习需求，实现因材施教提供依据；在优秀运动员素质教育课程实施过程中，开展形成性评价，及时了解运动员在素质教育课程中的知识掌握及教学目标达成的动态情况，便于授课教师及时调整课程内容与教学方法，在课程教学过程中针对运动员学习情况，做到有的放矢；在优秀运动员素质教育课程实施后，开展总结性评价，对运动员整门课程知识的掌握情况进行了解和判定，将总结性评价结果反馈给运动员，帮助运动员了解自身学习情况，调整学习方式、方法，加强运动员学习反思，提高运动员的学习效率。

总之，运动员素质教育课程体系是提高运动员素质教育水平的核心要素，课程体系建立后，不是一成不变，而是与时俱进的。运动员素质教育课程体系需要根据社会的发展、运动员自身的发展需求而不断变化，课程目标是方向，课程实施是手段，课程评价是反馈，三者相互联系、相互影响，最终形成了一个连贯的、循环的开放课程体系，并随着社会的发展，不断改革创新。

（四）打造师资，把握规律

在建立健全优秀运动员素质教育课程体系、管理体制、运行机制的基础上，着力选拔、培养和打造一支高水平的素质教育专门人才队伍，是提升运动员素质教育水平的关键。授课教师是运动员素质教育课程的具体实施者，其教学水平的高低对运动员素质教育课程教学效果起着重要影响。因此，打造一支高水平的运动员素质教育教师队伍，把握运动员素质教育教学规律，在推动运动员素质教育工作中显得尤为重要。具体措施如下：

在打造运动员素质教育专职教师团队的基础上，建立运动员素质教育专家库，定期指导工作，并召开优秀运动员教学研讨会。打造教育专家和专职教师相结合的运动员授课教师团队，利用现代教育教学手段，采取"线上专家教师授课"和"线下专职教师指导"的授课模式，充分发挥专家教师的示范引领作用，加强专家教师和专职教师的合作，并针对运动员学习特点，定期开展教学经验交流，改进教学内容与方法，共同促进优秀运动员素质教育。同时，加强专职教师的进修与提高，积极鼓励在职教师参加各级各类进修、培训。

加快建立健全《运动员素质教育师资队伍建设五年规划》《运动员素质教育师资培训管理办法》《运动员素质教育教师业务考核办法》《运动员素质教育教学质量管理办法》等制度办法，从制度上进一步规范运动员素质教育教师教学工作。紧紧围绕优秀运动员素质教育目标，建设一支适应运动员素质教育发展需要，师德高尚、业务精湛、技能过硬的高素质专业教师团队。

总而言之，优秀运动员素质教育师资队伍的打造，是一项长期的、持续的工作，既需要相关政策制度的保障和规范，也需要从招聘、培训、激励、考核方面严格把关，还需要利用现代信息技术手段，加强专家教师和专职教师的合作，对优秀运动员素质教育教师队伍进行全方位、立体化的培养，从而推动我国优秀运动员素质教育工作，提高优秀运动员综合素养。

(五) 强化管理，提高效率

运动员素质教育工作是一个复杂性问题，要化解运动员学习与训练的矛盾，要解决优秀运动员素质教育与基础教育、职业教育、高等教育的衔接问题，这不光需要理论的探究，更需要实践的探索。为了切实促进优秀运动员学习兴趣、能力、水平和综合素质的提高，优秀运动员素质教育工作在具体实践环节中，需要进一步强化管理，明确权责关系，提高效率，切实为提高训练质量、比赛水平和便于运动员退役后安置进行服务。具体措施如下：

成立专门领导小组，实现教育、体育部门的有机结合。为保障优秀运动员素质教育实施方案的贯彻落实,需建立专门的领导小组。各级政府成立由政府主管领导牵头,教育和体育部门共同参与的运动员素质教育工作领导小组,形成教育与体育部门共同领导和管理的管理体制和运行机制,实现教育和体育部门的机制结合,最终形成行政管理分工合作,结构功能相互依存、资源配置优势互补的良性机制[1],从而形成合力,促进运动员素质教育工作落到实处。

明确工作职责,加强运动员素质教育的评价管理工作。在成立专门领导小组的基础上,要进一步明确教育部门和体育部门在管理工作中的具体权利和责任,教育部门重点对运动员素质教育课程教学管理、师资配备、教学评价等工作进行管理,体育部门重点对运动员的赛事训练、教练员配备等工作进行管理,运动员素质教育专门领导小组对两个部门进行分工、协调,并就运动员素质教育的实施过程以及效果进行评价,为进一步加强运动员综合素质服务。同时,保持运动员素质教育反馈渠道畅通,多渠道及时了解优秀运动员素质教育方案的实施动态,通过多方反馈获得确切信息,以便对整个运动员素质教育方案的实施、监控、评价等环节做及时调整。

完善管理制度,促进运动员素质教育管理工作的可持续发展。制度保障是运动员素质教育保障的基础,是指由办学体制、教育实施为源制度而衍生的一系列政策、法规以及次一层次的管理条例、办法等。运动员素质教育的制度保障,主要体现"以人为本"的基本理念,理顺各级管理部门权责关系,同时兼顾合理性,帮助协调教育部门和体育部门的关系,切实保障运动员素质教育工作的顺利开展。从国家层面来讲,加快配套立法进程,建立健全体育法规体系,依法保障运动员素质教育的基本权利,使运动员素质教育与运动训练脱节的问题有法可依。从学校层面来讲,建立适合运动员学习特点的《运动员素质教育奖励制度》《运动员素质教育综合考评制度》《运动员素质教育学籍、学分管理制度》,从制度上确保运动员素质教育权益,激发运动员学习热情,提高运动员素质教育的规范性,促进运动员素质教育管理工作朝规范、科学、合理、可持续方向发展。

综上所述,运动员素质教育在错综复杂的夹缝中,难以生长与发展,亟须在明确权责关系的基础上,建立专门的领导机构,从组织上、制度上对其予以管理和协调,从而在保障运动员素质教育基本权益的基础上,切实提高运动员综合素质。

---

[1] 王凯珍,潘志琛,刘海元,等. 深化"体教结合"构建运动员文化教育新体系 [J]. 首都体育学院学报,2009,21(2):129-133,137.

四、保障措施

(一) 成立专门领导小组

为保障优秀素质教育实施方案的贯彻落实，需建立专门的领导小组。建立分管领导亲自抓，训练局、优秀运动员文化教育中心直接抓，各个管理中心配合抓，各个运动队共同抓的良好格局，从而形成合力，促进素质教育的落实。本规划由体育局有关部门共同推行，各优秀运动队要依照本规划，结合本队的实际制定相应的实施计划，并责成各运动管理中心会同有关部门和组织共同组织实施。

(二) 加强素质教育的评价

优秀运动员素质教育实施过程及效果的评价，要求一是运动员素质工作评价与运动队行政管理符合，二是运动员素质教育和运动队在奥运会上的表现挂钩，包括竞技成绩和精神文明状况。评价队伍以行政人员为主体吸纳素质教育专家和社会各界人士参加的复合型队伍。

建立反馈渠道，及时了解优秀运动员素质教育的预定方案是否正确，素质教育是否收到阶段性预期效果，整个素质教育过程能否良性运转。通过反馈获得确切信息，以便对方案、实施、监控等环节作进一步调整。可采取每周（或每月，根据具体情况）开一次会，碰一次面，来交流素质教育的心得体会；采取周报（或月报），汇总各运动队素质教育的信息，交流经验，发现不足，取长补短。

参考文献

[1] 田雨普. 努力实现由体育大国向体育强国的迈进 [J]. 体育科学, 2009, 29 (3): 3-8.

[2] 郝东方, 刘昕. 新时代体教融合的教育逻辑 [J]. 北京体育大学学报, 2021, 44 (1): 35-42.

[3] 刘波, 郭振, 王松, 等. 体教融合: 新时代中国特色竞技体育后备人才培养的诉求、困境与探索 [J]. 体育学刊, 2020, 27 (6): 12-19.

[4] 李倩. 我国优秀运动员文化教育发展探究 [J]. 体育文化导刊, 2015 (7): 5-9.

[5] 张宇霆. 体育院校优秀运动员人才培养模式的研究 [D]. 沈阳: 沈阳体育学院, 2011.

[6] 吴双双. 我国优秀男子跳高运动员专项身体素质与专项成绩相关分析 [D]. 北京: 北京体育大学, 2012.

[7] 郭俊安. 山西省体校高校培养优势项目优秀运动员的现状分析 [D]. 太原: 太原理工大学, 2013.

[8] 王帅. 我国优秀运动员的社会责任问题研究 [D]. 上海: 上海体育学院, 2016.

[9] 史瑞应. 山东省优秀运动员就业意向及就业影响因素分析 [D]. 北京: 北京体育大学, 2016.

[10] "素质教育的概念、内涵及相关理论"课题组. 素质教育的概念、内涵及相关理论 [J]. 教育研究, 2006 (2): 3-10.

[11] 张恒忠, 林碧英. 浅论素质教育 [J]. 福建师大福清分校学报, 1996 (3): 70-77.

[12] 杨银付. 素质教育若干理论问题的探讨 [J]. 教育研究, 1995 (12): 35-39.

[13] 顾明远, 主编. 教育大辞典 [M]. 乌鲁木齐: 新疆人民出版社, 2002.11.

[14] 王捷, Katz L, 岳经纶. 素质教育政策、新自由主义与影子教育在中国的兴起 [J]. 中国青年研究, 2021 (7): 110-119.

[15] 张志勇. 素质教育的提出、内涵、发展及其实施环境 [J]. 人民教育, 2021 (11): 48-56.

[16] 石中英. 发展素质教育的根本任务、时代内涵和实践建议 [J]. 人民教育, 2021 (10): 15-19.

[17] 郑文强. 我国竞技体育政策及其变迁研究 [D]. 桂林: 广西师范大学, 2018.

［18］朱亚成．关于《体育发展"十三五"规划》的若干探讨［J］．南京体育学院学报（社会科学版），2016，30（3）：85-92．

［19］毛振明，夏青，钱娅艳．论体教融合的问题缘起与目标指向［J］．体育学研究，2020，34（5）：7-12．

［20］国务院办公厅印发《体育强国建设纲要》［J］．中国民族，2019（9）：29．

［21］国家体育总局召开全国体育系统贯彻落实《关于进一步加强运动员文化教育和运动员保障工作的指导意见》座谈会［J］．中国体育教练员，2010（3）：65．

［22］倪京帅，徐士韦，王家宏．中国运动员文化教育政策（1949—2019）：演进特征及优化策略［J］．成都体育学院学报，2021（1）：71-78．

［23］虞重干，刘炜，匡淑平，等．我国优秀运动员文化教育现状调查报告［J］．体育科学，2008（7）：26-36．

［24］杨国庆，刘宇佳．论新时代体教融合的内涵理念与实施路径［J］．天津体育学院学报，2020（6）：621-625．

［25］杨洋．MOOC背景下我国优秀运动员素质教育改革研究［J］．成都体育学院学报，2017，43（5）：122-126．

［26］崔亚芹．竞技体育主体思想道德素质教育的价值［J］．现代交际，2020（8）：130-131．

［27］潘立成，杨青，李木子．体教融合视角下苏州市乒乓球队人才培养现状及制约因素研究［J］．当代体育科技，2021，11（14）：70-76．

［28］周政权．湖南省高校高水平排球运动员人文素质教育体系构建研究［J］．攀枝花学院学报，2015，32（2）：83-85．

［29］高航．我国优秀运动员教学模式的构建［J］．吉林体育学院学报，2017，33（6）：49-51．

［30］何月冬．我国运动员素质教育研究［J］．当代体育科技，2018，8（4）：211，213．

［31］张凯．我国优秀运动员素养教育课程体系的构建［A］．中国体育科学学会．第十一届全国体育科学大会论文摘要汇编［C］．中国体育科学学会：中国体育科学学会，2019：2．

［32］翁伟启．福建省高校高水平运动员学习管理研究［D］．泉州：华侨大学，2020．

［33］刘青，刘践，沙英，等．四川省优秀运动员文化教育现状及发展对策研究［J］．成都体育学院学报，2004（2）：19-22．

［34］荣霁，杨兆山．我国运动员文化教育的协同治理研究［J］．沈阳体育学院学报，2016（1）：67-72．

［35］李越超．制约运动员文化教育体系构建的因素研究——以辽宁省为例［J］．赤峰学院学报（自然科学版），2016，32（24）：126-127．

［36］陈宇，王庆然．我国青少年运动员教育管理体制面临的困境与应对策略［J］．长春师范大学学报，2019（4）：124-126．

[37] 贾慧芬. 陕西省普通高校高水平运动员文化素质教育研究 [D]. 西安：陕西师范大学，2010.

[38] 赵金花. 浅谈高校高水平运动员的文化素质教育 [J]. 赤峰学院学报（自然科学版），2010，26（5）：163-164.

[39] 于珊. 我国优秀运动员文化教育管理体制改革研究 [J]. 现代农业研究，2018（12）：108-109.

[40] 李晨峰. 我国优秀运动员文化教育政策与实践研究 [D]. 北京：北京体育大学，2011.

[41] 夏宇，张园. 对发展运动员文化素质教育有效途径的探析 [J]. 长春师范学院学报，2013，32（12）：104-105，95.

[42] 刘术华. 成才学视域下高校高水平运动员文化素质教育研究 [D]. 南京：南京师范大学，2013.

[43] 殷学锋，穆国华，孙岩. 我国高等院校优秀运动员"学训矛盾"情况的现状调查 [J]. 辽宁体育科技，2006（5）：87-88.

[44] 张思宇. 运动员文化教育政策研究 [D]. 淮北：淮北师范大学，2015.

[45] 戴鹏，何敬堂. 基于新时代体教结合模式的学训矛盾问题研究 [J]. 湖北经济学院学报（人文社会科学版），2021（5）：155-158.

[46] 刘佳. 河北省保定市业余体校运动员文化教育状况研究 [D]. 北京：首都体育学院，2015.

[47] 郑隆霞. 我国运动员文化教育问题研究——基于运动员"尚武"精神的反思 [J]. 广州体育学院学报，2017（1）：57-61.

[48] 贾玲，王庆斌. 高校培养优秀运动员存在的问题与发展对策研究 [J]. 广州体育学院学报，2013（5）：115-120.

[49] 张运华. 关于"体教结合"背景下体校学生心理教育模式的分析 [J]. 当代体育科技，2014（27）：59-60.

[50] 赫金鸣. 高水平运动员人文素质教育的研究 [J]. 吉林体育学院学报，2004（1）：14-15.

[51] 宋玉鹏. 新形式下对我国运动员思想教育路径的探讨 [J]. 体育世界（学术版），2016（1）：18-19，14.

[52] 张凯. 我国优秀运动员素养教育课程体系的构建 [A]. 中国体育科学学会. 第十一届全国体育科学大会论文摘要汇编 [C]. 中国体育科学学会：中国体育科学学会，2019：2.

[53] 陈双红. 民办高校文化素质教育的现状、问题与对策 [D]. 桂林：广西师范大学，2014.

[54] 陆国田，黄炜，王林. 女子标枪后备人才基地培养模式调查研究 [J]. 体育文化导刊，2017（2）：92-96.

[55] 温馨. 山东省大学生高水平田径运动员竞技水平滞后因素分析 [D]. 济南：山东师范大

学，2020.

[56] 崔国梅．山东省高校高水平运动员学训管理研究［J］．青少年体育，2020（7）：112-114.

[57] 李雪松．山东省青少年羽毛球运动后备人才培养途径研究［D］．聊城：聊城大学，2018.

[58] 张睿．篮球高水平运动员素质教育体系的构建与实践［D］．武汉：武汉理工大学，2015.

[59] 黎正成．论"体教融合"培养竞技体育后备人才的研究［J］．湖北体育科技，2018，37（6）：478-480.

[60] 侯盼盼．我国优秀运动员文化素质教育课程现状研究［D］．成都：成都体育学院，2018.

[61] 邓宇轩．论运动员法律意识的提升［J］．西部学刊，2020（12）：81-83.

[62] 刘晓黎．国家队运动员素质教育模式构建研究［D］．北京：北京体育大学，2014.

[63] 张旭．新形势下提升运动员思想道德素质的途径探讨［J］．吉林农业科技学院学报，2018（3）：71-73.

[64] 穆炳杰，李佑新，蒋文倩．青少年运动员心理素质教育与培养策略的研究［J］．青少年体育，2020（10）：49-50.

[65] 潘胡波，杨洋，张婕．可持续发展理论下运动员退役转型的实然困境与应然路径［J］．四川体育科学，2021（4）：20-24.

[66] 陶然成，龚波，何志林，等．高校高水平运动员学训矛盾研究［J］．北京体育大学学报，2010，33（10）：86-89.

[67] 刘艳涛．北京体育大学附属竞技体校运动员文化教育现状及对策研究［D］．北京：北京体育大学，2017.

[68] 董新光，晓敏，丁鹏，等．农村体育评价指标体系的研究［J］．体育科学，2007，27（10）：47-55.

[69] 贺波．SOR 理论模型视角下四川省专业教练员领导特质的研究［D］．成都：成都体育学院，2018.

[70] 姜宇，辛涛，刘霞，等．基于核心素养的教育改革实践途径与策略［J］．中国教育学刊，2016（6）：29-32；73.

[71] 安富海，王鉴．近年来我国课程与教学论研究的回顾与展望［J］．教育研究，2016，37（1）：47-54，125.

[72] 胡定荣．教材分析：要素、关系和组织原理［J］．课程·教材·教法，2013，33（2）：17-22.

[73] 王立春，卢绍娟．普通高校成人教育人才培养模式研究［J］．中国成人教育，2011（19）：178-179.

[74] 王立春，卢绍娟．基于创新人才培养的都市农业教材评价研究［J］．科技资讯，2010（34）：237.

［75］林智中，马云鹏．课程评价模式及对课程改革的启示［J］．教育研究，1997（9）：31-36．

［76］王芳玲．初中语文高效课堂教学策略研究［D］．兰州：西北师范大学，2017．

［77］许丽芹．外语教育中形成性评估的促学模式实证研究［J］．南昌师范学院学报，2018，39（6）：108-113．

［78］杨向东．谈课堂评价的地位与重建［J］．全球教育展望，2009，38（9）：42-46．

［79］赵明仁，陆春萍．从教学反思的水平看教师专业成长——基于新课程实施中四位教师的个案研究［J］．课程·教材·教法，2007（2）：83-88．

［80］侯怀银，王俊琳．改革开放以来中国大陆大学教学方法研究：历程、进展和趋势［J］．高等教育研究，2014，35（10）：63-71．

［81］吴晓红．对改革开放以来我国普通高校体育教学目标发展的研究［J］．职业时空，2007（15）：51-52．

［82］林闽钢．我国社会服务管理体制和机制研究［J］．华中师范大学学报（人文社会科学版），2013，52（3）：35-40．

［83］李建设．竞技体育人才培养与管理体制转型的"浙江实践"探索［J］．体育科学，2012，32（6）：3-13．

［84］张志刚，高峰．我国校园足球监控体系构建研究［J］．体育文化导刊，2018（4）：104-109．

［85］李思民．我国竞技体操运动的发展特征、影响因素及发展规律研究［D］．曲阜：曲阜师范大学，2010．

［86］杨利勇．"金牌至上"的伦理审视［J］．体育科学研究，2018，22（5）：20-24．

［87］王凯珍，潘志琛，刘海元，等．深化"体教结合"构建运动员文化教育新体系［J］．首都体育学院学报，2009，21（2）：129-133，137．

附件1 访谈与调研记录

调研1：与素质教育专家王珍的访谈调研记录
调研2：与时任花样游泳中心教练员何娅的访谈调研记录
调研3：与时任国家举重队教练员王国兴的访谈调研记录
调研4：与时任国家体育总局运动员文化教育中心吴晓华的访谈调研记录
调研5：与时任国家男子乒乓球队教练员刘国正的访谈调研记录
调研6：与时任安徽省田径队教练员吕晓冰的访谈调研记录
调研7：与时任人民体育出版社主任李凡的访谈调研记录
调研8：与人民体育出版社副总编辑吴永芳的访谈调研记录
调研9：与时任成都体育学院院长舒为平的访谈调研记录
调研10：与时任国家蹦床队领队李舸的访谈调研记录
调研11：与时任国家花样游泳队教练员蒋婷婷和蒋雯雯的访谈调研记录
调研12：与时任国家女子排球队领队胡进的访谈调研记录
调研13：与时任中国运动员基金会赵伟文总干事的访谈调研记录
调研14：与时任国家女子体操队总教练陆善真的访谈调研记录

（详细内容见后文二维码）

调研 1

调研 2

调研 3

调研 4

调研 5

调研 6

调研 7

调研 8

附件1　访谈与调研记录

调研 9　　　　　　　　　　　　调研 10

调研 11　　　　　　　　　　　调研 12

调研 13　　　　　　　　　　　调研 14

课题组与国家女子体操队总教练　　课题组与国家女子排球队领队胡进的　　课题组与国家男子乒乓球队
　　陆善真教练的合照留念　　　　　　　　合照留念　　　　　　　　　刘国正教练合照留念

《我国优秀运动员素质教育研究》访谈提纲及问卷

附件2

管理专家访谈提纲

管理专家问卷

教育专家访谈提纲

教育专家问卷

教练员问卷

领队问卷

运动员问卷

（详细内容见后文二维码）

附件2　《我国优秀运动员素质教育研究》访谈提纲及问卷

管理专家访谈提纲	管理专家问卷
教育专家访谈提纲	教育专家问卷
教练员问卷	领队问卷
运动员问卷	访谈专家图片资料